U0450334

杨黎琼　主编

# 国际金融学

适用于线上线下混合式教学

INTERNATIONAL FINANCE
FOR ONLINE AND
OFFLINE BLENDED TEACHING

中国社会科学出版社

## 图书在版编目（CIP）数据

国际金融学：适用于线上线下混合式教学/杨黎琼主编. —北京：中国社会科学出版社，2022.8

ISBN 978 – 7 – 5227 – 0645 – 0

Ⅰ.①国⋯　Ⅱ.①杨⋯　Ⅲ.①国际金融学—教学研究　Ⅳ.①F831

中国版本图书馆 CIP 数据核字（2022）第 137012 号

| | |
|---|---|
| 出 版 人 | 赵剑英 |
| 责任编辑 | 孔继萍　周怡冰 |
| 责任校对 | 周　昊 |
| 责任印制 | 郝美娜 |

| | |
|---|---|
| 出　　版 | 中国社会科学出版社 |
| 社　　址 | 北京鼓楼西大街甲 158 号 |
| 邮　　编 | 100720 |
| 网　　址 | http://www.csspw.cn |
| 发 行 部 | 010 – 84083685 |
| 门 市 部 | 010 – 84029450 |
| 经　　销 | 新华书店及其他书店 |

| | |
|---|---|
| 印刷装订 | 北京市十月印刷有限公司 |
| 版　　次 | 2022 年 8 月第 1 版 |
| 印　　次 | 2022 年 8 月第 1 次印刷 |

| | |
|---|---|
| 开　　本 | 710×1000　1/16 |
| 印　　张 | 16.5 |
| 字　　数 | 262 千字 |
| 定　　价 | 98.00 元 |

凡购买中国社会科学出版社图书，如有质量问题请与本社营销中心联系调换
电话：010 – 84083683
**版权所有　侵权必究**

# 前　言

国际金融学属于金融学领域的一个重要分支,是从货币金融角度研究开放经济下如何实现一国内外均衡问题的一门独立学科。从学科性质来看,国际金融学是一门内容十分丰富的学科,主要表现为:第一,国际金融学要研究一个开放型经济体的对外经济金融关系及其相应的宏观经济政策,这使它具有宏观经济学的性质;第二,国际金融学要研究国际经济学的货币面,这使它与只研究商品、劳务、技术及对外贸易关系的国际贸易学有所不同而成为国际经济学中的一门新的分支学科;第三,国际金融学与货币银行学也有本质的区别,国际金融学不仅涉及外汇、汇率和国际货币体系问题,而且涉及影响国际资本流动的各国制度、法律及政策问题,这些都使国际金融学的内涵远比货币银行学丰富得多和复杂得多。

近十年来,全球经济受到种种冲击,金融危机与货币危机频发、经济复苏乏力、新冠肺炎疫情在全球的蔓延等都使国际金融领域发生着前所未有的变化。中国作为改革开放成果卓越的国家,在当前复杂多变的国际金融市场中,都做了哪些既有利于本国经济发展,又有利于全球经济环境改善的有益尝试?取得了哪些值得发展中国家借鉴的经验?对这些问题的解答是本书的一大亮点。学生在学习国际金融理论的过程中,将理论联系到中国的实际,将国外发达国家的经验运用和结合到中国的现实,才能真正实现课程教学目标和人才培养目标。

2020年,我国受新冠肺炎疫情影响,大部分高校开展了近半年的线上授课,学生和教师都具备了一定的线上教学经验。近几年线上线下混合式教学越来越普及,各教学平台上也发布了很多文字性教学资料,有些教师将这些资料作为教材使用,但是从目前线上线下混合式教学的开展情况来看，一方面能够完全依托线上资源开展教学的教师和学生人数有限，特别是落后地区的教师和学生，信息化素养较低；另一方面，各高校购买教学平台上的收费资源不尽相同，可能不一定满足所有教师开展线上线下混合式教学的需求。因此，作者根据自己开展线上线下教学的经验，结合以往国际金融课程授课的情况，编写了这部教材。

  由于水平所限，内容难免有不妥之处，恳请相关专家和读者批评指正。

杨黎琼

2021 年 11 月

# 目　　录

第一章　导论 …………………………………………………………（1）

第二章　国际收支 ……………………………………………………（5）
　　第一节　国民收入账户 ……………………………………………（5）
　　第二节　国际收支和国际收支平衡表 …………………………（10）
　　第三节　国际收支的不平衡问题 ………………………………（23）
　　第四节　国际收支的调节 ………………………………………（29）

第三章　外汇和汇率 …………………………………………………（55）
　　第一节　外汇与汇率概述 ………………………………………（55）
　　第二节　汇率的决定与变动 ……………………………………（63）
　　第三节　外汇市场与外汇交易 …………………………………（67）
　　第四节　外汇风险及其管理 ……………………………………（73）

第四章　汇率理论 ……………………………………………………（82）
　　第一节　西方汇率理论概述 ……………………………………（82）
　　第二节　金本位制下的汇率理论 ………………………………（84）
　　第三节　购买力平价说 …………………………………………（88）
　　第四节　利率平价说 ……………………………………………（93）
　　第五节　资产市场学说 …………………………………………（100）

第五章　汇率制度与外汇管制 ……………………………………（113）
　　第一节　汇率制度及其选择 ……………………………………（113）
　　第二节　代表性的汇率制度 ……………………………………（126）

第三节　外汇管制的基本问题 …………………………… (136)
　　第四节　中国的外汇管理 ………………………………… (146)

## 第六章　国际储备 …………………………………………… (151)
　　第一节　国际储备概述 …………………………………… (151)
　　第二节　国际储备的管理 ………………………………… (160)
　　第三节　我国的国际储备问题 …………………………… (168)

## 第七章　国际金融市场与国际金融机构 …………………… (177)
　　第一节　国际金融市场概述 ……………………………… (177)
　　第二节　欧洲货币市场 …………………………………… (183)
　　第三节　国际货币市场 …………………………………… (191)
　　第四节　国际资本市场 …………………………………… (197)
　　第五节　国际金融机构 …………………………………… (201)

## 第八章　国际资金流动 ……………………………………… (217)
　　第一节　国际资金流动概述 ……………………………… (217)
　　第二节　中长期资金流动与债务危机 …………………… (220)
　　第三节　国际短期资金流动 ……………………………… (228)

## 第九章　国际货币体系 ……………………………………… (239)
　　第一节　国际货币体系概述 ……………………………… (239)
　　第二节　国际金本位制 …………………………………… (241)
　　第三节　布雷顿森林体系 ………………………………… (243)
　　第四节　牙买加体系 ……………………………………… (249)
　　第五节　欧洲货币体系 …………………………………… (253)

## 参考文献 ……………………………………………………… (257)

# 第一章

# 导　论

近几年，我们经常可以看到诸如某国货币出现大幅贬值，该国进入货币危机状态；某国的汇率制度崩溃，本币出现严重的通货膨胀；某国长期处于严重的国际收支逆差等经济现象。这些经济现象都属于国际金融的研究领域。

**一　国际金融概述**

（一）国际金融的定义

国际金融学是一门从货币金融角度研究内部均衡和外部平衡同时实现问题的学科。从这个定义中，可以看出该课程的先修课程是"货币金融学""宏观经济学""微观经济学"等经济类基础课程。内部均衡和外部平衡是将来我们要学习的一个重要内容，这里可以简单地认为内部均衡就是内部经济实现了宏观经济中的三大目标，即充分就业、物价稳定、经济增长，外部平衡就是国际收支平衡。宏观经济学在研究开放经济时，注重的是一国总供给和总需求的相互关系问题，而国际金融学关注的是内外部的相互关系。

（二）国际金融的研究对象

国际金融研究的是开放条件下本国内部均衡和外部平衡的关系问题。因此，国际金融研究的出发点就是整个宏观经济学，它是建立在货币经济学和开放宏观经济学基础上的。

中国是市场经济改革比较成功的国家，在如何促进经济健康发展方面积累了一定的经验。在追求经济发展的同时如何调整结构，解决各方面的矛盾，是我们学习这门课程时必须要了解的内容。通过学习国际金融课程，我们可以认识到中国在国际金融领域的各种现象，所面临的各种问题。因此，在学习课程内容前，有必要了解我国的国情。根据党的十九大的精神，中国的国情可以概括为以下三个方面：第一，我国仍处于并将长期处于社会主义初级阶段的基本国情没有变，虽然我国经济总量位居全球第二，但我国是世界最大发展中国家的国际地位没有变。第二，中国特色社会主义进入新时代，我国社会主要矛盾已转化为人民日益增长的美好生活需要和不平衡不充分发展之间的矛盾。第三，从党的十九大到2020年之前是全面建成小康社会决胜时期，要按照我国提出的全面建成小康社会各项要求，紧扣我国社会主要矛盾变化，统筹推进"五位一体"总体布局，协调推进"四个全面"战略布局，坚持实施科教兴国、人才强国、创新驱动发展、乡村振兴、区域协调发展、可持续发展、军民融合发展七个战略，实现中华民族伟大复兴。

## 二 如何学习这门课程

该课程结合了教学改革的新成果，不仅体现在教师的教学方式上，还体现在学生的学习方法上，以下将从翻转课堂、线上线下混合式教学、学习资料的使用、可采用的学习方法四个角度来介绍该课程的整体设计，以便于同学们更好地使用这本教材。

### （一）认识翻转课程

翻转课程是一种新型的教学模式，与传统授课相比，在翻转课程中，学生自学成为整个教学过程的主导。学生需要先借助教师提供的各种学习资料进行自学，并且完成教师要求的自学目标。学生在自学的过程中，可以将不懂的知识点汇总起来，通过线上平台向教师发送信息提问，或者在线下课堂上等待教师的解答。由于每个人学习过程中产生的问题不一样，教师答疑环节更具针对性。这种教学过程使每个学生的学习更加有效。

因此，本课程的教学分为三个部分：课前、课堂、课后，分别对应于教材每一章节的预习提示、课堂教学建议、课后练习。学生在使用教材参与翻转课程时，应首先按照预习提示的要求完成教材的阅读和其他自学任务，其次，在参照课堂教学建议部分，对课堂教学活动的参与做一些准备。课堂学习结束后，完成课后练习题对自己的学习效果进行测试。

(二) 了解线上与线下教学

线上教学是近几年兴起的教学方式。与线上教学相对应，所有教师和学生面对面开展的教学活动就成为了线下教学。在本教材中，线上教学的内容涵盖了课前、课堂、课后三个环节。预习提示中要求学生在线观看课程视频、课堂教学建议中的教师在线答疑都属于线上教学。线下教学的内容比较丰富，全部体现在课堂教学建议部分。

线上与线下教学有密切的联系，主要体现在以下三个方面。第一，难度低的内容适合线上学习，配合教师线上答疑，难度大的内容适合于线下讲授、答疑、讨论。第二，理论性强的内容适合线上学习，与实践联系紧密的内容适合开展线下讨论。第三，不涉及思政教学的内容适合线上学习，涉及思政教学的内容适合于线下讨论。第四，线上平台与线下授课结合使用。教材中在不少章节设置了"弹幕题""投票题""弹幕题＋投票题""现场讨论题"。这些教学活动的开展，既可以线上进行，也可以借助线上平台线下开展。有些题目可以采用弹幕和现场提问回答相结合的方式。

(三) 学习资料的使用

该课程的学习资料分线上和线下两部分。线上学习资料包括相关课程视频、中国国家外汇管理局和中国人民银行网站上的部分资料、线上课程回放等。相关课程视频是指教师指定的，与章节学习内容密切关联的学习视频。这些视频可以是教师自行制作的，也可以是经过教学平台授权引用的，还可以是网上公开发布的各类视频。通过综合使用这些视频资料，可以帮助学生完成大部分自学内容。中国国家外汇管理局是我国外汇管理的机构，其官网上发布的新闻、历史数据、政策文件等资料对学生运用国际金融理论来理解中国的现实很有帮助。中国人民银行是我国的中央银行，其官网上发布的新闻、历史数据、政策文件等资料可以帮助学生更好地认识，在国际金融市场中，中国如何适应市场、如何使用政策进行自我调节。线下学习资料就是教材上的章节内容以及课后练习题。

(四) 可采用的学习方法

由于翻转课程以自学为主，学生的先修课基础和自学能力决定了其学习效果。根据章节的内容的特点和难度的差异，教师可以采用小组自学和每个学生单独自学两种形式。如果基础较差且自学能力弱的学生适合组建小组开展自学，教师也需要对小组的整体自学情况进行考核，使小组成员之间能够互帮互助，这些都体现在某些章节的课堂教学建议当中。一般来说，内容简单的章节适合每个学生单独学习，难度较大的章节、思政教学内容多的章节适合小组教学。

  了解了以上内容，就可以结合国际金融课程的线上资料开展多种多样的课程教学了。

# 第 二 章

# 国际收支

## 第一节 国民收入账户

**预习提示：**

观看相关课程视频，理解本节的重要概念，能够举出封闭经济和开放经济的例子，并能够区分 GDP 和 GNP。

### 一 封闭经济条件下的国民收入账户

封闭经济与开放经济是相对概念，简单来看，就是自产自销、自给自足的经济形式。人类早期的经济形式大多是封闭经济，所有的产品全部是由部落内部生产出来的，并由部落内部的成员消费。从现代经济学的角度来看，封闭经济是指自产自销的经济模式，即一国的全部产品和服务都是由本国居民在本国领土内生产出来，并由本国人民消费的经济模式。

封闭经济中，一国的国民收入分别用支出法和收入法表示出来的投资－储蓄恒等式，其推导过程如下。

$$Y = C + I + G \text{（支出法）}$$
$$Y = C + S + T \text{（收入法）}$$
$$C + I + G = C + S + T$$
$$I = S + (T - G)$$
$$I = S$$

从投资-储蓄恒等式可以看出，在封闭经济条件下，一国的投资完全来自储蓄。如果储蓄不足以支撑一国发展所需的投资，那么这个国家就很容易长期处于贫困状态。很多贫困国家往往在最初发展经济时急需大量的资金支持。要想摆脱贫困，首先需要开展大规模基础设施的建设，而基建项目都需要一次性大规模投资。比如巴基斯坦全国长期处于缺电状态，不但百姓生活不方便，连工厂也得因停电而停工。从巴基斯坦北部山区，到伊斯兰堡、卡拉奇这样的大城市，不但电价很高，而且经常停电。中国在巴基斯坦建设了多个电力项目，包括尼鲁姆杰鲁姆水电站、卡洛特水电站、卡西姆港燃煤电站、卡拉奇核电项目、三峡集团建设的中巴风电项目。其中仅尼鲁姆杰鲁姆水电站建成后，就可以解决全国15%的人口的电力需求，为巴基斯坦带来450亿卢比（约合27亿元人民币）的财政收入。

### 二 开放经济条件下的国民收入账户

开放经济是我们现在所处的经济形式，可以说一旦商品的生产、流通、消费等任一环节不完全是在本国领土内完成，那就不是封闭经济，而是开放经济了。开放经济是指一国与其他国家和地区有贸易往来的经济模式。从封闭经济的概念来看，只有所有要素的来源、生产过程、产品的消费全部在本国领土内进行才是封闭经济。按照这个定义，当今世界上没有封闭经济的国家。显然，放眼全球，每个国家都或多或少地参与国际贸易，只是参与的程度有差异。我们经常会使用开放度这类指标来衡量一国的开放经济发展程度。尽管如此，封闭经济这个词在有些场合我们还会看到。很多时候，我们会把那些对外经济往来很少的国家称作实行封闭经济的国家。

朝鲜在很长时间内受本国经济政策的影响，开放度很低，一直被当作封闭经济的代表。2018年前后，朝鲜作为社会主义国家开始吸收和借鉴其他社会主义国家发展的成果，加快推进经济建设，透露出实行改革开放的信号。2018年4月，朝鲜劳动党第七届中央委员会第三次全体会议在平壤召开。会议上通过了《关于宣布经济建设与核力量建设并举路线的伟大胜利》《适应革命发展到新的更高阶段的要求，集中一切力量进行社会主义经济建设》等一系列决议。未来，朝鲜也将不再是封闭经济的国家。

中国作为改革开放成果卓越的社会主义国家,在经济发展的很多方面提供了新思路、新办法、新途径,也为世界上其他社会主义国家和发展中国家提供了可借鉴的方案。

开放经济条件下的国民收入需要在原有基础上加入出口 X、进口 M、对外转移支付净额 $R_f$,换算过程如下:

$$Y = C + I + G + X \text{(支出法)}$$
$$Y = C + S + T + M + R_f \text{(收入法)}$$
$$C + I + G + X = C + S + T + M + R_f$$

经整理可得:

$$(I-S) + (G-T) + (X-M-R_f) = 0$$
$$I \neq S$$

其中,$I-S$ 是投资储蓄差额,表示私人部门对商品劳务的超额需求;$G-T$ 是政府收支差额,它为正时,表示政府对商品和劳务的超额需求,即财政赤字;$X-M$ 是进出口差额,$X-M-R_f$ 是经常账户差额,它表示非居民对商品和劳务的需求。

如果一国国内储蓄不足以支撑投资,而且存在政府赤字时,那么,经常账户就必然出现赤字。但是,国内经济发展所需的投资,可以通过资本账户从国外获取额外的资金来予以支撑,而不必通过牺牲国内消费和压缩财政赤字来取得。

### 三 国民收入的计量

国民收入可以用 GDP 和 GNP 来计量。GDP 是国内生产总值,是一国一定时期内在本国领土内生产的所有商品和劳务的货币价值总和。GNP 是国民生产总值,是一国在一定时期内本国居民生产的所有商品和劳务的货币价值总和。显然,两者的区别在于领土域标准和居民标准。GNP 相当于 GDP 加上本国居民在外国取得的收入减去外国居民在本国取得的收入。一般将 GDP 与 GNP 相差的这部分称为净要素收入，即 NFP。

### 四 总结

从本节内容可以发现开放经济明显优于封闭经济。世界上越开放的国家越发达，其人民生活水平越高，而贫困落后的国家开放程度低，物质生活条件差。贫困国家在摆脱贫困的过程中做了很多尝试，中国的改革开放过程既是我国实现经济体制改革的过程，也是我国从贫困走向富裕的过程。在这个过程中我们会面临到哪些问题？请阅读以下资料，并回答资料后的问题。

**资料一：**

#### 改革开放中存在的问题

经过二十多年实践，我国社会主义市场经济体制已经初步建立，但仍存在不少问题，主要是市场秩序不规范，以不正当手段谋取经济利益的现象广泛存在；生产要素市场发展滞后，要素闲置和大量有效需求得不到满足并存；市场规则不统一，部门保护主义和地方保护主义大量存在；市场竞争不充分，阻碍优胜劣汰和结构调整，等等。这些问题不解决好，完善的社会主义市场经济体制是难以形成的。

——《关于〈中共中央关于全面深化改革若干重大问题的决定〉的说明》(2013 年 11 月 9 日)①

1. 对以上文字中列举的我国市场经济存在的问题并举出具体的例子。(弹幕题)

2. 简单列举一些已出台的政策来说明我国如何解决以上问题。(弹幕题)

---

① 中共中央文献研究室：《习近平关于社会主义经济建设论述摘编》，中央文献出版社 2017 年版，第 51 页。

### 资料二：

#### 我国经济发展的重大转变

经过三十多年的改革开放，我国经济正在实行从"引进来"到"引进来"和"走出去"并重的重大转变，已经出现了市场、资源能源、投资"三头"对外深度融合的新局面。只有坚持对外开放，深度融入世界经济，才能实现可持续发展。

——《在中央财经领导小组第八次会议上的讲话》（2014 年 11 月 4 日）①

1. 从以上这段话可以看出我国的经济发展有哪些重要转变，请举例说明。（弹幕题）

### 课堂教学建议：

本节内容适合线上线下混合式教学。对重要概念的学习和理解作为线上学习部分，教师在课堂提问时，重点考查学生是否能够准确区分这些概念。投资–储蓄恒等式的推导过程及结论，应作为教师答疑的重点。在思政教学部分应采用线下教学，教师与学生共同讨论和分析资料，帮助学生了解中国作为转轨制国家，如何从封闭走向开放，有哪些成功的经验和失败的教训。通过讨论，帮助学生树立对社会主义制度的坚定信心。

### 课后练习：

一 单项选择题

1. 从需求的角度看，封闭经济下的国民收入账户不包括（　　）。
    A. 消费
    B. 税收
    C. 投资
    D. 政府购买

---

① 中共中央文献研究室：《习近平关于社会主义经济建设论述摘编》，中央文献出版社 2017 年版，第 290 页。

2. 世界上哪些国家还在实行完全的封闭经济？（    ）

   A. 德国

   B. 朝鲜

   C. 中国

   D. 以上都不是

3. 以下哪个变量最能体现开放经济与封闭经济的差异？（    ）

   A. 投资

   B. 储蓄

   C. 经常账户差额

   D. 出口

## 二  多项选择题

1. 从供给的角度看，开放经济下的国民收入账户包括（    ）。

   A. 消费

   B. 储蓄

   C. 税收

   D. 进口

   E. 对外转移支付净额

## 三  判断题

1. 在封闭经济中，一国的总投资完全由国民储蓄提供。（    ）

2. 从目前的经济发展情况来看，封闭经济比开放经济更优越。（    ）

3. 现实中，那些开放程度很低的国家经常被称作实行封闭经济的国家。（    ）

4. 在开放经济中储蓄不一定等于投资。（    ）

# 第二节  国际收支和国际收支平衡表

**预习提示：**

观看相关课程视频，理解国际收支的概念，记忆国际收支平衡表的账户结构、记账方法。能够独立完成视频中的记账案例，并编制国际收支平衡表。在预习中，能够参考国家外汇管理局网站上的相关资料，开展小组内部互相学习，总结学习中的问题，积极向教师提问。

## 一　国际收支的概念

**（一）国际收支概念的历史回顾**

国际收支问题很早就有学者进行研究，最早可追溯到重商主义时期托马斯孟的观点。早期各国都很重视发展贸易，因此将国际收支理解为贸易收支。第一次世界大战之前，关于国际收支的研究较少，并未形成明确的概念和完整的理论。第一次世界大战后，金本位制度受到冲击，国际短期资本流动加大，国际收支的研究开始受到重视，国际收支被理解为外汇收支。显然，没有涉及外汇收支的这部分国际贸易没有被纳入国际收支的概念中。第二次世界大战后，国际收支的研究已经成为经济研究领域中的重要组成部分，国际收支的概念从过去的贸易收支和外汇收支发展成为今天普遍使用的广义的国际收支，由此学术界也将之前的贸易收支和外汇收支称为狭义的国际收支。

**（二）国际收支的概念**

国际收支是指一定时期内，一个经济体的居民与非居民之间全部对外经济往来的系统货币记录。国际收支的概念包含四个要点。第一，一定时期指1年，可见国际收支是个事后概念。第二，一定时期反映出国际收支是个流量概念。与国际收支相对应的存量概念是国际投资头寸和国际借贷。国际投资头寸是一个经济体对外金融资产的存量减去对外负债的存量。我国每年除了编制国际收支平衡表之外，还在国家外汇管理局的网站上公布国际投资头寸表。第三，国际收支记录了所有对外经济往来的货币记录。有些经济往来不是用货币进行交易的，比如一些物资捐赠、易货贸易等，这些经济往来必须将其折算成货币进行记录。第四，居民与非居民的交易。在国际收支中，居民是指自然人或法人在一个国家的领土内已经有一年或一年以上的时间从事经济活动或交易。对于一个经济体来说，居民是由两大类机构单位组成：（1）家庭和组成家庭的个人；（2）社会的实体和社会团体，如公司和非营利机构和该经济体中的政府。由此可以判断一国的大使馆等驻外机构是所在国的非居民，而国际组织是任何国家的非居民。

**（三）国际收支的相关概念**

国际收支与经济发展紧密相关，如果一国的国际收支长期处于巨额逆差而得不到根本改善的状况称为国际收支危机。

以存量的形式反映经济体居民对非居民的金融资产和负债的价值和构成是国际投资头寸。虽然国际收支能够充分反映一国对外经济交往的情况，但资产负债表对于分析对外经济交往的可持续性和脆弱性方面具有独特的优势，包括币种不匹配、部门的含义和债务的利率组成，以及期限结构对于流动性的作用。另外，国际投资头寸数据还可用于其他目的，诸如衡量回报率、分析经济结构，以及研究与国内融资来源的关系等，因此，在国际账户编制和分析中对国际投资头寸日趋重视。

国际投资头寸是指某个时间点上一个经济体居民对非居民的金融资产和负债的价值和构成，反映一个经济体的对外金融资产和负债存量，这两者的差额为净国际投资头寸。国际投资头寸可能为正，也可能为负。正值表明该国为净债权国，反之为净债务国。国际投资头寸与反映交易流量的国际收支一起，构成该经济体完整的国际账户体系。

国际投资头寸表是对一国国际投资头寸的系统记录。国际投资头寸表与国际收支平衡表中金融账户的分类保持一致，按照金融资产和负债的功能类别分为直接投资、证券投资、金融衍生工具和雇员认股权、其他投资和储备资产五大类，下面又按照金融工具和部门来进一步细分，具体内容登录国家外汇管理局网站查看近几年我国的国际投资头寸表。

一国国际投资头寸从期初到期末的变动主要是由这期间该国国际收支金融账户所记录的经济交易的发生导致的，也就是说，金融账户下各项经济交易的发生使得一国对外金融资产和负债发生了相应的变动；其次，是由金融资产和负债的其他变动导致的，而其他变动又包括数量的其他变动和价值的其他变动（重新定值）。数量的其他变动比如债权人出于破产等原因单方面注销金融资产；金融资产和负债在没有跨境交易的情况下改变其特性或状况，即重新分类，如可转换债券的转换和认股权证行权等；个人和其他实体改变其所在经济体的居民地位时导致的金融资产和负债的变动等。价值的其他变动又包括汇率变化和其他价格变化导致的价值变动。

因此，国际收支的金融账户同金融资产和负债的其他变化一起共同解释了国际投资头寸的变化。换句话说，金融资产和负债因交易、数量的其他变化或重新定值而出现或消失，并增加或损失价值。这种关系可用以下等式表示：

期初头寸＋期间交易＋期间数量的其他变化＋期间的重新定值＝期末头寸

影响国际投资头寸的因素主要有汇率变化和其他价格变化。

举例来说：假设某国 2019 年年末对外直接投资（FDI）余额是 1000 亿美元，2020 年该国 FDI 增加了 500 亿美元，处置了 100 亿美元，因此 FDI 净增加 400 亿美元；2020 年该国 FDI 还因为破产注销而数量减少 50 亿美元，美元升值使得价值增加 80 亿美元，因为资产在当地价格上升价值增加 60 亿美元。因此，该国 2020 年年末的 FDI 余额为：1000 亿美元（期初值）＋500 亿美元（金融账户交易）－100 亿美元（金融账户交易）－50 亿美元（数量的其他变化）＋80 亿美元（重新定值）＋60 亿美元（重新定值）＝1490 亿美元（期末值）。

### 二　国际收支平衡表

**（一）概念**

国际收支平衡表是将每一笔国际收支记录按照特定账户分类和复式记账原则汇总编制的会计报表。

国际收支平衡表是一张会计报表，需要按照复式记账原则编制，但国际收支平衡表又不是一张普通的会计报表，它所采用的科目都有特定的名称，而非会计科目。国际收支平衡表中的每个科目名称可以直接体现交易的性质，因此国际收支平衡表是依照特定账户分类而编制的，复式记账法和特定账户分类就是国际收支平衡表编制的两大原则。

**（二）账户结构**

国际收支平衡表的编制依据国际货币基金组织发布的《国际收支手册》。目前在全球使用较多的是第六版和第五版。我国从 2015 年起，使用第六版《国际收支手册》编制国际收支平衡表。每一版国际收支手册在账户结构上都会做一些细微的调整，不同国家使用的《国际收支手册》版本不同，国际收支平衡表的一些科目会略有差异。两个版本的《国际收支手册》相比较，主要变化体现在：第一，将储备资产纳入金融账户统计，并在金融账户下增设"非储备性质的金融账户"，与原金融项目包含的内容基本一致。第二，项目归属变化，如将经常账户下的转手买卖从原服务贸易调整至货物贸易统计,将加工服务从原货物贸易调整至服务贸易等。第三,项目名称和细项分类有所调整,如将经常项目、资本项目和金融项目等重新命名为经常账户、资本账户和金融账户,将收益和经常转移重新命名为初次收入和二次收入等。第四,借方项目用负值表示。我国国际收支平衡表每个账户的解释以及记录规则,请登录国家外汇管理局网站,参照国家外汇管理局最新发布的《国际收支平衡表指标说明》。

国际收支平衡表分为三大账户:经常账户、资本与金融账户、净误差与遗漏账户。其中经常账户是最重要的账户,经常账户包括货物、服务、初次收入、二次收入四大项。经常账户中的货物和服务是经常账户中最重要的账户。

在经常账户中,货物科目包括一般商品、用于加工的货物、非货币黄金等。该科目记录进出口的商品,应在货物所有权从一国居民转移到另一国居民时记录下来,按 FOB 计价。FOB 是国际贸易术语之一,即指定装运港船上交货价,是货物本身的价格。与之相对的另一个国际贸易术语是 CIF,即指定目标港主运费已付价,即货物本身的价格再加上运费和保费。

服务有时又称无形贸易,包括加工服务、运输、旅行等。该账户记录的内容主要包括运输服务、旅游服务、通信服务、建筑服务、保险服务、金融服务、计算机和信息服务、专有权利使用费和特许费、个人和文化及娱乐服务、其他商业服务、政府服务。

初次收入反映的是机构单位因其对生产过程所做的贡献或向其他机构单位提供金融资产和出租自然资源而获得的回报,包括雇员报酬、投资收益和其他初次收入三部分。其中雇员报酬表示个人在与企业的雇佣关系中因对生产过程的劳务投入而获得的酬金回报。跨境雇员包括季节性或其他短期(少于一年)工人,以及属于某一经济体居民但在另一经济体工作的边境工人。投资收益包括金融投资所获利息和直接投资所得利润。投资收益是提供金融资产所得到的回报,包括股息和准公司收益提取、再投资收益和利息。

二次收入也称为经常转移,包含实物和现金的转移。经常转移又称无偿转移,是指资金和资产在国际上转移后并未发生债权债务关系,对方无须归还或偿还的无对等交易。因此，这类经济活动属于不以获取收入或支出为目的的单方面交易行为。在《国际收支手册》（第五版）中，将转移分为经常转移和资本转移。其中，经常转移被统计在经常账户中，资本转移被统计在资本和金融账户中。按照实施转移的主体，经常转移又分为政府转移和个人转移，前者主要包括政府间经济援助、军事援助、战争赔款、捐款等，后者主要包括侨民汇款、年金、赠予等。

资本账户包括资本转移和非生产非金融资产的取得和处置。金融账户是资本与金融账户中最重要的账户。金融账户包括非储备性质资产和储备性质资产。非储备性质资产包括直接投资、间接投资、金融衍生工具和其他投资。直接投资主要是海外建立实体、分支机构等形式。间接投资也称为证券投资。其他投资包括的内容很多，其重要程度与直接投资、间接投资等同，所有非直接投资、间接投资的交易都计入其他投资。需要注意的是间接投资中，如果持有外国公司股票达到10%以上，其本金应计入直接投资。

金融衍生合约是一种金融工具，该金融工具与另一个特定的金融工具、指标或商品挂钩，通过这种挂钩，可以在金融市场上对特定金融风险本身（例如，利率风险、外汇风险、股权和商品价格风险、信用风险等）进行交易。金融衍生产品分为期权和远期型合约两大类，而远期型合约又包括期货和掉期两类交易。

储备资产账户里记载的内容并不是实际发生的交易，而是储备资产用来平衡以上各种实际交易产生的差额。如果一国一年的所有对外经济往来产生的外汇收入大于外汇支出，储备资产就表现为增加，反之减少。该科目的作用是平衡账户、冲销余额。当然，国际储备本身除了冲销余额外，还是干预外汇市场的重要工具。

净误差与遗漏账户是一个人为设置的账户，不涉及任何实际的交易，主要用于冲销以上所有科目产生的余额。设置的原因主要有：第一，资料来源渠道复杂。编制国际收支平衡表的原始资料可以来自海关、银行、商会等多部门，有时难免出现内容重复与错误。第二，资料不够全面。一国可以收集的对外交易的资料大多是合法的交易，而非法交易也会构成一国实际的对外交易，却很难被计入国际收支平衡表中。第三，资料本身不够准确和真实。因为有关单位提供的统计数据自身有一定误差，在某些原始资料上，当事人为了逃避外汇管制或偷税等有意伪造数据。有时政府也会利用净误差与遗漏掩盖他们对政治、军事活动中一些不便公开的信息。

储备账户和净误差与遗漏账户虽然都具有冲销功能，但两者还是有一定区别。储备账户冲销的是储备科目以上所有科目所产生的差额。如果没有操作上的误差和遗漏的话，这个差额应该和储备科目的变化值保持一致，但现实中，储备科目的变化值往往和这个差额有一定的出入，也就是说现实的储备资产无法完全起到冲销所有差额的目的。因此，无法冲销的部分，必然是由资料不全、资料不准确等原因导致的，必须要使用人为设置的净误差与遗漏账户来平衡账户。

### 三 国际收支平衡表的编制

国际收支平衡表遵循复式记账法，一般将引起本国外汇增加的交易计入贷方，将引起本国外汇减少的交易计入借方。或者也可以将记账方法理解为，凡是引起本国外汇来源的交易计入贷方，本国外汇运用的交易计入借方。储备资产是个发挥冲销作用的科目，并不涉及实际的交易，所以引起储备增加时计入借方，引起储备减少时计入贷方。将所有的交易全部记录后，汇总而成的会计报表是国际收支平衡表。以甲国为例，记录甲国发生的各笔交易并编制甲国的国际收支平衡表，过程如下。

甲国企业出口价值100万美元的设备，所得收入存入银行。

讲解：出口可以为本国增加外汇，计入贷方。存入银行形成其他投资，根据《国际收支平衡表指标说明》，当期对外金融资产净增加记借方。

借：其他投资　　100万美元
贷：货物出口　　100万美元

甲国居民到外国旅游花销1万美元，该居民用国际信用卡支付了该笔款项，并在回国后用自己的外汇存款偿还。

讲解：甲国居民出国旅游需要花销外汇，旅游行为属于服务科目，减少了本国的外汇记入借方。信用卡支付，回国使用外汇归还属于其他投资，本国金融资产的减少计入贷方。

借：服务　　1万美元

贷：其他投资　　1 万美元

外商以价值 1000 万美元的设备投入甲国，兴办合资企业。

讲解：兴办企业属于直接投资行为，记入直接投资科目，外商为本国投资增加了本国的外汇，记在贷方。设备投资相当于进口货物，记入借方。

借：货物进口　　1000 万美元
　　贷：直接投资　　1000 万美元

甲国政府动用外汇库存 40 万美元向外国提供无偿援助，另提供相当于 60 万美元的粮食药品援助。

讲解：无偿援助属于二次收入，因为是本国政府向别国转移物资，相当于引起本国外汇减少，记入借方。另外，政府动用外汇储备，记入储备资产，引起储备资产的减少，记入贷方。货物从本国转移至别国相当于货物出口，记入贷方。

借：二次收入　　100 万美元
　　贷：储备资产　　40 万美元
　　　　货物出口　　60 万美元

甲国企业在海外投资所得利润 150 万美元。其中 75 万美元直接用于当地的再投资，75 万美元调回国内向中央银行结售，换得本币后，将相当于 25 万美元的本币用于股东分红，将相当于 50 万美元的本币用于购买国产设备后重新投资于国外企业。

讲解：投资所得利润属于投资收益，归属初次收入科目，因为引起本国外汇增加，所以计入贷方。将外汇卖给央行，带来储备资产的增加，计入借方。用本币进行股东分红是国内交易，不记录。用外汇直接对当地再投资属于直接投资，引起本国外汇减少，计入借方。

用本币购买国内设备是国内交易，不记录。用设备进行海外投资是直接投资，引起本国外汇减少计入借方。设备投资到国外，相当于货物出口，将来可能带来收益，计入贷方。

借：储备资产　　75 万美元
　　直接投资　　75 万美元
　　贷：初次收入　　150 万美元

借：直接投资　　50 万美元

　　贷：货物出口　　50 万美元

甲国居民动用外汇存款 40 万美元购买外国某公司的股票。

讲解：使用外汇存款是金融资产的减少，涉及其他投资科目，计入贷方。购买国外股票是证券投资，增加了本国的证券资产计入借方。

借：证券投资　　40 万美元

　　贷：其他投资　　40 万美元

甲国居民通过劳务输出获得收入 5 万美元，并将收入汇回国内，存入银行。

讲解：海外工作获得的收入属于初次收入科目，本国居民赚到钱增加了本国的外汇收入，计入贷方。银行存款是其他投资，该项金融资产增加计借方。

借：其他投资　　5 万美元

　　贷：初次收入　　5 万美元

甲国某上市公司在海外上市，获得 100 万美元的资金，甲国公司将融资所得现金结算成本币。

讲解：海外上市属于证券投资科目，证券金融资产减少计入贷方。获得的资金换成本币增加了本国的储备资产，计入借方。

借：储备资产　　100 万美元

　　贷：证券投资　　100 万美元

将以上各交易汇总在表 1-1 中，可以得到以上交易形成的国际收支平衡表。

大部分交易行为既涉及经常账户的科目，又涉及资本与金融账户的科目。在以上这些案例中，倒数第一个和倒数第三个，借贷双方的科目全部归属于资本与金融账户。这种情况在现实中的占比也不是很高。

### 四　国际收支分析

国际收支分析是指通过阅读国际收支平衡表中的数据，来分析一国的国际收支状况，进而延伸到对一国内外经济情况的解读。对国际收支平衡表的分析有一定的方法，请大家阅读国家外汇管理局网页上发布的最新国际收支报告。报告对最新的国际收支平衡表进行了全面、翔实的分析,并通过国际收支平衡表对我国近期的宏观经济状况做了概览。请大家阅读以下资料,并回答资料后的问题。

表1-1　　　　　　　以上交易的国际收支平衡情况　　　　　单位:万美元

| 项目 | | 借方 | 贷方 | 差额 |
|---|---|---|---|---|
| 货物和服务 | | 1000+1 | 100+60+50 | -791 |
| 初次收入 | | 0 | 150+5 | 155 |
| 二次收入 | | 100 | 0 | -100 |
| 经常项目合计 | | 1101 | 365 | -736 |
| 资本账户 | | 0 | 0 | 0 |
| 非储备金融资产 | 直接投资 | 75+50 | 1000 | 875 |
| | 证券投资 | 40 | 100 | 60 |
| | 其他投资 | 100+5 | 1+40 | -64 |
| 储备资产 | | 75+100 | 40 | -135 |
| 资本与金融账户合计 | | 445 | 1181 | 736 |
| 总计 | | 1546 | 1546 | 0 |

## 资料一:

### 从旅游收支科目思考出国的意义

任何一个民族、任何一个国家都需要学习别的民族、别的国家的优秀文明成果。中国要永远做一个学习大国,不论发展到什么水平都要虚心向世界各国人民学习,以更加开放包容的姿态,加强同世界各国的互容、互鉴、互通,不断把对外开放提高到新的水平。

——《在同外国专家座谈时的讲话》(2014年5月22日)[①]

旅游收支科目对于大部分国家来说是服务项目下一个不太重要的科目,但对于一些以旅游为支柱产业的国家来说,这个科目对经常账户的

---

[①] 中共中央文献研究室:《习近平关于社会主义经济建设论述摘编》,中央文献出版社2017年版,第289页。

差额影响很大。随着人民币的升值及"一带一路"倡议的实施，在新冠肺炎疫情暴发前，我国每年都有大量出境旅游人员，国内的不少本科生也会选择出国攻读硕士。出国学习可以开阔个人的视野，锻炼个人的综合能力，也可以学习到国外先进的专业知识。即使不具备出国条件的同学，未来出境旅游的机会也会很多。

1. 你毕业后是否打算出国学习？（投票题）

2. 你认为出国学习期间，在学习方法和态度上应该注意些什么？（弹幕题）

### 课堂教学建议：

本节内容适合线下教学。教师在学生预习的基础上，先解答学生的疑问，再对本节的重难点进行总结和梳理。对记账案例部分，可以采用课堂提问和讲解相结合的形式，帮助学生掌握国际收支平衡表的记账原理。在安排资料一的教学时，要结合习近平总书记的讲话，使未来有出国学习计划的同学对出国学习有正确的态度，能将在国外所学的先进知识和技术运用到我国的社会主义建设上来，在国内这个大舞台上，充分展现个人的才干。

### 课后练习：

#### 一 单项选择题

1. 从重商主义到第一次世界大战以前，国际收支是指（    ）。

    A. 贸易收支

    B. 国民收入

    C. 非贸易收支

    D. 国内生产总值

2. 国际收支是一个（    ）。

    A. 流量概念

    B. 变量概念

    C. 存量概念

    D. 等量概念

3. 一国国际收支平衡表的三大账户中，哪个账户是最重要、最基本的账户（    ）。

   A. 错误与遗漏账户

   B. 资本账户

   C. 金融账户

   D. 往来账户

4. 国际收支平衡表中的人为设置的科目是（    ）。

   A. 经常项目

   B. 资本与金融项目

   C. 综合项目

   D. 错误与遗漏项目

5. 以下各项不记入国际收支经常项目的交易有（    ）。

   A. 出口

   B. 旅游

   C. 证券投资

   D. 收入

6. 收购外国企业的股权达到一定比例以上称为（    ）。

   A. 股权投资

   B. 证券投资

   C. 直接投资

   D. 债券投资

7. IMF 规定，在国际收支平衡表的统计过程中进出口贸易额计价方式是（    ）。

   A. 离岸价

   B. 到岸价

   C. 进口按到岸价，出口按离岸价

   D. 各国自行决定

8. 若在国际收支平衡表中，储备资产项目为 –100 亿美元，则表示该国（    ）。

   A. 增加了 100 亿美元的储备

   B. 减少了 100 亿美元的储备

   C. 人为的账面平衡，不说明问题

D. 无法判断

## 二 多项选择

1. 国际收支反映的内容是以交易为基础的，其中交易包括（    ）。
   A. 交换
   B. 转移
   C. 移居
   D. 赠送
   E. 其他根据推论而存在的交易

2. 净误差和遗漏发生的原因包括（    ）。
   A. 人为隐瞒
   B. 资本外逃
   C. 时间差异
   D. 重复计算
   E. 漏算

3. 下列项目应记入贷方的是（    ）。
   A. 反映进口实际资源的经常项目
   B. 反映出口实际资源的经常项目
   C. 反映资产增加或负债减少的金融项目
   D. 反映资产减少或负债增加的金融项目
   E. 反映错误与遗漏的项目

4. 记入国际收支平衡表贷方的交易有（    ）。
   A. 进口
   B. 出口
   C. 资本流入
   D. 资本流出
   E. 错误与遗漏

## 三 判断题

1. 国际收支是一个流量的、事后的概念。（    ）
2. 国际货币基金组织是美国的居民。（    ）
3. 金融账户中的其他投资项目是金融账户中除储备资产外最不重要的项目。（    ）

4. 本国居民持有的外国公司股票，是本国对外国的直接投资。（    ）

5. 收益项目包括职工报酬和投资收益两部分。（    ）

6. 在国际收支平衡表中，凡资产增加、负债减少的项目应记入贷方。（    ）

**四　填空题**

1. 居民是指在本地居住（    ）年以上的政府、个人、企业或事业单位。

2. 资本账户包括：资本转移、（    ）的收买或出售两项。

3. 金融账户包括直接投资、间接投资、（    ）和官方储备四项。

4. 国际收支平衡表的编制原则是（    ）和复式记账原则。

## 第三节　国际收支的不平衡问题

**预习提示：**

观看相关课程视频，理解国际收支各统计口径之间的关系，以及国际收支不平衡的原因。

一国的国际收支平衡表是一张会计报表，所以差额永远为零，永远平衡。现实生活中我们经常听到某国国际收支顺差或是逆差。国际收支平衡表虽然永远平衡，但国际收支却不一定是平衡的。

**一　国际收支平衡的概念**

国际收支平衡不是国际收支平衡表的平衡。为了科学地表述国际收支平衡的概念，早期的学术界引入了一对概念，即自主性交易和补偿性交易。自主性交易是指个人和企业为某种自主性目的而从事的交易。举例来说，企业在海外投资办厂是为了获得利润，是为了企业自身利益而进行直接投资；某人在海外工作，将薪酬汇给自己国内的亲人，也是出于个人目的而进行的转移。补偿性交易是为弥补自主性交易产生的差额而进行的交易。

所谓国际收支平衡就是自主性交易差额为零的状态。那么也就是说，补偿性交易就是用于弥补国际收支不平衡而发生的交易，比如使用官方储备，向外国金融机构借款等。国际收支不平衡有两种表现，即国际收支顺差和国际收支逆差。当自主性交易差额为正时，国际收支为顺差，反之逆差。按照交易动机来确定国际收支平衡的概念，只在理论上可行，在统计上很难准确区分每笔交易究竟是哪种性质的交易。所以要想对国际收支顺差和逆差进行明确的解释，必须借助一定的统计口径。

**二　国际收支不平衡的统计口径**

目前，按照人们的习惯和国际货币基金组织的做法，国际收支不平衡的统计口径有五种。

（一）贸易收支差额

贸易收支差额即一国一定时期内商品出口与进口的差额。当出口大于进口时，称为贸易顺差或盈余，反之为贸易逆差或赤字。贸易收支差额是一个使用较多的口径。很多发展中国家资本市场开放程度较低，国际收支主要体现在商品贸易上，基本可以使用贸易收支来说明整体的国际收支状况。另外，贸易收支差额受到各国广泛重视。一国的贸易收支差额可以反映出一国产业结构、产品质量、劳动生产率，以及该国在全球贸易中的地位等。比如，如果一国的出口产品具有较大的需求弹性，这种产品在价格和质量上就很容易具有竞争优势，通过降价等手段很容易增加出口数量和出口收入。

（二）经常项目收支差额

经常项目收支差额包括货物、服务、收入和转移几个科目共同产生的差额，其中前两项是经常项目差额的主要部分，占比很大。经常项目收支差额可以综合反映一个国家的进出口情况以及三大产业的综合竞争力，是各国制定产业政策和国际收支政策的重要依据。

（三）基本账户差额

基本账户差额是经常账户加上长期资本账户所形成的余额。长期资本账户无法从国际收支平衡表中直接获得，需要将直接投资、证券投资、其他投资中的期限一年以上的资产加总。长期资本的流动以市场、利润为目的，比短期资本更具稳定性。长期资本的持续流入，说明一国经济基本面稳定，投资预期良好，经济发展健康。长期资本的流入及流出状况反映了一国在国际经济中的地位和实力。当然，长期资本的流动有时也会具有短期性，比如股票虽然是长期资本产品，但在二级市场上，股票已成为投机者的短期投资工具之一。

（四）综合账户差额

综合账户差额是指经常账户、资本与金融账户中的资本账户和非储备性质资产金融账户构成的余额。由于综合账户差额反映了一国国际收支中除了储备资产项目外所有交易的差额，所以综合账户差额经常用来衡量一国国际收支对国际储备造成的压力。综合账户差额比较综合地反映了自主性国际收支的状况，是全面衡量国际收支状况的指标。

（五）外汇收支差额

一国的对外经济交往中，有些是直接以货币支付的，有些则不是。外汇收支是指以货币支付的交易产生的外汇收支余额。外汇收支情况会影响一国的外汇市场，而外汇市场的供求变化直接影响到一国的汇率水平。当汇率不稳定时，政府最直接的调节手段就是使用国际储备，所以，外汇收支差额除了对汇率产生影响，对国际储备也有重要影响。

不难发现，以上五种统计口径从窄到宽的顺序依次是：贸易收支差额、经常账户差额、基本账户差额、综合账户差额。其中，贸易收支差额就是货物科目的差额；经常账户差额就是对经常账户的统计差额；基本账户差额就是经常账户差额加上长期资本流动部分的差额；综合账户差额就是基本账户差额再加上短期资本流动部分的差额。

国际收支不平衡的统计口径有宽口径也有窄口径，一国可根据自身的情况选择一种或几种口径来判断自身的国际收支状况。比如，以商品贸易为主要对外经济形式的国家，采用贸易收支差额作为制定政策的参考较为合适；金融市场发达，短期资金进出频繁的国家，应以综合账户差额来衡量国际收支。另外，几种口径要配合使用。比如，一国的综合账户差额为零，经常账户持续巨额赤字，资本与金融账户持续巨额盈余，这说明该国的产业在世界市场上没有竞争力，仅依靠不断吸引资金流入来弥补经常账户差额。

### 三 国际收支不平衡的原因

国际收支不平衡的原因也是国际收支不平衡的性质，主要有六种。

### （一）临时性不平衡

临时性不平衡指由短期的、偶发的一些临时性因素导致国际收支失衡。比如战争、自然灾害、新冠肺炎疫情等导致国际收支失衡，属于短期性不平衡。遇到临时性不平衡，这些临时因素一旦消失，国际收支会自然恢复，无须采取政策调节。

### （二）结构性不平衡

结构性不平衡是指国内经济、产业结构不能适应世界市场的变化而发生的国际收支失衡。结构性不平衡是指因经济和产业结构变动的滞后所引起的国际收支失衡。当国际市场出现新技术、新产品时，旧的产品与技术正在被逐步淘汰，产业结构正处在适应和调整的过程中时，容易出现国际收支失衡，但国内产业结构调整完成，重新适应新的世界市场时，国际收支状况会逐步恢复。一般来说，结构性不平衡属于长期性不平衡，即使一国会不断改善产业结构，但由于产业结构的调整周期很长，所以结构性不平衡的持续时间也比较长。另外，对于很多发展中国家来说，所面临的问题不仅是产业结构滞后，还存在产业结构单一、出口产品需求弹性低、国内劳动生产率低等问题。这些问题的解决还需要从国内经济入手，通过发展教育培养人才、提高劳动生产率、引入先进技术等来解决。

### （三）货币性不平衡

货币性不平衡是指一定汇率水平下国内货币成本与一般物价上升而引起出口货物价格相对较高，进口货物价格相对较低，从而导致国际收支失衡。如果国内货币供给增加，就会带来货币成本上升与物价整体上涨。货币性不平衡既可以是长期的，也可以是短期的。

### （四）周期性不平衡

周期性不平衡是指由一国经济周期波动而产生的国际收支失衡。每个国家都有经济周期，一般认为一个经济周期是 10 年。在一个经济周期内，如果一国处于经济低迷，社会对进口的需求会下降，国际收支容易出现顺差。当然现实中由于各国经济结构的差异，有时处在经济低迷时期，有些国家也会出现出口下降，国际收支逆差的状况。

### （五）收入性不平衡

收入性不平衡是指一国国民收入相对快速增长导致进口需求的增

长超过出口增长所引起的国际收支失衡。国民收入相对快速增长的原因很多，可能是周期性的、货币性的，或经济处在高速增长阶段所引起的。

与收入性不平衡相关的另一个概念是储蓄倾向差异引起的不平衡。在追求经济增长和消费增长的前提下，储蓄率较低的国家容易产生国际收支逆差，而储蓄率较高的国家容易产生国际收支顺差。较高的经济增长需要较多的投资，较高的消费会造成较大的需求，这些都会引起资本和商品进口的快速增长，从而有助于形成国际收支逆差。

（六）预期性不平衡

预期对一国经济的方方面面都在发挥作用。当预期一国经济快速增长时，本国居民和外国投资者都会增加在本国的实物投资，当供给不足时，进口就会增加。另外一国经济预期良好时，会吸引海外资金来本国购买金融产品，进而引起资本与金融账户的顺差。当然，即使海外资金有流入本国的意愿，还得看本国在金融市场的管制方面是否允许资金自由流入。

**课堂教学建议：**

本节内容适合于线上教学。学生在线上完成自学后，教师根据学生的学习情况，在线答疑即可。

**课后练习：**

一 单项选择题

1. 以下关于自主性交易与补偿性交易说法正确的是（　　）。
   A. 补偿性交易又称线上项目
   B. 自主性交易就是经常账户的各项交易
   C. 从理论上说，国际收支的不平衡指自主性交易的不平衡，但在统计上很难做到
   D. 补偿性交易就是储备资产和错误与遗漏项目

2. 以下关于国际收支的平衡说法正确的是（　　）。
   A. 国际收支平衡是国内经济达到均衡时的外部均衡
   B. 国际收支均衡与国际收支平衡等同

C. 国际收支平衡是指自主性交易的差额为零时的国际收支状态

D. 国际收支平衡是指贸易收支的差额为零时的国际收支状态

3. 以下关于国际收支的统计口径说法正确的是（　　）。

　　A. 国际收支的统计口径有多种，每个国家只能选择一种口径

　　B. 经常账户差额反映了经常项目为资本与金融项目的融资能力

　　C. 贸易收支差额是传统上用得较多的一个口径

　　D. 经常账户差额可以等同于贸易收支差额

4. 以下哪个差额能够较好地衡量国际收支对国际储备造成的压力（　　）。

　　A. 贸易收支差额

　　B. 经常项目收支差额

　　C. 资本与金融账户差额

　　D. 综合账户差额

5. 以下关于国际收支不平衡的类型说法错误的是（　　）。

　　A. 临时性不平衡是短期性不平衡，带有可逆性

　　B. 货币性不平衡一定是短期性的

　　C. 收入性不平衡是指一国国民收入相对快速增长导致的国际收支失衡

　　D. 周期性不平衡是指一国经济周期波动所引起的国际收支失衡

6. 国内生产结构不能和国际市场相适应，造成的国际收支逆差是（　　）。

　　A. 结构性不平衡

　　B. 收入性不平衡

　　C. 周期性不平衡

　　D. 货币性不平衡

7. 以下对结构性不平衡的说法错误的是（　　）。

　　A. 结构性不平衡是指国内经济、产业结构不能适应世界市场的变化而发生的国际收支失衡

　　B. 结构性不平衡的产生原因是周期性不平衡

　　C. 结构性不平衡扭转起来较为困难

　　D. 结构性不平衡是一种长期性不平衡，需要政策调节

## 二 多项选择

1. 国际收支差额通常包括（　　）。
   A. 贸易差额
   B. 经常差额
   C. 资本与金融差额
   D. 综合差额
   E. 遗漏差额

2. 国际收支不平衡的类型包括（　　）。
   A. 结构性不平衡
   B. 收入性不平衡
   C. 周期性不平衡
   D. 货币性不平衡
   E. 临时性不平衡

## 三 判断题

1. 从理论上说，国际收支的不平衡指自主性交易的不平衡，但在统计上很难做到。（　　）
2. 综合账户差额比较综合地反映了自主性国际收支状况，对于全面衡量和分析国际收支状况具有重大的意义。（　　）
3. 资本与金融账户可以无限制地为经常账户提供融资。（　　）
4. 如果国际收支失衡是临时性不平衡，应使用政策调节。（　　）

## 四 填空题

1. （　　）是指个人和企业为某种自主性目的而从事的交易。
2. 由一国经济周期波动所引起的国际收支失衡被称为（　　）性不平衡。

# 第四节　国际收支的调节

**预习提示：**

观看课程视频，能够区分自发调节机制与政策调节机制。在自发调节机制中，能够解释三种自动调节机制，并能够说明自发调节机制的缺陷。在政策调节机制中，理解政策调节的原则，掌握政策搭配的原理。

能够理解两大政策调节模型。本节内容难度较大，在预习中，应注重小组成员互帮互助，总结大家共同无法攻克的难点等待教师答疑。

本节的内容实际就是所谓的国际收支调节理论，国际收支调节理论是说明收支失衡的原因和调节方式的理论。具体的国际收支的调节可分为自发调节与政策调节两部分。自发调节主要是在金属货币时代，人们发现国际收支可以自发地恢复到平衡的状态，而无须人为干预。在当今社会，全球各国都会采用政策调节国际收支，由于经济发展水平的提高，经济系统的复杂性加剧，没有哪个国家完全依赖国际收支的自发调节来控制本国的外部经济。自20世纪至今，关于国际收支政策调节的研究从未停止过，产生的理论成果也很丰富。

**一　国际收支的自动调节机制**

国际收支的自动调节是借助开放的市场经济自身的规律，使国际收支自动恢复平衡的过程。国际收支的自发调节必须借助三种机制发挥作用，即物价-现金机制、收入机制、利率机制。

（一）物价-现金机制

物价-现金机制是最早产生的国际收支调节理论，由18世纪英国经济学家大卫·休谟提出。该理论提出时，全球还处在金属货币时代，物价-现金机制主要描述了铸币流通过程中国际收支的自动调节过程。进入纸币时代后，国际收支的调节发生了很大变化，但是大卫·休谟的物价-现金机制仍有一定的理论价值。将物价-现金机制运用到纸币时代时，它被称为货币-价格机制。可见，物价-现金机制与货币-价格机制的原理基本相同，区别在于货币形态。

以逆差为例，物价-现金机制带来的国际收支自发调节过程是，逆差会带来外币外流增加和本币存量减少，由此带来国内物价的普遍下降，进而进口相对减少，出口相对增加，国际收支得到改善。

以逆差为例，货币-价格机制带来的国际收支自发调节过程是，逆差会带来外币外流增加，外币需求增加，进而本币贬值，出口相对增加，进口相对减少，国际收支得到改善。

### （二）收入机制

收入机制是普遍存在于内外经济中的一种规律，以逆差为例，其过程是逆差会带来对外支付的增加，进而使国民收入下降，社会总需求下降，由此进口需求下降，国际收支得到改善。

### （三）利率机制

利率机制同收入机制一样，也是普遍存在的一种经济规律，体现了国际收支的自动调节，以逆差为例，其过程是逆差会带来本币存量的减少，进而使利率上升，本国金融资产收益率上升，由此世界市场上对本国金融资产的需求增加，对外国金融资产的需求减少，资金外流减少，国际收支得到改善。

### （四）国际收支自发调节机制的局限性

如果国际收支自发调节没有缺陷，至今全球肯定还在使用自发调节机制，自发调节机制的各种不足，才为政策调节的出现开辟了空间。首先，三个自发调节机制全部是建立在纯粹的自由经济的基础上，这一点在现实中很难满足。其次，国际收支的自发调节机制最初是在金本位时期被发现的，起作用原理主要适用于金本位制，不能完全诠释纸币时代的国际收支调节规律。最后，在国际收支逆差时，国际收支的自动调节会以紧缩国内经济为代价，造成就业下降，企业破产等后果。

## 二 国际收支不平衡的调节路径与条件

大多数情况下，各国政府会积极主动地制定政策来调节国际收支，基本不会完全依赖自发调节机制。在制定政策的过程中，需要了解调节国际收支的调节路径与条件。这方面的研究成果十分丰富，以下主要介绍比较有影响力的三个理论，即弹性论、吸收论和货币论。

### （一）弹性论

弹性论从题目来看，主要是从弹性的角度来研究国际收支的调节条件。该理论是由英国剑桥大学的罗宾逊夫人在马歇尔微观经济学和局部均衡分析方法的基础上发展起来的。其基本假设包括：第一，只考虑贸易中汇率的影响，其他假设条件不变。第二，所有贸易品的供给弹性为无穷大，因而国内货币表示的出口品价格不随需求增加而上涨，与出口相竞争的外国商品价格也不因需求减少而下降。当进口需求减少时，以外国货币计算的进口商品价格不下降;当进口替代品需求上升时,与进口品相竞争的商品价格也不上升。第三,假设没有资本流动。第四,假设贸易最初是平衡的,汇率变化也很小。第五,以浮动汇率制为背景。

首先,在国际贸易中会涉及四个弹性,即进口需求弹性(Em)、出口供给弹性(Sx)、进口供给弹性(Sm)、出口需求弹性(Ex),其中进口需求弹性和出口供给弹性可由本国国内市场决定,剩余的两个由国外市场决定,不能由本国控制。进口需求弹性是指进口需求量的变动率对进口品价格变动的反映程度,弹性越大,意味着进口需求量对价格的变动越敏感。其他几个弹性原理类似。

Em = 进口品需求量的变动率/进口品价格的变动率

Ex = 出口品需求量的变动率/出口品价格的变动率

Sm = 进口品供给量的变动率/进口品价格的变动率

Sx = 出口品供给量的变动率/出口品价格的变动率

其次,一般认为本币贬值,本国的出口品在世界市场上的价格会下降,因此,出口增加带来国际收支改善。通过观察各国商品弹性与贸易之间的关系,可以发现,贬值不一定能带来国际收支的改善,如果出口品的需求弹性和进口品的需求弹性之和大于1,本币贬值可以改善国际收支,这个公式被称为马歇尔—勒纳条件。仔细思考不难发现,如果一国的出口品需求弹性大,意味着一点点的降价将会带来收益的大幅增加,因为需求量对价格的反应敏感。同时进口层面,如果正好进口品的需求弹性也大,本币贬值而带来的一点点的价格上涨,也会导致进口需求的大幅下降,两者综合下来就比较容易产生顺差,进而改善逆差。

再次,现实中很多时候,即使满足马歇尔—勒纳条件,本币贬值要想真正改善国际收支还需要一个过程,也就是会有时滞反应。一般来说,当本币刚贬值时,经济领域的方方面面还不能马上对贬值作出反应。由于调整需要一个过程,因此,本币刚贬值时,经济领域甚至贸易领域会出现恶化的情况,这种恶化状况持续一段时间后又会自行消失,经济进入良性发展时期。这个调整过程也被称为J曲线效应,表现在满足马歇尔—勒纳条件下,贬值对经济的影响就好像J曲线一样,刚开始恶化,之后又上扬。一般认为,贬值的时滞反应时间为3个月到1年。

最后,除了马歇尔—勒纳条件和时滞效应外,弹性论还研究了贬值对贸易条件的影响。贸易条件又称交换比价，是指出口商品单位价格指数与进口商品单位价格指数之间的比例，即 T = Px/Pm，其中 Px 为出口商品的单位价格指数，Pm 为进口商品的单位价格指数。贸易条件表示的是一国对外经济交往中价格变动对实际资源的影响。T 上升意味着该国出口相同数量的商品可以换回更多数量的进口品，反之亦然。

弹性论产生于 20 世纪 30 年代大危机时代和金本位制崩溃时期，对当时各国政府制定政策应对危机起到了很大的作用。但是弹性论的缺陷也很明显，首先，弹性论的假设前提很难在现实中满足。假设贸易最初是平衡的，这几乎无法实现，各国往往是因为不平衡才要调整。假设没有资本流动在现实中无法实现，在资本流动规模巨大的今天，这个条件已经显得不太科学。其次，弹性论是一种比较静态的分析，只注重局部均衡，没有考虑一般均衡。

（二）吸收论

吸收论中的吸收全称为国内吸收，其实质是分析一国的收入和支出对国际收支的影响。吸收论是由在国际货币基金组织工作的亚历山大，于 1952 年发表的《贬值对贸易差额的影响》一文中提出的。该理论从凯恩斯的国民收入方程式入手，考察了国际收支与国内吸收的关系，并给出了政策主张。

首先，国民收入方程式为：

$$Y = C + I + G + X - M$$

从国民收入方程式可以看出，一国的国民收入由内部经济的 C + I + G 和外部经济的 X – M 构成，要想使 X – M 变为顺差，或者说差额为正，差额用 B 表示，那么 Y – C – I – G 就必须为正，其中 C + I + G 代表国内支出总和，又称为国内吸收，用 A 表示。B = Y – A，即国内吸收和国民收入相等时，国际收支平衡；国内吸收大于国民收入时，国际收支逆差，反之顺差。可见，要想降低逆差额度，就必须控制国内吸收的总量。将国内吸收中的 C、I、G 简单整理，可以得到：

$$A = cY - D$$

其中 D 为贬值对国内吸收的直接影响，也就是与收入变化无关的部分，c 代表吸收倾向，等于消费倾向加投资倾向，也就是由贬值带来收入变化的影响程度。最终可以得出：

$$B = (1-c)Y + D$$

其次，贬值对收入的影响，即收入效应。这种效应表现为三个方面：第一，闲置资源效应。指当经济中存在闲置资源时，贬值使外币表示的出口品价格下降，出口收益增加，进一步带来消费和投资的上涨，导致实际国民收入的增加影响到国际收支。第二，贸易条件效应。本币贬值引起进出口价格相应变动时，由于贸易条件的变化而导致国民收入发生变化。第三，资源再分配效应。贬值会引起起源的重新分配和转移，进而带来收入的变化，比如，贬值使进口变得昂贵，引起资源向进口替代行业转移。

再次，贬值对吸收的影响，即吸收效应表现在四个方面：第一，现金余额效应。贬值后如果该国货币供应量不变，物价上涨使公众手中的现金余额减少，为保持原有现金余额，只能减少直接吸收 D。第二，收入再分配效应。贬值后物价上涨，收入从边际消费高的阶层，即收入较低的穷人，转移到边际消费低的阶层，即收入较高的富人，直接吸收增加。收入再分配效应有济富劫贫的作用。第三，货币幻觉效应。当工资与物价同比例增长时，人们认为工资的增加是实际收入的增加，进而增加储蓄，消费维持不变，使直接吸收减少。第四，价格预期效应。贬值带来的物价上涨使人们更愿意持有现金保持流动性，而放弃证券的持有。证券的抛售会带来利率上升，投资与消费受抑制，直接吸收减少。

复次，吸收论通过国民收入方程式给出了政策建议。国内吸收过高是导致逆差的直接原因，所以减少吸收可以调节国际收支，具体有两种政策。一是吸收政策，即减少国内吸收的总量，可以通过减少预算额度、直接控制消费和投资等多种形式开展。二是转换政策，即在维持总量不变的前提下，改变国内吸收的结构，使进口下降，出口增加。比如，通过政策引导来减少人们对进口产品的消费量可以降低进口，同时鼓励人们增加进口替代品的消费量还可以增加本国就业和产出。

最后，国内吸收在分析中将国际收支和整个宏观经济联系起来，注重一般均衡，还给出了政策指导，比弹性论进步了许多，但吸收论也存在一些不足。第一，影响国际收支的因素很多而非只有国内吸收一个。第二，该理论将贸易收支作为国际收支，没有考虑资本流动。第三，吸收论没有考虑贬值对国际收支的改善条件。第四，在吸收论中相对价格对国际收支的影响没有得到应有的重视。

（三）货币论

货币论产生于 20 世纪 60 年代末到 70 年代初，西方社会的"滞胀"阶段，由美国芝加哥大学和英国伦敦经济学院的约翰逊和它的学生弗兰科提出的。货币论有三个基本假设：第一，在内部经济均衡时，一国的实际货币需求是收入和利率等变量的稳定函数。第二，货币供给的变化不影响实际变量。第三，贸易商品的价格是由世界市场决定的，从长期来看，一国的价格水平和利率水平接近世界市场水平，保持刚性。第四，采用"钉"住汇率。

首先，货币需求 $Md$ = 货币供给 $Ms$，货币需求 $Md = kPY$，其中，$k$ 是一个常量，$P$ 是国内价格水平，$Y$ 是收入。

$$Ms = m(R + D)$$

其中，$m$ 为货币乘数，$R$ 是国际储备，$D$ 是国内信贷。如果 $m = 1$，那么

$$Ms = R + D$$

国内价格等于国外价格乘以汇率表示如下：

$$P = EP^*$$

将这个式子代入货币需求和货币供给的式子中可以得出：

$$kEP^*Y = R + D$$

对这个式子进行微分，得出变动率后，该式子变为：

$$dE + dP^* + dY = dR + dD$$

固定汇率制之下，dE 为 0，于是

$$dR = dP^* + dY - dD$$

从这个基本等式可以看出，如果价格和收入都不变，国内信贷的增加会带来国际储备的下降，即国际收支会出现逆差。

其次，货币论认为，国际收支不平衡的原因在于货币供求失衡，货币供给过多，会导致外汇流出，国际储备减少。另外，货币论认为一国的货币供给由国内信贷和国际储备两部分构成。当国内信贷需求过高时，可以通过吸引外国的资金来满足超额需求，即通过出口商品、引起外国直接和间接投资，进而使国际收支产生顺差，国际储备增加。货币论还指出，如果一国的货币供给超过了货币需求，人们手中持有的货币余额超过所希望的货币余额，就会增加购买外国商品和劳务，导致国际收支逆差，这时政府就应该使用紧缩性的货币政策来调节国际收支。

最后，货币论通过研究国内信贷与国际收支的关系得出结论，具有一定的参考价值和现实意义。货币论的出现使人们认识到货币因素对国际收支的影响。货币论的缺陷在于：第一，将货币因素作为影响国际收支的决定性因素是不科学的。第二，货币论没有考虑贸易、国民收入等要素的影响，有些本末倒置。第三，假定货币需求是稳定的不符合实际情况。第四，汇率与价格的关系在现实中也与该理论所述不符。

### 三 国际收支均衡的概念

（一）国际收支平衡与均衡

国际收支平衡是自主性交易为零的状态，国际收支均衡则是另一概念，与国际收支平衡不同。国际收支均衡是指国内经济处于均衡状态下的自主性国际收支平衡。国内经济的均衡就是平时所说的内部均衡，关于内部均衡的解释很多。第一种，最简单的内部均衡可以理解为三大经济目标的实现，即充分就业、物价稳定、经济增长。这三个目标之间相辅相成，既矛盾又统一。每个经济体在追求内部均衡时，对三大目标的理解是不一样的，比如，有些在一定时期以充分就业为主要目标，而放弃了物价稳定；有些为了治理环境污染问题，不会以经济的大幅增长为主要目标；等等。第二种，著名经济学家斯旺从需求管理的角度出发，将内部均衡定义为充分就业条件下的总需求与总供给的相等。现实中，每个国家的发展阶段不同，要想达到总供给与总需求相等，必须要考虑时间跨度。无论短期、中期还是长期，需求都是比较活跃的因素，而供给在短期内基本是无法改变的。按照斯旺的定义，发展中国家的内部均衡是很难达到的。以中国为例，著名的经济学家姜波克认为中国的内部均衡应该去除充分就业这个约束条件，这就产生了第三种适合中国国情的内部均衡的解释。姜波克认为，国际金融的研究应该是：短期内，研究总需求与不变的总供给相平衡基础上的外部平衡；中期内，研究总需求与可变的总供给相平衡基础上的外部平衡；长期内，研究不断增长的总需求与不断增长的潜在产出相匹配基础上的外部平衡，实际上就是经济持续增长条件下的外部平衡。这里需要指出的是，对经济的持续增长的理解需要结合国家提出的"新常态"概念。以后我国的经济发展目标不再是追求高速的经济增长而是维持合理增长区间的常态化的经济增长。

（二）内外均衡的概念

显然，国际收支均衡的内涵比国际收支平衡更丰富。现实中，各国都在追求国际收支的均衡，而非简单的国际收支平衡。各国制定的种种经济政策既要调节内部经济，还要调整外部经济，因此从政策的角度出发，要想实现国际收支均衡，实际上是要实现内外均衡。在开放经济普遍化的今天，经济目标的内容又被进一步完善，上文所述的三大目标主要表述了内部经济目标，如果考虑到外部经济，一个经济体所应实现的经济目标应该是五个，即充分就业、物价稳定、经济增长、汇率稳定、国际收支平衡。实现了五大目标，即实现了内外均衡。

上文对内部均衡作了详细的解释，这里对外部均衡的含义做简单的解释。外部均衡与外部平衡不同。外部平衡是国际收支平衡，主要是指国际收支账户在一定口径上的数量平衡。外部均衡是指在内部均衡基础上的国际收支平衡。从长期来讲，外部均衡是经济可持续增长基础上的国际收支平衡。显然外部均衡是最终目标,外部平衡是中间目标。

（三）内外均衡间的关系

各国都希望通过政策调节达到内外均衡,可现实证明,内外均衡很难实现,因为内外均衡目标间本身存在矛盾。首先,就内部均衡的三个目标来看,充分就业与物价稳定之间是互相替代、此消彼长的关系。要想提升就业率就必须有一定的通胀存在,物价就不可能稳定。经济增长与物价稳定之间也存在矛盾,若要经济增长就必然存在一定比例的通胀。加入了外部经济的目标后,五个目标之间的冲突与矛盾变得更加复杂,如何用政策来调节各目标间的矛盾成为研究的重点。

最早注意到这个问题的是英国经济学家米德,他在1951年出版的《国际收支》一书中首次提出了内外均衡存在冲突的思想,并证明了固定汇率制下,政府在同时实现内部均衡和外部均衡时会出现顾此失彼的现象,这一观点被称为"米德冲突"。根据米德的观点,经济的运行总会表现出四种状态,如表1-2所示。

表1-2　　　　　　　　固定汇率制下的内外失衡

| 序号 | 内部经济 | 外部经济 |
| --- | --- | --- |
| 1 | 经济衰退/失业增加 | 国际收支逆差 |
| 2 | 经济衰退/失业增加 | 国际收支顺差 |
| 3 | 通货膨胀 | 国际收支逆差 |
| 4 | 通货膨胀 | 国际收支顺差 |

从表1-2中可以看出,第一、四行表示内外经济同时繁荣、同时衰退,但是第二、三行则表现出了内外经济之间完全背离的状态。以第四行为例,国际收支顺差意味着国内供给大于需求,所以有多余的产品出口,政府要想实现内部均衡,抑制通货膨胀,就要降低国内总需求,如果国内总需求降低,供需更加不平衡,出口的产品会更多。

四　国际收支政策调节的原则

在了解内外均衡之间的矛盾与冲突后,选择合理的政策就成为各国政府的工作重点。要对内外经济进行政策调节,必须遵循一定的原则。

(一) 数量匹配原则

数量匹配原则又称丁伯根原则，由 1969 年获得诺贝尔经济学奖的丁伯根提出。丁伯根原则是关于经济调节政策和经济调节目标直接相关的法则，即为达到 N 个目标至少运用 N 个独立、有效的政策。数量匹配原则说明面对多个经济目标时，是无法用一个政策进行调节的，一石二鸟在政策调节中是不可能实现的。如果有 N 个经济目标，就需要制定 N 个经济政策。因此，内外经济的调节不能只运用一个政策，必须多个政策搭配使用。丁伯根原则有两个特点：第一，假定各种政策工具可以由决策当局集中控制，从而各种工具紧密配合实现政策目标。第二，没有明确指出哪种工具在调控中侧重于哪种目标的实现。这两个特点与现实不符，由此产生了第二个原则。

(二) 最优指派原则

最优指派原则由诺贝尔经济学奖获得者蒙代尔提出，也称为有效市场分类原则，其含义是每一目标应当指派对这一目标有着相对最大影响力，因而在影响政策目标上有相对优势的工具。根据这一原则蒙代尔区分了货币政策、财政政策在影响内外均衡上的不同效果，具体内容将在政策调节的经典理论中详述。

(三) 合理搭配原则

在以上两个原则的基础上，将各种政策进行合理的搭配会使政策调节的效果更优。目前，经常使用的搭配方式有三种：支出增减型政策与支出转换型政策、支出型政策与融资型政策、支出增减型政策与供给型政策。支出型政策是指调节总需求的政策，包括支出增减型政策和支出转换型政策。支出增减型政策是指改变社会总需求或国民经济中支出总水平的政策，主要是指财政政策和货币政策。支出转换型政策是指不改变社会总需求和总支出水平而改变需求和支出方向的政策，包括汇率政策和直接管制政策。直接管制政策包括外汇管制、外贸管制，其中外贸管制包括关税壁垒、进口配额、进口许可证、出口退税等多种方式。融资型政策简称融资政策，主要包括官方储备的使用和国际信贷便利的使用，指利用这两种融资方式来平衡国际收支。融资型政策属于临时使用的短期性政策。供给型政策简称供给政策，包括产业政策和科技政策，主要是指通过调节一国的供给来改善国际收支。产业政策和科技政策可以优化一国的产业结构，促进商品出口，提高劳动生产率等。供给政策属于长期性政策，是为其他政策创造条件的政策，其效果在短期内很难显现。

（四）顺势而为原则

顺势而为是指在调控过程中要正确认识、判断市场力量，并加以巧妙运用。由于经济是个动态变化的过程，同样的政策，由于经济条件的一些细微改变，可能会带来不同的结果。因此，在制定政策时，要综合考虑各方面因素，尽量利用好市场的力量，使政策达到最佳效果。

**五 政策调节的经典理论**

关于政策调节的理论比较多，目前对各国政府比较有指导意义的主要有三种：斯旺模型、蒙代尔模型、蒙代尔—弗莱明模型。

（一）斯旺模型

斯旺模型的核心就是利用支出增减型政策和支出转换型政策搭配来调节内外经济。这两个政策都是需求政策，但一个侧重调总量，另一个侧重调结构。斯旺模型如图 1-1 所示。

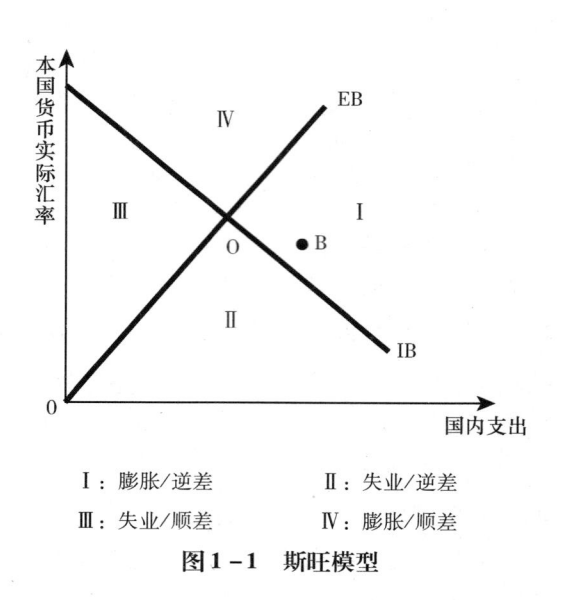

Ⅰ：膨胀/逆差　　　Ⅱ：失业/逆差
Ⅲ：失业/顺差　　　Ⅳ：膨胀/顺差

**图 1-1　斯旺模型**

该模型中纵轴代表本国实际汇率，一般默认为直接标价法，即纵轴表示的数值越大,本币贬值越严重。横轴代表国内支出,即消费、投资、政府支出的总和。

IB 曲线称为内部均衡线,表示在这条线上,所有的实际汇率与国内支出的组合都是内部经济均衡的状态,因此在线的左侧,同等的实际汇率下,国内支出过少,经济处于萧条和失业的状态,右侧则是膨胀状态。IB 曲线之所以向左倾斜是因为本币越贬值,出口增加越多,要维持国内均衡状态不变,就必须减少国内支出。

EB 曲线代表外部均衡线,为了简化问题,通常认为 EB 线上所有的点表示实际汇率与国内支出的组合能够实现经常项目收支平衡。因此在线的左侧,同等实际汇率下,国内支出比实现外部均衡的国内支出要低,意味着更多的产品出口国外,所以是顺差,反之右侧是逆差。EB 曲线向右倾斜是因为本币越贬值,出口增加越多,会使经常账户产生顺差,为了抵消顺差维持原有的外部均衡,必须增加国内支出。

内外均衡线将坐标图分为四个部分,而这四个部分正好是经济非均衡时的四种状态。针对不同的状态使用不同的政策搭配策略,基本思路是先利用支出增减型政策调节内部均衡,再利用支出转换型政策调节外部均衡,最终达到内外均衡。

以 B 点为例,B 点的实际汇率低于 O 点的均衡汇率,国内支出大于 O 点的均衡国内支出,必须采用政策搭配。首先可以看到,内部经济处于膨胀状态,所以使用紧缩性的支出增减政策,即紧缩财政政策或紧缩货币政策,使 B 点向 IB 线上移动。再使用支出转换政策调节外部经济。逆差时政府需要控制国内的进口数量、增加出口数量来达到经常项目的平衡。如果使用汇率政策的话,政府可以适当地调高本国的汇率,即让本币适当贬值,由此可以刺激出口,抑制进口。当两种政策搭配时,一方面使用紧缩性的支出增减型政策可以减少国内支出,抑制通货膨胀;另一方面,这里的支出转换型政策不但可以减少逆差,还可以通过本币贬值防止支出增减型政策对经济的过度紧缩。

(二) 蒙代尔模型

蒙代尔模型即财政政策与货币政策搭配的模型,是中国政府在制定政策时使用较多的模型。财政政策和货币政策都属于支出增减型政策,很明显,蒙代尔模型意在通过调整需求总量来达到内外均衡,如图 1-2

所示。

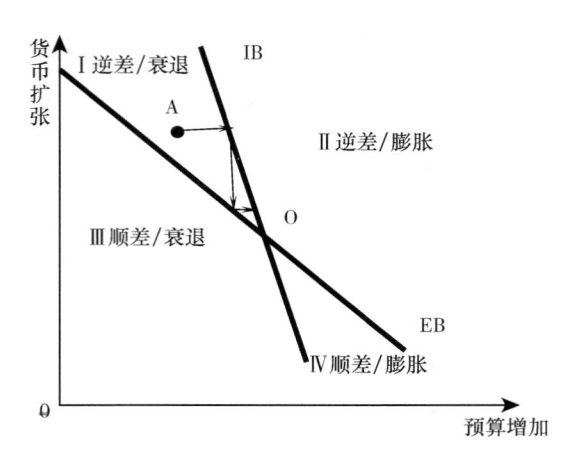

**图 1-2 蒙代尔模型**

该模型中，纵轴代表货币政策，用货币扩张程度表示，纵轴数值越大意味着货币政策的扩张程度越高。横轴代表财政政策，用预算增加程度表示，横轴数值越大意味着财政政策的扩张程度越高。

IB线是内部均衡线，在这条线上的点都表示财政政策与货币政策的搭配下，正好使内部经济处在均衡状态，因此，IB线的左侧表示在同等的货币扩张程度下，财政预算增加太少，使经济处于失业和衰退的状况，反之右侧是膨胀。IB线向左倾斜意味着当一个政策扩张时，为了维持经济的均衡，另一个政策必须紧缩。

EB线是外部均衡线，在这条线上的点都表示在财政政策与货币政策的搭配下，外部经济处在均衡状态，因此，EB线的上面表示在同等的财政预算扩张水平下，货币政策的扩张力度过大，导致利率水平过低，资金外流，产生逆差；反之，货币扩张程度不够，利率较高，产生顺差。EB线的斜率为负与IB线的原理相同。

两条均衡线将坐标图分为四个区域，这四个区域正好是经济失衡的四种状态。蒙代尔模型的核心思想是财政政策和货币政策搭配使用，其中货币政策更适合调节外部经济，财政政策更适合调节内部经济。一般来说，逆差使用紧缩性的货币政策，反之使用扩张性货币政策。在实际使用时,两种政策交替使用。

以Ⅰ区的A点为例,内部处于衰退,外部处于逆差。首先使用扩张性的财政政策使A点逐步运动到B点,B点是内部均衡外部仍然逆差的点,接下来再使用紧缩性的货币政策使B点运动到C点,C点是外部均衡内部小幅衰退的状态,再继续使用扩张性财政政策使C点向IB线上运动,如此循环往复,直到O点。

蒙代尔模型在具体使用时各国还需要根据自身的实际情况来操作,有时如果掌握不好政策转换的时机,也可能导致经济偏离内外均衡点越来越远。如果考虑到时滞问题,财政政策与货币政策的搭配在现实中还是存在一些难点。蒙代尔模型所给出的结论,如表1-3所示。

表1-3  财政政策与货币政策的搭配

| 区域 | 经济状况 | 财政政策 | 货币政策 |
| --- | --- | --- | --- |
| Ⅰ | 失业、衰退/国际收支逆差 | 扩张 | 紧缩 |
| Ⅱ | 通货膨胀/国际收支逆差 | 紧缩 | 紧缩 |
| Ⅲ | 通货膨胀/国际收支顺差 | 紧缩 | 扩张 |
| Ⅳ | 失业、衰退/国际收支顺差 | 扩张 | 扩张 |

(三)蒙代尔—弗莱明模型(M-F模型)

蒙代尔—弗莱明模型是由美国经济学家蒙代尔和英国经济学家弗莱明在封闭经济下的IS-LM模型的基础上,加入外部均衡分析而形成的。该模型不但提供了政策搭配的途径,还指出了不同政策的效果。

蒙代尔—弗莱明模型的假定为:商品价格完全不变,产出完全由总需求决定。模型包含三条均衡线,即IS曲线,代表商品市场的均衡;LM曲线,代表货币市场的均衡;BP曲线代笔国际收支平衡。

其中,IS曲线可用下式表示:

$$Y = (A^- - bi) + (cE - tY) \quad b>0, c>0, 0<t<1$$

其中,$A^-$是自主吸收,$bi$是利率对吸收的影响,由于投资随利率$i$的下降而上升,所以是国内总吸收的减函数。$(cE-tY)$代表净出口,出口随本币贬值而上升，是直接标价法下汇率 e 的增函数，而进口需求是收入 Y 的增函数，t 是边际进口倾向。将上式换算为：

$$i = [\bar{A} + cE - (1+t)Y]/b$$

该式表示在一定汇率水平下，利率下降，则产出增加，本币贬值，则在一定利率水平上产出增加，所以本币贬值后，IS 曲线右移。

LM 曲线可表示为：

$$MS = P(kY - hi) \quad k > 0, h > 0$$

其中，MS 是货币供给，由货币当局决定，等号右侧是名义货币需求，P 为物价水平，k 和 h 代表产出和利率对货币需求的影响系数。收入增加会使人们对货币的交易需求增加；利率上升会使人们对货币的投资需求减少。如果将价格简化为 1，上式可改写为：

$$i = (kY - MS)/h$$

该式表示产出增加，利率上升。如果货币供给增加，利率下降，LM 曲线右移。

BP 曲线可以表示为经常账户与资本账户的余额之和，如下式所示：

$$(cE - tY) + w(i - i^*) = 0$$

w 表示资本的流动程度，如果资本完全流动，w 趋近于无穷大，BP 线是水平线；如果资本完全不流动，w 是 0，BP 线是垂直线；如果资本不完全流动，w 为正值，BP 线是斜率为正的曲线。BP 线的含义是国际收支平衡等同于贸易平衡，随着本币的贬值，出口会增加，国际收支可以在更高的产出水平下得到平衡。如果本币贬值，BP 线向右移动，意思是随着本国产出提高，收入增加，进口也增加，需要提高利率来吸收资本流动抵消进口的增加。

蒙代尔—弗莱明模型在分析时区分了浮动汇率制与固定汇率制两种情况，在这两种情况中分为资本完全流动、资本不完全流动与资本完全不流动三种情况。下面以固定汇率制下资本完全不流动为例进行分析。

资本完全不流动情况下，外部平衡仅依靠贸易差额决定。最初可见国内经济处于均衡点 A，即 IS 和 LM 相交点，但是在该点，外部经济处于逆差。因为在 BP 线右侧，产出水平高于 BP 线所表示的产出水平，进口过多，是逆差。在 A 点，由于国际收支逆差，外汇市场上本币贬值，外汇升值，在固定汇率制下，央行必须购买本币维持固定汇率，由此导致货币供给减少，LM 曲线左移，最终到达 A* 点实现内外均衡。

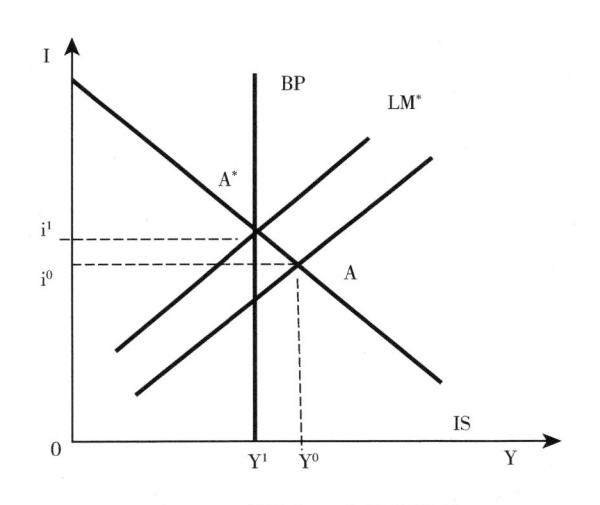

**图 1-3 蒙代尔—弗莱明模型**

其他几种情况此处不再详述，可见表 1-4。

浮动汇率制的情况下：利率↓→资本外流→货币贬值↓。

出乎市场预料的扩张性货币政策将导致更快的经济增长、更高的通货膨胀、更低的真实利率。更快的经济增长和更高的通胀都使进出口需求增多，更低的真实利率使国外资金流出。最终外汇相对于本币升值。出乎市场预料的紧缩性货币政策将导致相反的结果。

表1-4　　　　　　　不同条件下国际收支失衡引发的曲线移动

| 资本状况 | 汇率制度 | IS | LM | BP |
|---|---|---|---|---|
| 完全不流动 | 固定 | 不动 | 移动 | 不动 |
| | 浮动 | 移动 | 不动 | 移动 |
| 不完全流动 | 固定 | 不动 | 移动 | 不动 |
| | 浮动 | 移动 | 不动 | 移动 |
| 完全流动 | 固定 | 不动 | 移动 | 不动 |
| | 浮动 | 移动 | 不动 | 不动 |

固定汇率制的情况下：为了避免货币贬值→政府公开操作买入本币→收紧本国信贷→抵消了宽松货币政策对经济的拉动作用。

宽松的财政政策的效果：

浮动汇率制的情况下：大量的财政赤字需要被融资→利率↑→资本流入→货币升值。出乎市场预料的宽松财政政策将导致财政赤字，财政赤字意味着政府借债增加，会提高真实利率，导致资本流入。这股力量推动本币升值。由于金融资本是高速流动的，所以在短期来看本币升值。出乎市场预料的紧缩性财政政策将导致相反的结果。

固定汇率制的情况下：为了避免货币升值↑→政府当局在市场中卖出本国货币扩大了本国的货币供给→强化了宽松的财政政策对总需求的拉动效应。

因此，在固定汇率制下，资本完全流动的条件使得货币政策无力影响收入水平，只能影响储备水平；而财政政策在影响收入方面则变得更具有效力，因为它所造成的资本流入增加了货币供给量，从而避免了利率上升对收入增长的负作用。而在引入浮动汇率制下的情形，货币政策无论在哪种资本流动性假设下，在提高收入方面都比固定汇率制下更加有效。财政政策在资本完全不流动的情形下，浮动汇率下收入的增长大于固定汇率下的收入增量；在有限资本流动性的情形下，财政政策的扩张性影响仍然有效，但是收入的增长幅度小于固定汇率制下的情形；在资本具有完全流动性的情形下，财政政策对于刺激收入增长是无能为力的。

资本具有完全流动性的 M－F 下，宽松的财政政策和紧缩的货币政策的结合对汇率的影响是非常正面的（货币升值），而紧缩的财政政策和宽松的货币政策对汇率的拉动是非常负面的（货币贬值）。如表1-5所示。

表1-5　　　　　　资本完全流动下政策租着对汇率的影响

| 对汇率的影响 | 宽松货币政策 | 紧缩货币政策 |
| --- | --- | --- |
| 宽松财政政策 | 不可确定 | 本币升值 |
| 紧缩财政政策 | 本币贬值 | 不可确定 |

资本不具有流动性的M-F下，货币政策和财政政策对资本流动的影响可以忽略，货币政策和财政政策对汇率的影响主要通过货物贸易流动而非资本流动。如表1-6所示。

表1-6　　　　　　资本不流动下政策组合对汇率的影响

| 对汇率的影响 | 宽松货币政策 | 紧缩货币政策 |
| --- | --- | --- |
| 宽松财政政策 | 本币贬值 | 不可确定 |
| 紧缩财政政策 | 不可确定 | 本币升值 |

根据蒙代尔—弗莱明模型，在没有资本流动的情况下，货币政策在固定汇率制下，在影响与改变一国的收入方面是有效的，在浮动汇率制下则更为有效；在资本有限流动的情况下，整个调整结构与政策效应与没有资本流动时基本一样；而在资本完全可流动情况下，货币政策在固定汇率制时在影响与改变一国的收入方面是完全无能为力的，但在浮动汇率制下，则是有效的。由此得出了著名的"蒙代尔三角"理论，即货币政策独立性、资本自由流动与汇率稳定这三个政策目标不可能同时达到。1999年，美国经济学家克鲁格曼根据上述原理画出了一个三角形，他称为"永恒的三角形"，从而清晰地展示了"蒙代尔三角"的内在原理。

**课堂教学建议：**

本节内容适用于线下教学。本节内容有一定难度，教师应首先解答学生在预习中的问题,对政策调节部分应进行讲解与概括,特别是政策调节的两大模型是学生学习的难点。在讲授蒙代尔模型时,应结合我国的情况展开。

## 课后练习:

### 一 单项选择题

1. 以下关于国际收支的调节说法正确的是( )。
   A. 国际收支的自发调节只通过利率机制发挥作用
   B. 国际收支只能使用政策调节
   C. 国际收支的自发调节是通过三种机制发挥作用
   D. 国际收支的政策调节就是使用货币政策和财政政策

2. 最早的国际收支调节思想被认为是( )。
   A. 利率机制
   B. 收入机制
   C. 物价—现金流动机制
   D. 马歇尔—勒纳条件

3. 以下关于物价—现金流动机制说法正确的是( )。
   A. 物价—现金流动机制只能说明金本位制下的国际收支调节原理
   B. "物价—现金流动机制"和"货币—价格机制"的主要区别是货币形态
   C. 在物价—现金流动机制下,各国政府需要对本国的黄金量进行人为的干预
   D. 物价—现金流动机制下,国际收支逆差会使本币贬值,进而使出口减少

4. 以下关于利率机制说法正确的是( )。
   A. 在利率机制下,利率上升表明本国金融资产收益率下降
   B. 在利率机制下,利率下降表明外国金融资产收益率下降
   C. 在利率机制下,国际收支逆差时,利率下降
   D. 在利率机制下,国际收支逆差时,利率上升

5. 以下关于收入机制说法正确的是( )。
   A. 在收入机制下,国际收支逆差会带来社会总需求的下降

B. 在收入机制下，国际收支逆差会带来社会总需求的上升

C. 在收入机制下，国际收支顺差会使进口下降

D. 在收入机制下，国际收支顺差会使出口上升

6. 以下关于弹性分析法说法正确的是（　　）。

   A. 弹性分析法认为当出口需求弹性大于 1 时，本币贬值会改善贸易收支

   B. 弹性分析法认为在考虑同时需求和供给弹性的条件下，只要满足马歇尔—勒纳条件就能使本币贬值改善贸易收支

   C. 弹性分析法认为不考虑供给弹性时，货币贬值对贸易条件的影响取决于弹性幅度

   D. 弹性分析法认为，一般情况下，本币贬值对贸易收支的影响，取决于罗宾逊—梅茨勒条件的满足与否

7. 以下哪些不是弹性分析法的假设条件（　　）。

   A. 弹性分析法以局部均衡理论为基础

   B. 弹性分析法假设国际收支等与贸易收支

   C. 弹性分析法假设汇率的波动受收入、价格、偏好等多重因素的影响

   D. 弹性分析法假设所有贸易商品的供给弹性为无穷大

8. 以下关于吸收论的内容说法正确的是（　　）。

   A. 吸收论主要分析的是贬值的相对价格效应

   B. 吸收论以凯恩斯的国民收入方程式为基础

   C. 吸收论认为国际收支的差额主要取决于国内自发吸收的大小

   D. 当国民收入大于总吸收时，国际收支是逆差

9. 以下关于国内吸收的说法正确的是（　　）。

   A. 当国内吸收大于国民收入时，国际收支为顺差

   B. 当国内吸收小于国民收入时，国际收支为逆差

   C. 当国内吸收小于国民收入时，国际收支为顺差

   D. 当国内吸收大于国民收入时，国际收支差额为零

10. 以下哪项不是货币分析法的理论假设（　　）。

    A. 汇率是"钉"住汇率

    B. 货币供给的变化不影响实际变量

C. 从长期看，一国的价格水平富有弹性

D. 经济处于长期充分就业

11. 以下关于货币分析法的主要内容说法正确的是（　　）。

　　A. 货币论认为，在固定汇率制下，如果价格和收入不变，国内信贷的增加会使国际储备增加

　　B. 货币论认为，国际收支失衡主要应采用财政政策调节

　　C. 货币论认为，当一国货币供应超过货币需求时，国际储备会增加

　　D. 货币论认为国际收支失衡是由货币市场供求失衡而产生的

12. 以下关于国际收支的均衡说法正确的是（　　）。

　　A. 国际收支均衡是指补偿性交易项目为零的国际收支状态

　　B. 国际收支均衡是指自主性交易平衡

　　C. 国际收支均衡与国际收支平衡等同

　　D. 国际收支均衡是一国达到福利最大化的经济状态

13. 内部均衡和外部平衡的矛盾及政策搭配，是由（　　）首先提出来的。

　　A. James Meade

　　B. Robert Mundel

　　C. H. Johnson

　　D. T. Swan

14. 以下关于丁伯根原则说法错误的是（　　）。

　　A. 丁伯根最早提出了将政策目标和工具联系在一起的正式模型

　　B. 丁伯根原则指出一个独立的工具要实现两个目标是不可能的

　　C. 根据丁伯根原则，支出增减政策调节支出总量来实现内外均衡是可行的

　　D. 丁伯根原则没有具体说明每种工具在调控中如何侧重某一目标的实现

15. 以下关于蒙代尔的有效市场分类原则说法正确的是（　　）。

　　A. 不同的政策工具可能掌握在不同的决策部门，各部门要进行政策协调

　　B. 根据有效市场分类原则，支出增减型政策和支出转换型政策应

搭配使用

C. 每一目标应当指派给对这一目标有着相对优势的工具上

D. 根据有效市场分类原则，蒙代尔区分了财政政策与货币政策的不同效果

16. 以下对供给政策说法正确的是（　　）。

A. 供给政策是一项短期性的政策

B. 供给政策不包括人力资本投资方面的政策

C. 产业政策是供给政策，其核心是优化产业结构

D. 供给政策是各国不经常使用的一项政策

17. 以下对融资政策说法正确的是（　　）。

A. 如果国际收支失衡是长期性失衡，必须使用融资政策

B. 融资政策与需求政策之间有一定的替代性与互补性

C. 融资政策与需求政策之间只有替代性

D. 融资政策就是国际储备政策

18. 以下关于蒙代尔—弗莱明模型的说法正确的是（　　）。

A. 根据蒙代尔—弗莱明模型，在浮动汇率制下货币政策无效，财政政策有效

B. 根据蒙代尔—弗莱明模型，在浮动汇率制下财政政策与货币政策都无效

C. 根据蒙代尔—弗莱明模型，在固定汇率制下货币政策有效，财政政策无效

D. 根据蒙代尔—弗莱明模型，在固定汇率制下货币政策无效，财政政策有效

19. 以下关于斯旺模型说法错误的是（　　）。

A. 斯旺模型中的支出增减型政策用于调节内部均衡

B. 斯旺模型中的支出转换政策用于调节外部均衡

C. 在使用支出转换政策时可以采用变动汇率的方式

D. 斯旺模型的内部均衡线表示货币扩张与预算增加的组合

20. 以下关于蒙代尔模型说法正确的是（　　）。

A. 蒙代尔模型主要阐述了财政政策与货币政策搭配的情况

B. 蒙代尔模型就是蒙代尔—弗莱明模型

C. 蒙代尔模型中货币政策用于调节内部经济

D. 蒙代尔模型中紧缩性的财政政策专用于调节逆差

二　多项选择

1. 以下关于国际收支调节理论说法正确的是（　　）。

    A. 最早的国际收支调节思想是由休谟提出的

    B. 国际收支调节理论是说明收支失衡的原因和调节方式的理论

    C. 国际收支调节理论是国际金融理论的重要组成部分

    D. 最早的国际收支调节理论是以古典货币数量论为理论基础的

    E. 近代的各种国际收支调节理论都带有各自学派的特点

2. 以下关于国际收支的自动调节机制说法正确的是（　　）。

    A. 国际收支的自动调节机制在纯粹的自由经济中才能充分发挥作用

    B. 国际收支的自动调节主要通过三种机制发挥作用

    C. 国际收支的自动调节是最有效率的调节方式

    D. 国际收支的自动调节机制可存在于任何经济条件下

    E. 国际收支的自动调节机制只在金本位制时代适用

3. 调节国际收支的政策包括（　　）。

    A. 财政政策

    B. 产业政策

    C. 汇率政策

    D. 货币政策

    E. 融资政策

4. 支出增减性政策主要包括（　　）。

    A. 财政政策

    B. 政府补贴

    C. 关税政策

    D. 直接管制

    E. 货币政策

5. 支出转换型政策主要包括（　　）。

    A. 汇率政策

    B. 政府补贴

C. 关税政策

D. 直接管制

E. 货币政策

6. 政策调节的原则包括（　　）。

A. 数量匹配

B. 最优指派

C. 合理搭配

D. 顺势而为

E. 直接管制

### 三　判断题

1. 国际收支的自动调节机制可存在于任何经济条件下。（　　）

2. 汇率贬值一定会恶化贸易条件。（　　）

3. 吸收论含有强烈的政策搭配取向。（　　）

4. 货币论政策主张的核心是在国际收支发生逆差时，注重国内信贷的紧缩。（　　）

5. 国际收支平衡有时也被称为国际收支均衡。（　　）

6. 根据蒙代尔的理论，财政政策与货币政策要交替使用。（　　）

7. 解决一国开放经济中内外目标冲突问题不能依赖单一的手段。（　　）

8. 供给政策是经常使用的短期调节政策，包括产业政策和科技政策。（　　）

9. 蒙代尔—弗莱明模型的基本框架包括三个基本方程，即开放的 IS 曲线、LM 曲线和 BP 曲线。（　　）

### 四　填空题

1. 弹性分析法的提出，是（　　）在国际金融学说史上的一个贡献。

2. （　　）是指出口商品单位价格指数与进口商品单位价格指数之间的比例。

3. 在马歇尔—勒纳条件成立的情况下贬值对贸易收支改善的时滞效应，被称为（　　）效应。

4. 货币论认为，国际收支问题实际上反映的是（　　）对名义货币供应量的调整过程。

5. 货币论的重要贡献之一是从开放经济角度把货币供应的来源分为

（　　）部分和国外部分。

6. 将支出转换型政策与支出增减型政策搭配的模型是（　　）的观点。

7. 在蒙代尔—弗莱明模型中，当资本完全流动时，BP 曲线的形状是（　　）。

# 第三章

# 外汇和汇率

## 第一节 外汇与汇率概述

**预习提示：**

观看相关课程视频了解外汇与汇率的基本概念。能够区分买入与卖出汇率，能够计算远期汇率、套算汇率。观看《一带一路》纪录片第5集，了解我国云南边境银行开展的货币兑换业务。

### 一 外汇的概念

外汇是指外国货币或以外国货币表示的、能用来清算国际收支差额的资产。说到外汇，日常贸易结算中经常使用的美元、欧元、日元等货币都是外汇。根据外汇的含义，外汇所包含的内容比几种结算使用的货币广泛得多。

首先，外汇的含义有动态和静态之分。动态的含义是指国际清偿债权、债务关系或转移资金的一种货币运动。人们平常所说的"外汇业务"是就外汇的动态含义而言。静态含义又有广义和狭义之分。广义是指一种外币表示的用作国际结算的支付手段。狭义是指所有用外币表示的债权，包含以外币表示的各种信用工具和有价证券。

国际货币基金组织对外汇的定义是"外汇是货币行政当局以银行存款、财政部库券、长短期政府证券等形式所保有的在国际收支逆差时可以使用的债权"。根据这一定义，外汇具体包括可以自由兑换的外国货币、长短期外币有价证券，即政府公债、公司债券、金融债券等，外币支付凭证，即银行存款凭证、商业汇票、支票等。

我国规定外汇包括外国货币、外币支付凭证、外币有价证券、特别提款权、其他外汇资产。

### 二 外币成为外汇的条件

世界上每个国家都在发行自己的货币,但并非所有的外币都是外汇。外币要成为外汇必须满足三个条件:第一,自由兑换性,即这种外币能自由兑换成本币;第二,普遍接受性,即这种外币在国际经济往来中被各国普遍接受和使用;第三,可偿性,即这种外币资产是可以保证得到偿付。目前世界上已有60多个国家或地区的货币被认为是可自由兑换货币,但作为外汇的只有一部分,主要包括美元(USD)、日元(JPY)、英镑(GBP)、加拿大元(CAD)、澳大利亚元(AUD)、港元(HKD)、新加坡元(SGD)、欧元(EUR)等。

以上所列出的这些也可以称为自由外汇。自由外汇是指不需要经过外汇管理当局的批准,可自由兑换成其他货币,或者可向第三者办理支付的外国货币及其支付手段。除自由外汇外,还有一种记账外汇也在使用,即在两国政府间签订的协定项目下所使用的外汇。这种外汇未经货币发行国批准,不能自由兑换成其他货币或对第三者支付的外汇。记账外汇只能根据两国政府间的清算协定,在双方银行开立专门账户记载使用,又称为协定外汇。例如,两国政府为了节省双方的自由外汇,签订一个支付协定,规定双方进出口的货款必须通过双方银行开立的专门账户即记账外汇记账,到年终时进行债权债务差额清算,以现汇或货物清偿。一些彼此友好的国家间,经常使用记账外汇开展贸易。

### 三 汇率的定义

汇率是指两种不同货币间的折算比价,即用一单位货币能购买另一种货币的数量。

### 四 汇率的标价法

汇率有两种标价方法,即直接标价法和间接标价法。直接标价法是以本国货币表示固定数量的外国货币。间接标价法是以外国货币表示固定数量的本国货币。

直接标价法：例如：对中国投资者来说，1 美元等于 6.135 元人民币，即 USD1 = CNY6.135；间接标价法：对英国投资者来说，伦敦外汇市场上，1 英镑等于 1.5361 美元，即 GBP1 = USD1.5361。

直接标价法在很多场合是默认使用的标价方法，一般未做特别说明时都默认为使用直接标价法。英国伦敦外汇市场上一直采用间接标价法。美国纽约外汇市场自 1978 年 9 月 1 日起，美元对除英镑外的外国货币的汇率改用间接标价法。其他国家都采用直接标价法。欧元也经常使用间接标价法。

一般在直接标价法之下，汇率升高意味着本币贬值，也就是说汇率的升高表示用更多的本币才能换回原有数量的外汇。间接标价法正好相反。

### 五　汇率的分类

**（一）固定汇率与浮动汇率**

这种分类是根据汇率制度来划分。总体来看，全球的汇率制度可分为固定汇率制度和浮动汇率制度。固定汇率制度是指本国货币当局公布的，用经济或法律手段维持不变的本币与某种参照货币之间的比价。浮动汇率制度是指由外汇市场上的供求关系决定、本国货币当局不加干预的货币比价。

**（二）单一汇率与复汇率**

单一汇率是指一种货币只有一种汇率用于一国所有的对外经济往来中。复汇率是外汇管制的产物，是指一种货币有两种或两种以上的汇率用于一国不同的对外经济活动中。一国在外汇管制情况下，对同一外国货币规定不同的汇率可以达到鼓励或限制某些商品出口、进口，鼓励某些商品在国内生产，借高价卖出或低价买入以充实国库的目的。德国在 20 世纪 30 年代曾对战备物资的进口给予较优惠的汇率，对其他物品进口则以较高的汇率来兑换。

**（三）实际汇率和有效汇率**

实际汇率是相对于名义汇率的概念。名义汇率就是平时可以从行情表上看到的汇率，实际汇率是两国货币实际币值之比形成的汇率，即从名义汇率中剔除了两国相对通货膨胀率的汇率。由于涉及两国的实际币值，所以根据实际币值的衡量方法不同，实际汇率有多种表示方式。第一种定义是外部实际汇率，实际汇率＝名义汇率×外国商品价格水平/本国商品价格水平。例如，基期时，美国和英国的 CPI 都是 100，汇率是每英镑 1.7 美元。三年后，汇率是每英镑 1.6 美元，美国 CPI 已经升至 110，而英国已经升至 112。实际汇率是 1.6×112/110＝每英镑 1.629 美元。这种汇率可用于两国双边贸易关系的研究上。第二种定义是内部实际汇率，实际汇率＝名义汇率×本国贸易品的国内价格水平/本国非贸易品的国内价格水平。这种汇率主要是用在小国内部产业结构和国际分工问题的研究上。第三种，实际汇率＝名义汇率±财政补贴或税收减免。这种定义的实际汇率在汇率调整、倾销调查与反倾销措施时经常被使用。第四种，实际汇率＝名义汇率×外国单位劳动的工资×本国单位劳动的产出/（本国单位劳动的工资×外国单位劳动的产出）。这种汇率主要用于研究实体经济。

有效汇率是与实际汇率有关的概念，又称为贸易加权汇率。实际汇率是双边汇率，而有效汇率是多边汇率，也有多种计算方式。最常用的是以一国对某国的贸易在其全部对外贸易中的比重为权数。除了以贸易比重为权数外，还可以劳动力成本、消费物价、批发物价等为权数。

（四）买入汇率与卖出汇率

买入汇率是指银行购买外汇时所使用的汇率，又称为买入价。卖出汇率是银行出售外汇时所使用的汇率，又称为卖出价。银行的外汇买卖业务遵循贱买贵卖，收益率一般为 1‰—5‰。买入价与卖出价的平均数称为中间汇率，又称为中间价。比如在新加坡某商业银行的外汇牌价表上有：USD1 = SGD1.3714 – 1.3766，显然在新加坡，本币在等号右侧，外汇在等号左侧，是直接标价法。1.3714＜1.3766，前一个数字是买入价，即银行买入 1 美元要支付 1.3714 新加坡元，卖出价同理。可见买卖价差为 0.0052。买卖价差主要由两个因素决定：第一，波动率，即交易涉及的外汇价格波动越大，价差越大。第二，交易量：交易量越小，流动性越差，价差越大。除此之外，交易涉及的外汇越少，价差也会越大；金融中心同时交易期间，交易量大，流动性好，信息反馈充分，价差越小。现实中，我们还会经常听到汇率的变化是多少个点这种说法。一般货币，1 个点代表 0.0001，日元相对特殊，1 个点表示 0.01。

一般个人或企业日常买卖外汇需要到银行办理。如果中国一个客户想用 100 美元换成人民币，等于要将美元卖给本地银行，对银行来说是买入美元外汇，所以使用买入价，卖出价的使用同理。

（五）即期汇率与远期汇率

即期汇率是外汇买卖双方在成交后的当天或两个营业日内办理交割时所用的汇率，用于外汇现货交易。远期汇率是远期外汇买卖时所用的汇率，是买卖双方成交后，在约定的日期办理交割而事先由买卖双方订立合同、达成协议的汇率。远期汇率有两种报价方式，一种是直接报价，另一种是运用点数报价。在直接标价法下，如果远期汇率高于即期汇率，其高出的部分叫作"升水"，也称为远期溢价，反之叫作"贴水"，又称为远期折价。如果即期汇率和远期汇率正好相等，称为"平价"。因此，

直接标价法下：

远期汇率 = 即期汇率 + 升水数

远期汇率 = 即期汇率 - 贴水数

比如，韩国外汇市场的即期汇率是 USD1 = KRW1180.0030，三个月的远期是贴水 30 个点，那么三个月期的远期汇率为 1180。首先可以看出是直接标价法，再利用远期汇率公式，用即期汇率减去贴水数就可以得到三个月期的远期汇率。

双向报价时，升贴水数并不是最理想的报价方式，采用掉期率最为便捷。根据双向报价，如果掉期率的数字左低右高，远期汇率等于即期汇率加上掉期率，反之等于即期汇率减去掉期率。例如，在中国外汇市场，即期汇率 USD1 = CNY6.6770/6.6790，三个月的掉期率为 34/23，掉期率左高右低，远期汇率等于即期汇率减去掉期率，远期汇率是 USD1 = CNY6.6736/6.6767。

（六）基本汇率与套算汇率

基本汇率是指本国货币与关键货币的汇率。关键货币是在国际贸易中使用最多在各国储备中占比较大的外汇。很多国家会以美元为关键货币，我国的基本汇率中也长期以美元为关键货币。套算汇率是根据基本汇率换算出的其他货币之间的汇率，又称为交叉汇率。在使用中间价时，比如 USD1 = JPY127.8900，USD1 = CNY6.6558，那么 JPY1 = CNY0.0520，即等式右边的两个数字相除，等号左边的货币对应的数字作为除数。例

如，USD1 = CAD1.4580/90，USD1 = SGD1.3714/66，那么 CAD1 等于多少 SDG。此类问题的解决办法是：首先可以看出两个等式左边的货币是相同的，所以使用交叉相除。因为最后要计算的是 1 个加拿大元能换多少瑞士法郎，所以做如下计算：

$$CAD1 = SGD (1.3714 \div 1.4590) / (1.3766 \div 1.4580)$$
$$= SGD\ 0.9399/441$$

显然最后在等式左边的货币对应的数字做除数，等号右边的货币对应的数字做被除数。再比如，GBP1 = USD1.6550/60，USD1 = SGD1.3714/66，那么 GBP1 等于多少 SGD。此类问题的解决办法是：首先可以看出两个等式左右两边的货币都不相同，所以使用同边相乘，做如下计算：

$$GBP1 = SGD (1.6550 \times 1.3714) / (1.6560 \times 1.3766)$$
$$= SGD2.2696/796$$

我国实施"一带一路"倡议后，云南作为我国西南边陲省份，与东南亚国家的贸易往来十分频繁。2007 年 12 月，昆明市商业银行重组为富滇银行股份有限公司，在云南边境线上的近 20 个口岸，建立了多家分支机构，扮演着西南边境跨境人民币结算行的角色。富滇银行推出人民币对周边国家货币直接定价，既方便了边境贸易，又降低了贸易企业的风险。有些国家的基准汇率是盯住美元，有些则是一篮子货币，计算套算汇率比较麻烦，如果以美元为中间货币来兑换又会增加成本和风险。富滇银行给出的人民币对老挝、泰国等货币的直接定价减少了企业以美元为中转货币所带来的成本和风险。[①]

**课堂教学建议：**

本节内容适合线上线下混合式教学。外汇与汇率的概念、汇率的

---

[①] 中国金融信息网：《富滇银行："一带一路"上的云南实践》，https://www.cnfin.com/rmb-xh08/a/20190613/1845441.shtml，2019 年 6 月 13 日。

分类中比较简单的部分可采用线上自学形式，而汇率计算部分应采用线下答疑形式，教师可边讲边演示计算过程，以便更好地解答学生的疑问。

## 课后练习：

### 一　单项选择

1. 以下关于外汇的说法错误的是（　　）。
    A. 外汇的动态含义有广义和狭义之分
    B. "外汇业务"是针对外汇的动态含义来说的
    C. 广义的外汇是指所有用外币表示的债权
    D. 外汇一词是国际汇兑的简称

2. 以下关于汇率的标价法说法正确的是（　　）。
    A. 汇率表示只采用直接标价法
    B. 世界各国都采用直接标价法
    C. 我国采用的是间接标价法
    D. 美国除对英镑外，都采用间接标价法

3. 通常我们所说的汇率是指（　　）。
    A. 电汇汇率
    B. 信汇汇率
    C. 即期票汇汇率
    D. 远期票汇汇率

4. 以下关于有效汇率的说法正确的是（　　）。
    A. 有效汇率是名义汇率减去通货膨胀率得来的
    B. 有效汇率是某种加权平均的汇率
    C. 有效汇率只能是对实际汇率的加权
    D. 有效汇率等同于实际汇率

5. 以下关于买入汇率和卖出汇率说法正确的是（　　）。
    A. 中间价是银行一天所有交易汇率的平均值
    B. 买入价是客户从银行买入外汇的价格
    C. 在直接标价法下买入价是银行买入外汇的价格，间接标价法则相反

D. 买入汇率是指银行买入外汇时的汇率

6. 以下关于远期汇率和即期汇率说法错误的是（　　）。

　　A. 即期汇率是当日成交当日交割使用的汇率

　　B. 对于大多数汇率，1 点指 0.0001，而日元报价时，1 点是 0.01

　　C. 直接标价法下，远期汇率等于即期汇率加升水数

　　D. 远期汇率是双方约定好在未来一定时间使用的汇率

7. 以下关于基本汇率和套算汇率的说法正确的是（　　）。

　　A. 计算中间价的套算汇率时，标价法相同时，可使用乘法

　　B. 计算双向报价的套算汇率时，标价法相同时，可使用交叉相除法

　　C. 计算中间价的套算汇率时，标价法不同时，可使用除法

　　D. 计算双向报价的套算汇率时，标价法相同时，可使用乘法

8. 以下关于远期汇率的计算说法正确的是（　　）。

　　A. 平价是指即期汇率大于远期汇率

　　B. 贴水表示远期汇率高于即期汇率

　　C. 直接标价法下，远期汇率等于即期汇率加升水数

　　D. 远期汇率只能采用差价报价

9. 某日中国外汇市场，即期汇率 USD1 = CNY6.6770，三个月远期贴水 40 点，三个月的远期汇率是（　　）。

　　A. USD1 = CNY6.6730

　　B. USD1 = CNY6.6710

　　C. USD1 = CNY6.6770

　　D. USD1 = CNY6.6810

二　多项选择

1. 外币成为外汇的条件包括（　　）。

　　A. 普遍接受性

　　B. 可偿性

　　C. 自由可兑换性

　　D. 币值稳定性

　　E. 储存性

### 三 判断题

1. 如果一种货币的币值不稳定不能被称作外汇。（　　）

### 四 填空题

1. 在间接标价法下，汇率值越小，说明外汇币值越（　　）。

2. 一进口商需要用美元支付货款，当日银行报价为 USD1 = JPY134.155/137.240，请问进口商用 1000 万日元可换得（　　）美元。

## 第二节 汇率的决定与变动

**预习提示：**

观看相关课程视频，了解汇率与各经济变量之间互相作用的关系。能够解释每个变量与汇率互相影响的原理。

汇率的变动受诸多经济因素的影响，而汇率的波动又影响着经济的方方面面，两者之间互相作用。

### 一 影响汇率变动的经济因素

（一）国际收支

一般认为，国际收支顺差时，外汇收入较高，外汇容易贬值，而本币容易升值，逆差时则相反。如果国际收支顺差或逆差是短期性的，就不会影响到汇率；如果有长期的顺差或逆差，本币就会升值或贬值。

（二）相对通货膨胀率

一国的通货膨胀率较高时会使本国货币贬值。汇率是两国货币的相对比价，所以两国的通货膨胀率都要考虑进去。当两国都处在通货膨胀时，相对通货膨胀率更高的国家，其本币会相对贬值，另一货币相对升值，直接标价法下，汇率升高。

（三）相对利率

利率与货币的价值有很密切的关系。当本国利率较高时，人们都愿意持有本币，本币需求上升，外汇市场上本币升值，反之本国利率较低，本币容易贬值。

### （四）总需求与总供给

当社会总供需不匹配时，汇率会发生变化。如果总需求中的进口增长快于总供给中的出口供给增长，意味着进口最终会大于出口，本币会贬值。

### （五）预期

预期对经济的影响很大，对汇率的影响也不可忽视，如果人们认为未来某种货币的价值会上涨，人们会尽可能多地持有这种货币，最后导致这种货币供不应求，价值上升，预期变为现实。

### （六）财政赤字

财政赤字的扩充首先会带来货币供给的增加，但是相应的财政赤字会对经济有刺激作用，接下来会带来货币需求的增加，最终结果并非绝对，但财政赤字对汇率一定是有影响力的。

### （七）国际储备

国际储备中外汇储备占比最高，当一国外汇储备很高时，表明政府干预外汇市场的能力较强。储备增加能提升外汇市场的信心，有助于本币升值。

## 二 汇率变动对经济的影响

汇率变动对经济的很多方面都会产生影响。汇率变动无非是本币升值或贬值，下面以本币贬值为例，来说明本币贬值对宏观经济的影响。

### （一）本币贬值与物价水平

传统理论认为，在需求弹性比较高的前提下，本币贬值可以改变进出口商品的相对价格，带动国内产量和就业的增长。但实践中，本币贬值要想得到以上的理想效果，不仅取决于进出口商品的需求弹性，还取决于国内的经济制度、经济结构和人们的心理。本币贬值可能通过货币工资机制、生产成本机制、货币供应机制和收入机制，导致国内工资和物价水平的循环上升，并最终抵消本币贬值所带来的好处。

### （二）本币贬值与外汇短缺

经济发展中外汇短缺的原因是多种多样的，如国内信用膨胀、劳动生产率低下、经济结构和技术水平落后、过快的经济增长速度等。但从根本上说，外汇短缺的原因不是货币性的，但本币贬值会影响外汇短缺的扩大或缩小。一般而言，本币贬值可在一定时期内缓和外汇市场的需求压力。但是通过货币供应－预期机制和劳动生产率－经济结构机制，它的缓和作用会逐渐消失，并可能进一步加剧外汇短缺。

（三）本币贬值与货币替代

货币替代是经济发展过程中因对本国货币币值的稳定失去信心或本国货币资产收益相对较低时而发生的货币兑换并进而发生资金外流的一种现象。就币值风险和收入风险而言，决定货币替代的因素不仅仅是相对通货膨胀率和金融资产的相对收益率，还取决于本国货币的汇率水平。货币汇率有助于减轻货币替代的程度，但有局限性。如前所述，本币贬值通过货币供应－预期机制和劳动生产率－经济结构机制，最终会导致物价水平的上涨，从而最终抵消对货币替代的影响。

（四）本币贬值与进出口贸易收支

本币贬值对贸易的影响，主要取决于三个因素：一是进出口商品的需求弹性；二是国内总供给的数量和结构；三是"闲置资源"，即能随时用于出口品或进口替代品生产的资源存在与否。

（五）本币贬值与国际贸易交换条件

所谓国际贸易交换条件是指出口商品单位价格变动率与进口商品单位价格变动率之间的比率。本币贬值会引起进口商品相对于出口商品的价格升高，从而导致贸易条件恶化。但贸易条件的变化亦受该国在世界市场上的贸易份额、出口商品的价格刚性及出口商品的需求与供给弹性的影响，贸易条件恶化不一定是货币贬值的必然结果。

（六）本币贬值与总需求

传统理论认为，成功的本币贬值对经济的影响是扩张性的。在乘数作用下，它通过增加出口，增加进口替代品的生产，使国民收入得到多倍增长。但实际中汇率变动与总需求的关系比较复杂。

（七）本币贬值与民族工业、劳动生产率和经济结构

本币贬值具有明显的保护本国工业的作用。本币贬值通过提高进口商品的价格，削弱了进口商品的竞争力，从而为本国进口替代品留下了生存和发展的空间。但货币的过度下浮，使低效益企业也得到鼓励，因此它具有保护落后的作用，不利于企业竞争力的提高，同时也使社会资源的配置得不到优化。另外，货币的过度下浮使本该进口的商品尤其是

高科技产品的进口受到阻碍，不利于我国经济结构的调整和劳动生产率的提高。

### 课堂教学建议：

本节内容可采用线上教学。由学生完成线上自学，教师在线答疑即可。

### 课后练习：

一　单项选择

1. 影响汇率变动的主要因素不包括（　　）。
    A. 物价
    B. 利率
    C. 民间转移
    D. 心理预期

2. 短期内决定汇率基本走势的主导因素是（　　）。
    A. 利率水平
    B. 汇率政策
    C. 国际收支
    D. 财政经济状况

3. 下列说法中错误的是（　　）。
    A. 本币贬值有利于改善一国的旅游和其他劳务收支
    B. 本币贬值有利于增加单方面转移的收入
    C. 本币贬值可能引发国内通货膨胀
    D. 本币贬值在进口商品需求弹性充分的条件下阻碍进口的增加

二　多项选择

1. 以下说法正确的是（　　）。
    A. 影响汇率的变量大部分具有短期性，只影响短期内的汇率波动
    B. 总需求大于总供给时，本国货币汇率一般会下降
    C. 国际收支长期顺差，本币会升值
    D. 相对通货膨胀率持续较高的国家，其汇率也将随之下降
    E. 短期性的国际收支差额一定会带动汇率变化

2. 以下哪些因素可能引起本币汇率上升（　　）。
   A. 国内物价上升
   B. 贸易收支逆差
   C. 提高进口关税
   D. 提高国内利率
   E. 市场投机
3. 在其他条件不变的情况下，一国汇率上升，将（　　）。
   A. 有利于该国的出口
   B. 有利于该国增加进口
   C. 有利于该国增加旅游收入
   D. 有利于该国增加侨汇收入
   E. 有利于该国减少进口

### 三　判断题

1. 一国货币贬值可导致贸易收支改善。（　　）
2. 外汇短缺的根本原因是结构性的。（　　）
3. 一国货币贬值可导致贸易收支的改善。（　　）
4. 一国的劳动生产率越高，该国的货币就越坚挺。（　　）

### 四　填空题

1. 当一国货币汇率上升时，该国的出口量会（　　）。
2. 本币贬值后，偿还相同数额的外债需要付出更多的本币，由此带来本国总需求下降的现象，被称为（　　）效应。

## 第三节　外汇市场与外汇交易

**预习提示：**

观看相关课程视频，了解外汇市场的含义及构成。能够独立完成套汇案例的计算。

全球进入牙买加体系后，汇率波动剧烈，各种主要货币之间经常出现强弱地位互相转换的局面。我国在改革开放前一直实行严格的外汇管理，汇率调节机制僵化，且多数涉外企业没有真正成为自负盈亏的主体，外汇风险主要由国家承担。随着我国外汇体制改革的推进，如何防范外汇风险成为银行、企业和广大外汇市场投资者、保值者关注的焦点。

### 一 外汇市场的含义

外汇市场是指外汇供求双方买卖外汇的整个领域。该领域的含义有二：一是指外汇买卖双方在指定的地点讨价还价的具体场所，是一种有组织、有固定形式的有形市场。它一般是在证券交易所的建筑物内或在交易大厅的一角设立外汇交易所，由经营外汇业务的双方在每个营业日的规定时间内集合于该地进行交易。欧洲大陆的法兰克福、巴黎、阿姆斯特丹、米兰等外汇市场即属此类，因此有形市场又被称为大陆式外汇市场。二是指由电话、电报、互联网以及其他现代通信手段所构成的整个通信网络，是无形市场。世界上绝大多数国家的外汇市场是无形的，尤以英、美两国为典型代表，因而无形市场又被称为英美式外汇市场。

目前以上这两种市场的区别正在消失，即使是欧洲大陆的很多市场也借助很多现代化工具，逐步成为英美式外汇市场。从现代意义上讲，外汇市场是由经营外汇业务的金融机构所组成，在国际上从事外汇买卖、调剂外汇供求的场所。它是个无形市场，依靠计算机、电话和其他信息通道，比如环球银行金融电信协会（简称SWIFT）参与了全球的外汇市场。

### 二 外汇市场的参与者

国际外汇市场的参与者包括各主要商业银行、外汇经纪人、中央银行、个人和企业等外汇需求者和投机者。

各主要商业银行是指外汇银行，即专营和兼营外汇业务的本国银行、外国银行分行或代办处，其他金融机构。外汇银行不仅是外汇供求的主要中介人，而且其自身也对客户买卖外汇，外汇银行在外汇市场中占据着主要地位。

外汇经纪商是指，在外汇市场上进行买卖的主要是商业银行，不仅交易额度大，而且频率高，为了促进他们之间的交易，出现了专门从事介绍成交的外汇经纪商。他们自己不买卖外汇，而是通过同外汇银行的密切联系和了解外汇供求情况，促进供需双方成交，从中收取手续费。

各国政府为了防止国际短期资金的大量流动对外汇市场的猛烈冲击，往往由中央银行对外汇市场加以干预，即在市场外汇短缺时大量抛售，外汇过多时大量买入，从而使本国货币的汇率不致发生剧烈的变动。因此，中央银行不仅是外汇市场的成员，而且还是外汇市场的实际操纵者。

在多个国家开展业务的公司，日常业务收支所用的货币往往会与总部所在国的货币不一致。例如，为了支付位于中国工厂的工人的工资，戴尔公司可能需要人民币。如果戴尔只有在美国出售电脑而获得美元，他们就必须在外汇市场上用美元购买人民币。

政府机构也会参与外汇市场，主要包括一些有外汇交易、投资或投机需求的主权财富基金及养老基金。

### 三　外汇市场的结构

根据银行外汇交易的对象不同，可将银行外汇市场的结构划分为三个层次。

第一，客户市场是指客户与外汇银行买卖外汇的交易场所或整个领域。参与交易的客户主要是进出口商、各类非金融机构和个人，他们出于贸易、外币存款、投资和投机的需要，同外汇银行进行外汇买卖。客户市场上的交易没有最小成交限额，多为不规则的零碎交易，客户市场又称为零售市场。

第二，银行同业市场是指银行之间的交易市场。其主要参与者是外汇银行、各类财务公司、投资公司和证券公司。银行同业市场通常有最小成交金额限制，一般每笔交易不得少于100万美元，以100万—500万美元为多，所以又称为批发市场。由于银行同业市场交易金额大，因而其买卖差价要小于银行与客户的买卖差价。一般每个外汇银行都有自己的客户，其交易既可以直接与客户交易，也可以通过外汇经纪人作为中介交易。

第三，中央银行与外汇银行之间的交易。中央银行与外汇银行的交易，既可以使中央银行达到防止汇率剧烈波动，调节国际收支等目的，还能使中央银行通过与外汇银行的交易来优化本国的外汇储备。

### 四 套汇

套汇是指套汇者利用两个或两个以上外汇市场某些货币的汇率差异，贱买贵卖赚取差价的外汇交易。显然，套汇的前提是同种货币的汇率在不同的市场是有差异的。假设在中国外汇市场 USD1 = CNY6.2343，而在美国外汇市场 USD1 = CNY6.2324，可见人民币在美国外汇市场的价值要高于中国外汇市场，因此可以在美国市场用人民币换成美元，再到中国市场用美元换成人民币，中间可以赚到 19 个点的人民币价差。现实中的套汇比这个例子要复杂很多，一般我们把只使用两种货币、两个市场的套汇称为两角套汇，利用三个以上货币、三个以上市场进行的套汇称为三角套汇。由于全球的市场已经通过各种先进的通信工具紧密联系，所以两角套汇基本不存在套汇机会，三角套汇则运用较多。

两角套汇因为只有两种货币，很容易判断套汇机会的存在与否，而三角套汇则无法一眼看出是否存在套汇机会。以三种货币、三个市场为例，最常用的方法是将三个外汇市场上的汇率统一标价法，如果使用中间价，将中间价相乘；如果使用双向报价，用三个买入价或卖出价相乘，若乘积等于 1 或几乎接近 1 时，说明各市场之间的货币汇率关系处于均衡状态，没有汇率差，或即使有微小的差率，但不足以抵补资金调度成本，套汇无利可图；如果不等于 1，说明存在汇率差，套汇有利可图，但具体的套汇过程需要进一步换算和分析。

以中间价为例，假设同一时间，纽约外汇市场 USD1 = SGD1.3714，德国法兰克福外汇市场 USD1 = EUR0.8839，新加坡外汇市场 EUR1 = SGD1.5515。先将三地市场的标价方法统一，最后将等号右边的数值相乘，若乘积不为 1，则有套汇机会。显然，法兰克福市场和新加坡市场都是直接标价法，将纽约市场改为直接标价法，即 SGD1 = USD1/1.3714，$1.5515 \times 0.8839 \times (1 \div 1.3714) = 0.9999 > 1$，说明是有套汇机会的。可以从美元开始，用 1 美元在纽约市场换得 1.3714 新加坡元，再用这些新加坡元到新加坡市场换得 1.3714/1.5515 的欧元，再用这些欧元到法兰克福市场换得 $(1.3714/1.5515) \div 0.8839$ 的美元，计算得出 1.00002 美元，即投入 1 美元可以赚得 0.00002 美元。如果以其他货币为起点套汇道理相同。

以双向报价为例,纽约外汇市场 USD1 = EUR0.8355/76,法兰克福外汇市场 GBP1 = EUR1.5285/380,伦敦外汇市场 GBP1 = USD1.7763/803。

第一步,投机者判断是否存在套汇机会。因为三个外汇市场中纽约外汇市场和伦敦外汇市场采用间接标价法,较简便地把法兰克福外汇市场的直接标价法改为间接标价法,即 EUR1 = GBP0.6502/42,再把三个汇率相乘:

$$0.8355 \times 0.6502 \times 1.7763 = 0.9649 \ (\neq 1)$$
$$或 0.8376 \times 0.6542 \times 1.7803 = 0.9755 \ (\neq 1)$$

说明这笔业务有套汇机会。第二步,选择正确的套汇途径。根据套汇者所持有资金的币种,把该货币选择为初始投放货币,寻找套汇途径。需要说明的是:在存在套汇机会的条件下,不管以何种货币为初始投放货币,只要套汇途径正确,都能获利。假定美元是初始资金,可以有两种汇兑循环形式:(1)美元→欧元→英镑→美元;(2)美元→英镑→欧元→美元。计算这两种汇兑循环的套汇效果。循环(1):USD1 → EUR0.8355 → GBP0.8355/1.5380 → USD0.8355 × 1.7763/1.5380 = USD0.9649,即投入 1 美元,收回 0.9649 美元,说明这种套汇途径不会被选择。循环(2):USD1 → GBP1/1.7803 → EUR1.5285/1.7803 → USD1.5285/(1.7803 × 0.8376) = USD1.0250,即投入 1 美元,套汇后可得 1.0250 美元,说明循环(2)的套汇途径正确。其套汇毛利润率为 2.5%。

### 课堂教学建议:

本节内容适合于线上线下混合式教学,其中外汇市场的基本内容可以由学生完成线上自学,教师线下开展课堂提问即可。套汇计算部分应由教师根据学生的学习情况进行重难点线下讲解。

### 课后练习:

一 单项选择

1. 以下关于外汇市场的说法正确的是( )。

A. 外汇市场是各国专门开设的外汇交易的机构

B. 外汇市场通常上是一种无形市场

C. 外汇市场主要是有形的市场

D. 外汇市场是央行开设的用于公开市场业务的场所

2. 以下关于外汇市场的交易说法错误的是（　　）。

A. 外汇市场上的多数交易是通过外汇银行进行的

B. 外汇经纪人是专门从事介绍外汇买卖业务的中介人

C. 中央银行有时是以管理者的身份参与外汇交易的

D. 外汇交易商主要是专门从事外汇买卖的公司

3. 假设人民币对美元的汇率为 USD1 = CNY8 时，某种商品的对外报价为 100 美元，当汇率变为 USD1 = CNY10 时，该商品应对外报价为（　　）。

A. 80 美元

B. 100 美元

C. 60 美元

D. 180 美元

4. 原则上，即期外汇交易的交割期限为（　　）。

A. 一个营业日

B. 两个营业日

C. 三个营业日

D. 五个营业日

二　多项选择

1. 以下关于外汇市场的交易说法正确的是（　　）。

A. 外汇市场上的多数交易是通过外汇银行进行的

B. 外汇经纪人是专门从事介绍外汇买卖业务的中介人

C. 进出口商是外汇市场上的主要外汇供求者

D. 外汇投机者在投机过程中，对外汇市场形成了大量的外汇供需

E. 外汇交易商主要是专门从事外汇买卖的公司

2. 外汇市场的参与者包括（　　）。

A. 外汇银行

B. 外汇经纪人

C. 进出口商

D. 中央银行

E. 外汇交易商

### 三 判断题

1. 外汇经纪人凭借与外汇银行的密切联系，促成买卖双方的交易，收取佣金，不承担任何风险。（    ）

2. 如果三角套汇不存在套汇机会，四角套汇也不存在套汇机会。（    ）

### 四 填空题

1. 根据外汇交易的途径来划分，外汇市场可分为（    ）和交易所外汇市场。

2. 原则上，即期外汇交易的交割期限为（    ）个营业日。

3. 在三角套汇中，如果有套汇机会，则多个市场在统一标价法后，将汇率相乘的数值，所得数值（    ）1。

## 第四节　外汇风险及其管理

**预习提示：**

观看相关课程视频，重点了解外汇风险管理的类型与方法。能够自己简单解释每种外汇管理的方法。

### 一　外汇风险的概念

所谓外汇风险又称汇率风险，是指经济主体在从事外汇交易活动中，由于汇率波动而导致其本币价值蒙受损失的一种可能性。外汇风险存在于一切的涉外交易活动中，当从事涉外贸易、投资和借贷活动的主体在国际范围内从事收付大量外汇或拥有以外币表示的资产和债权债务活动时，都会面临各种各样的汇率风险。[1]

外汇风险主要是由于经济主体所拥有的外汇头寸或外汇持有额而产生的，其构成要素主要包括兑换币种和兑换时间。因此，在外汇头寸一

---

[1] 吴腾华：《国际金融（第二版）》，清华大学出版社2020年版，第166页。

定的情况下，只要消除其中的一个，就可以达到减少或防范外汇风险的目的。其基本思路是一要尽量减少外币兑换、计价、结算的频率次数；二要尽量缩短外汇兑换的期限或者根据对外汇汇率走势的预测，适当调整未来外币收付的时间等。

### 二　外汇风险的主要类型

在实际中，常见的外汇风险主要分为五种，即买卖风险、结算风险、会计风险、经营风险和储备风险。

#### （一）买卖风险

所谓买卖风险，又称交易风险，是指经济主体在从事外汇买卖活动中所产生的汇率风险。这种风险是以目前买进或卖出外汇，将来又必须卖出或买进外汇的活动为前提的。例如，对于一个美国外汇交易者来说，先按照1欧元＝1.2082美元的汇率买进欧元，然后以1欧元＝1.2071美元的汇率卖出欧元。这样，他在买卖1欧元的交易中就会发生0.0011美元的亏损，蒙受这种损失的可能性在于汇率发生了波动，这就是外汇买卖风险。商业银行的外汇风险主要是外汇买卖风险，因为外汇银行的交易多数都是外汇买卖，即外币现金债权的买卖。当然，商业银行以外的其他外汇交易者也会面临外汇买卖风险。

#### （二）结算风险

所谓结算风险，是指经济主体在以外币计价或成交时，由于汇率波动而引起亏损的一种风险，即在以外币计价或成交的交易中，交易过程中外汇汇率的变化使得实际支付的本币现金流量变化而产生的亏损。这种外汇风险主要是伴随着商品及劳务交易过程中的外汇结算而发生的，其具体活动包括：一是企业资产负债表中所有未结算的应收应付款所涉及的交易活动和以外币计价的国际投资和信贷活动；二是表外项目所涉及的，具有未来收付现金的交易，如远期外汇合约、期货买卖及研究开发等。因此，可能产生外汇结算风险的具体活动有：在国际贸易中，贸易商无论是以即期支付还是延期支付都要经历一段时间，在此期间汇率的变化会给交易者带来损失，从而产生交易结算风险。

#### （三）会计风险

所谓会计风险，又称折算风险或外汇评价风险，是指经济主体在进行外币债权、债务结算和财务报表的会计处理过程中，对于必须换算成本币的各种外汇计价项目进行评议所产生的风险。企业会计通常是以本国货币表示一定时期的营业状况和财务内容的，这样企业的外币资产、负债、收益和支出都需按一定的会计准则换算成本国货币来表示，在换算过程中会因为所涉及的汇率水平不同、资产负债的评价各异且损益状况也不一样，因而产生一种折算风险或外汇评价风险。

（四）经营风险

所谓经营风险又称经济风险，是指经济主体在经营过程中由于汇率波动而导致其未来收益或现金流的本币价值发生损失的可能性。经营风险的大小取决于汇率波动对企业产品的未来价格、销售量及成本的影响程度。

（五）储备风险

所谓储备风险，是指经济主体在持有外汇储备期间由于储备货币的汇率波动而引起的外汇储备本币价值发生损失的可能性。在涉外经济活动中，不论是政府、企业还是商业银行，为了弥补国际收支和应付国际支付的需要，都需要保持一定的国际储备，其中相当大的部分是外汇储备。在一般情况下，外汇储备中的币种要尽量多元化，并根据汇率波动和支付需要及时调整币种结构，才能使储备风险降至最低。

### 三 外汇风险管理的主要方法

外汇风险的管理方法比较多，其大致可以分为两类：内部管理方法和外部管理方法。内部法主要是通过改善企业内部管理来实现的，要求在尽量减少外汇头寸风险的基础上，给企业争取更多的利润；外部法主要是在内部管理不足以消除外汇头寸的情况下，利用金融机构服务或金融市场上的外汇交易等外部措施来实现外汇风险管理。

（一）外汇风险的内部管理方法

1. 选择对自己有利的计价货币

在对外经济交易中，可供选择用于计价的货币共有四种：本国货币、外国出口商所在国货币、外国进口商所在国货币、第三国货币。

选择本国货币计价对本国的进出口都有利，出口商以本币计价收入货款时，它可以确切地知道自己将取得多少本币，而不管汇率如何变动。

以本币计价交易从根本上规避了外汇交易，从而完全避免了外汇风险。此方法的优点是简便易行，但代价是有可能给贸易谈判带来一定的困难，或在价格与信用期限方面做出某些让步，这等于为转移外汇风险花费了保险费，应对这笔保险费与运用其他方法所需费用进行比较，以从中选择费用最低的方法。

选择外国进口商所在国货币计价时，上述以本币计价的好处不复存在，由于本国进口商付款时需要买入外币，本国出口商收到货款时需卖出外汇，外汇风险在所难免。在进出口贸易中，汇率稳定且有上升趋势的货币称为硬货币；汇率不稳定且有下跌趋势的货币称为软货币。一般来说，在出口贸易中，力争选择硬货币来计价结算；在进口贸易中，力争选择软货币来计价结算。采用第三国货币计价时，进出口双方都需要进入外汇市场进行外汇交易，因而都面临着外汇风险。同时，进口商可以从计价货币相当于本国货币贬值、汇率下降中获得好处，出口商可以从计价货币相对于本国货币升值、汇率上升中获益，所以上述原则仍然适用。总之，在计价货币的选择上注意两条原则以防范外汇风险：一是尽量以本币计价；二是收硬付软原则。

2. 提前或推迟收付外汇

提前或推迟收付外汇是根据对汇率的预测，对在未来一段时期内必须支付和收回的外汇款项采取提前或推迟结算的方式以减少交易风险。提前收付是在规定时间之前结清债务或收回债权；滞后收付是在规定时间已到时尽可能推迟结清或收回债权。一般而言，如果预计计价结算货币的汇率趋跌，那么出口商或债权人则应设法提前收汇，以避免应收款项的贬值损失，而进口商或债务人则应设法推迟付汇；反之，如果预计计价结算货币的汇率趋升，出口商或债权人则应尽量推迟收汇，而进口商或债务人则应尽量设法提前付汇。

3. 划拨清算法

划拨清算法是指交易双方约定在一定时期内，双方的经济往来用同一种货币计价，每笔交易的数额只在账面上划拨，到规定的期限才清算。双方交易额的大部分可互抵，并不需要进行实际支付，所以也不承受汇率波动的风险。这种方法在国家之间运用较多，而在外汇银行或进出口银行之间运用不多，但在汇率波动频繁的情况下，只要条件合适，仍不失为一种防范外汇风险的方法。

4. 自动抛补法

自动抛补法是指当企业既经营出口交易同时又进行进口交易，不断地有外汇收入又不断地需要支付外汇时，可以设法调整收汇与付汇的币种和期限，争取以进口外汇头寸轧抵出口外汇头寸，以防范外汇风险。

5. 调整贸易价格法

调整贸易价格法指承担外汇风险的进出口商通过在贸易谈判中调整商品价格，以减少使用外币结算给自己带来的损失的外汇风险管理办法。调整贸易价格法主要有加价保值法和压价保值法两种。加价保值法主要用于出口交易中。它是出口商接受软币计价成交时，将汇价损失摊入出口商品的价格中，以转移外汇风险。国际上即期交易和远期交易的加价保值都有固定的公式。压价保值法用于商品进口交易中，进口商在进行硬货币计价的国际贸易中，通过压低进口商品的价格来减少硬货币升值可能带来的损失。按国际惯例，压价保值也分即期交易和远期交易两种。

6. 调整国内合同条件

调整国内合同条件是一种向国内交易对手或消费者转嫁外汇风险的方法。例如，外贸企业在将进口原材料卖给国内制造商时，以外币计价签订合同，外汇风险由制造厂家承担，实际上等同于厂家直接从国外进口原材料。此外，进口商对于汇率变动的损失还可以通过提高国内售价转嫁给国内的用户和消费者。这种方法能否有效往往取决于以下两个条件：一是国内制造厂家的风险认识、风险承受能力及其对进口原料的急需程度；二是国内市场条件是否允许制造厂家将被转嫁的风险损失通过商品涨价方式再转嫁给消费者。

7. 资产负债表保值

资产负债表保值是避免会计风险的主要措施，它是通过调整短期资产负债结构，从而避免或减少外汇风险的方法。

资产负债表保值的基本原则是：如果预测某种货币将要升值，则增加以此种货币持有的短期资产，即增加以此种货币持有的现金、短期投资、应收款和存货等，或减少以此种货币表示的短期负债，或两者并举；反之，若预测某种货币将要贬值，则减少以此种货币持有的资产，或增加以此种货币表示的负债，或两者并举。

8. 利率和货币调换

利率和货币调换是指将固定利率和浮动利率的债务或不同货币的债务进行相互调换，以达到防范筹资中外汇风险的目的。它包括两种形式：一种是不同期限的利率互换；另一种是不同计息方式（一般是固定利率与浮动利率）互换。

9. 债务净额支付

债务净额支付是指跨国公司在清偿其内部交易所产生的债权债务关系时，对各子公司之间、子公司与母公司之间的应付款项和应收款项进行划转与冲销，仅定期对净额部分进行支付，以此来减少风险性的现金流动，故又称轧差或冲抵。它具体包括双边债务净额支付和多边债务净额支付两种情形。前者是指在跨国公司体系两个经营单位之间定期支付债务净额的办法，后者是指在三个或三个以上经营单位之间定期支付债务净额的方法。

10. 国际经营多样化

国际经营多样化是防范外汇风险中经济风险的一种基本策略，是企业在国际范围内将其原料来源、产品生产及其销售采取分散化的策略。当汇率变动时，企业就能通过其在某些市场竞争优势的增强来抵消在另一些市场的竞争劣势，从而消除经济风险。例如，对原材料的需求不只依赖于一至两个国家或市场，而是拥有多个原材料的供应渠道，即使某个国家货币汇率变化使得原材料价格上涨，也不至于使生产成本全面提高而降低产品在国际市场的竞争力。企业产品的分散销售还可以在汇率变动时使不同市场上产品的价格差异带来的风险相互抵消。

（二）外汇风险的外部管理方法

1. 在外汇市场上做套期保值

套期保值是指在已经发生一笔即期或远期交易的基础上，为了防止汇率变动可能造成的损失而再做一笔方向相反的交易。如果原来一笔交易受损，则后来做的套期保值交易就必得益，以资弥补；或者正好相反，后者交易受损而前者得益。运用这个原理转嫁汇率风险的具体方式主要有外汇远期业务、外汇期货业务、外汇期权业务、货币互换、利率互换和远期利率协议等。

2. 在外汇市场上做掉期保值

掉期保值与套期保值在交易方式上是有区别的，前者是购现售远或购远售现，两笔相反方向的交易同时进行，而后者是在一笔交易的基础上所做的反方向交易。掉期交易的两笔外汇金额通常相等，而套期保值则不一定。掉期交易方式最常用于短期投资或短期借贷的业务中防范汇率风险。

3. 在金融市场上借款

在金融市场上借款是一种对现存的外汇暴露，通过在国际金融市场上借款，以期限相同的外币债权、债务与之相对应，从而消除外汇风险的做法。这种方法主要适用于交易结算风险的转嫁。

4. 外币出口信贷

外币出口信贷是指在大型成套设备出口贸易中，出口国银行向本国出口商或外国进口商提供低利率贷款，以解决本国出口商资金周转困难或满足外国进口商资金需要的一种融资业务。该方法有四个特点：第一，贷款限定用途，只能用于购买出口国的出口商品；第二，利率比市场利率低，利差由政府补贴；第三，属于中长期贷款；第四，出口信贷的发放与信贷保险相结合。它包括两种形式：一是卖方信贷，即由出口商所在地银行对出口商提供的贷款；二是买方信贷，即由出口商所在地银行向外国进口商或进口方的银行提供的融资便利。

5. 福费廷

福费廷是指在延期付款的大型设备贸易中，出口商把由进口商承兑的、五年以内的远期汇票无追索权地卖给出口商所在地的金融机构，以提前取得现款的资金融通方式。在这种交易中，出口商及时得到货款，并及时地将这笔外汇换成本币。它实际上转嫁了两笔风险：一是把远期汇票卖给金融机构，立即得到现汇，消除了时间风险，并且以现汇兑换本币，也消除了价值风险，从而使出口商把外汇风险转嫁给了金融机构；二是由于福费廷是一种卖断行为，因而到期进口商不付款的信用风险也被转嫁给了金融机构，这也是福费廷交易与一般贴现的最大区别。

6. 保付代理

保付代理是出口商以商业信用方式出卖商品时，在货物装船后立即将发票、汇票、提单等有关单据卖断给承购应收账款的财务公司或专业机构，收进全部或大部分货款，从而取得资金融通的业务。出口商在对收汇无把握的情况下，往往向保理商申请保付代理业务。该种业务的结算方式很多，最常见的是贴现方式。由于出口商能够及时地收到大部分货款，与托收结算方式比较起来，不仅避免了信用风险，还减少了汇率风险。

7. 外汇风险保险

汇率变动险是一国官方保险机构开办的，为本国企业防范外汇风险提供服务的一种险种。具体做法是，企业作为投保人，定期向承保机构缴纳规定的保险费，承保机构则承担全部或部分的外汇风险。企业在投保期间所出现的外汇风险损失由承保机构给予合理的赔偿，但若有外汇风险收益，也由承保机构享有。目前，不少国家为了鼓励本国产品的出口，开设了外汇保险机构，承保外汇汇率风险。

### 课堂教学建议：

本节内容适合于线上教学，学生完成自学后，教师采用线上答疑，对于外汇风险的内部管理，可以简单梳理要点。

### 课后练习：

一 单项选择

1. 以下关于外汇风险说法错误的是（    ）。
   A. 外汇风险是指经济主体在从事外汇交易活动中，由于汇率波动而导致其本币价值蒙受损失的一种可能性
   B. 外汇风险存在于一切的涉外交易活动中
   C. 外汇风险只能通过减少外汇持有额来减少
   D. 外汇风险的构成要素主要包括兑换币种和兑换时间

2. 以下关于外汇风险的类型说法错误的是（    ）。
   A. 买卖风险是指经济主体在从事外汇买卖活动中所产生的汇率风险
   B. 结算风险是指经济主体在以本币计价时，由于汇率波动而引起的风险
   C. 会计风险是指经济主体在进行财务报表的会计处理过程中产生的风险

D. 经营风险是指经济主体在经营过程中由于汇率波动而产生的风险
E. 储备风险是指经济主体在持有外汇储备期间由于储备货币的汇率波动而产生的风险

## 二 多项选择

1. 外汇风险分为哪几类？（　　）
   A. 买卖风险
   B. 结算风险
   C. 会计风险
   D. 经营风险
   E. 储备风险

2. 以下关于外汇风险内部管理方法说法正确的是（　　）。
   A. 经济主体在交易时应选择对自己有利的计价货币
   B. 根据对汇率的预测，对未来收付的外汇提前或推迟收付可以减少风险
   C. 划拨清算法是指交易双方的交易数额只在账面上划拨，到规定的期限才清算
   D. 调整国内合同条件是一种向国内交易对手或消费者转嫁外汇风险的方法
   E. 资产负债表保值是避免会计风险的主要措施

# 第 四 章

# 汇率理论

## 第一节　西方汇率理论概述

**预习提示：**

观看相关课程视频，了解汇率理论所研究的内容，能够简单梳理汇率理论的发展历程。

### 一　汇率理论的研究对象

汇率理论的研究对象也就是汇率理论的主要内容。综观汇率理论的发展历史，可以看出研究内容包括三个方面：第一，研究汇率的决定因素，即在既定的时点上汇率由什么决定。不同货币制度下，汇率的决定因素是不同的。第二，研究影响汇率变动的客观原因及变化过程。影响汇率变动的因素中，既包括经济因素，又包括政治因素和心理因素等，各因素之间又互相关联、互相制约。第三，研究汇率制度和汇率政策。不同的汇率制度和汇率政策有不同的优缺点，在实际使用时只能尽可能地趋利避害。

### 二　汇率理论的历史发展渊源

历史上，人们第一次注意到汇率问题是在中世纪。当时人们认为汇兑资金的在途风险是引起汇率变动的主要原因。这些观点并没有形成系统性的理论。一般认为第一次提出比较系统的汇率理论的是16世纪西班牙的萨拉蒙卡学派。进入20世纪后，金本位制度的基础开始动摇，各国汇率开始频繁波动，汇率的研究逐渐得到重视。在这阶段前后，比较著名的汇率理论有国际借贷说、汇兑心理说、购买力平价、利率平价等理论。

### 课堂教学提示：

本节内容可以设定为线上自学内容，教师在线答疑即可。

### 课后练习：

一 多选题

1. 汇率理论的研究对象包括（　　）。
    A. 研究汇率的决定因素
    B. 研究影响汇率变动的客观原因及其变化过程
    C. 研究汇率制度和汇率政策
    D. 汇率变化的规律性
    E. 汇率制度的选择标准
2. 关于汇率决定的理论有（　　）。
    A. 国际借贷说
    B. 汇兑心理说
    C. 购买力平价说
    D. 利率平价说
    E. 资产市场说

二 判断题

1. 一国汇率变动总是受诸多因素的影响，既包括经济因素，也包括政治因素和心理因素等。（　　）
2. 货币制度是汇率存在的客观环境，决定了汇率决定的机制。（　　）
3. 人们第一次注意汇率问题是在中世纪。（　　）

三 填空题

1. 第一次提出比较系统的汇率理论的学派是 16 世纪西班牙的（　　）学派。

## 第二节  金本位制下的汇率理论

**预习提示：**

观看相关课程视频，了解金本位制度的产生及发展过程，理解金本位制各阶段货币制度的特点，能够理解金本位制各阶段汇率决定机制，并自行总结出要点。观看纪录片《货币》的第三集《黄金命运》，深入了解黄金如何从一种商品变为人类使用的货币，在金本位制的发展后期，黄金如何被美元取代，为什么会有回归金本位制的争论，黄金、财富、人性之间显示了什么样的复杂关系。

### 一  金本位制度的演变

金本位制度是以黄金为基础的货币制度。金本位制度经历了三种形式：金币本位制、金块本位制、金汇兑本位制。其中典型的金本位制度是金币本位制。金币本位制由于一战的影响而彻底崩溃。一战结束后，各国为了恢复经济，需要相对稳定的货币制度，本想继续实行金币本位制，但由于战争期间，各国大量储备黄金，银行券的滥用等，曾经实行稳定的金币本位制的国家都已经无法回到从前，只能根据各自的情况被迫选择金块本位制或金汇兑本位制。金块本位制和金汇兑本位制对当时各国的战后经济恢复，稳定货币体系发挥了一定的作用，但时间不长，二战爆发，国际货币体系再次遭到破坏。二战结束后美国崛起，美元的地位超过了英镑，成为国际结算中的核心货币。带有金汇兑本位制特征的布雷顿森林体系被全球接受，但由于该体系先天的缺陷，在经历了1971年和1973年两次美元大贬值后，黄金官价被彻底取消，全球进入牙买加体系。牙买加体系也被称为不成体系的体系，虽然体系内容灵活多样，但对全球经济发展发挥了很大的推动作用。

从近代货币制度的演变过程来看，战争在货币体系的更迭上起到了关键作用，一方面战争催生了新货币体系的出现，另一方面历史也反映出战争对货币制度的破坏力很大。

（一）金币本位制度

金币本位制下，黄金的形状、重量、成色由国家法律规定，黄金可以自由铸造和熔化。金币作为无限法偿的货币，其他辅币与银行券的发行都要以黄金为基础，即这些辅币与银行券可以自由兑换成等量的黄金。另外，在金币本位制下，黄金可以自由输出和输入国境。

（二）金块本位制度

随着生产力水平的提高，黄金产量有限，既无法满足自由兑换的需求，又无法满足经济发展中的货币需求，采用纸质货币作为价值符号逐渐被人们接受，金块本位制就产生了。金块本位制是以黄金为银行券的发行基础，即每张银行券规定有含金量。名义上，银行券可以兑换出等量的黄金，但实际上，只有银行券的总金额达到一定数量之后，政府才允许兑换黄金，日常的小额黄金兑换已经停止。在金块本位制度下，黄金只有储藏手段和稳定银行券价值的作用。

（三）金汇兑本位制度

金汇兑本位制度是一种广义的金本位制度。实行金汇兑制度的国家，将本国发行的纸币和某个实行金块本位制或是金币本位制的国家的货币挂钩，并规定本国货币与该国货币的兑换比价。这意味着实行金汇兑本位制的国家的货币可以先兑换成与之相挂钩的国家的货币，再兑换黄金。当然这只是理论上成立，一般来说，这种兑换往往只在政府之间进行，民间已经很难兑换到黄金。

## 二 金本位制下的汇率理论

（一）金币本位制下的汇率决定

金币本位制下，各国货币无论是纸币还是铸币都规定有法定含金量。铸币的含金量是在货币铸造时就按规定熔在铸币里的，这个可以通过重量和成色判断。在金币本位制下，各国都以铸币为主，不同国家的铸币成色和重量是有差异的，不同货币间的比价就是通过含金量计算得出。比如，在1925年到1931年，1英镑的含金量是7.3224克，1美元的含金量是1.504656克，两者相比等于4.8665，即1英镑等于4.8665美元。以两种金属铸币含金量之比得到的汇率被称为铸币平价。铸币平价是金平价的一种表现形式。所谓金平价就是两种货币含金量或所代表的金量之比。

在金币本位时期，汇率决定的基础是铸币平价。在金币本位时期，不存在浮动汇率制度,汇率只能是固定在铸币平价的水平,并随着黄金自由输出入的成本变化而小幅波动。假定,在美国和英国之间运输1英镑的黄金的成本是0.02美元,那么如果外汇市场上1英镑的价格高于4.8665(即4.8665+0.02),美国的进口商就不会在外汇市场上购买英镑,而会用4.8665美元的价格直接兑换成黄金运送到英国。这样,美国的黄金就会输出到英国,4.8665美元就是美国对英国的黄金输出点。与此同时,外汇市场上,英镑的需求会下降,英镑的价格会下降,直到低于4.8665美元。反之,黄金输入点同理。可见,在金币本位制下,汇率围绕着铸币平价在黄金输出入点之间波动,无须人为干预。

(二)金块和金汇兑本位制下的汇率决定

在金块本位制下,黄金不能自由输出入,黄金输出入点消失。货币汇率由政府公布的纸币所代表的金量之比决定,称为法定平价。法定平价也是金平价的一种表现形式。市场汇率因供求关系围绕法定平价上下波动,波动的幅度完全取决于市场供求。由于失去了黄金输送点,政府只能通过建立外汇平准基金来维护汇率的稳定。外汇平准基金的作用与现行的外汇储备十分相似。

(三)国际借贷说

在金本位制时期,比较有影响力的汇率理论是国际借贷说。国际借贷说由英国经济学家葛逊于1861年在其《外汇理论》一书中提出,该理论在一战前十分流行。该理论从国际借贷的角度揭示汇率的决定与变化,主要内容包括三点:第一,外汇汇率的变化取决于外汇的供求;第二,外汇的供求取决于流动借贷的变化;第三,一国的流动债权大于流动债务时,外汇的供给就大于外汇的需求,外汇将贬值,反之,外汇将升值。

### 三 由金本位制度的变迁引发的思考

金本位制曾经是世界上十分先进的货币制度,受一战、二战的影响,其一步步走向毁灭。如果设想从未发生过一战和二战,现在的世界是否依然是金币本位制的时代?虽然每一次战争过后,人类又迎来了更先进的货币体系,更强劲的经济发展,可是战争对人类世界的摧残是每个国家都不愿意接受的。货币制度的变迁既为我们展现了人类经济发展的宏伟篇章,又让我们看到金钱与财富的争夺历程,作为大学生该具有什么样的财富观念和消费观念，请与教师探讨以下问题。

1. 你在大学期间有没有借过别人的钱，或是借过银行、网络借贷平台等金融机构的钱？（投票题）

2. 如果有，你打算何时归还？（投票题+弹幕题）

### 课堂教学建议：

本节内容应采用线上线下混合式教学。首先，金本位制度的演变过程比较简单，可设定为线上自学内容。课堂提问时，应考查学生是否能准确区分金块本位制与金汇兑本位制。其次，金本位制的汇率决定部分中，金币本位制的汇率决定是学生的学习重点与难点，学生容易在自学中产生疑问，教师可直接线下讲授和答疑，再进行课堂提问。最后，由金本位制度的变迁引发的思考属于思政教学范畴，应与学生开展线下讨论。讨论应以小组为单位，小组在预习时应对每个问题，在组内形成明确的观点，并在课堂上用弹幕表述或是直接回答。针对投票题+弹幕题，教师应针对第一问先设置投票，并公布学生的投票结果，再根据学生的投票结果引导学生回答第二问。在第二问的讨论中，教师应引导学生树立正确的财富观和消费观，提升个人的信用意识，针对金融专业的学生要强调未来在职业生涯中，面对各种钱财的诱惑和业务风险时，要有正确的心态。

### 课后练习：

**一 单项选择**

1. 在金币本位制下，汇率决定于（    ）。

    A. 黄金输送点

    B. 铸币平价

    C. 金平价

    D. 购买力平价

**二 判断题**

1. 最早出现的金本位制是金币本位制。（    ）

2. 金本位制分为金币本位制、金块本位制、金汇兑本位制。（    ）

3. 黄金平价是金本位制度下汇率决定的基础。（    ）

## 第三节　购买力平价说

> **预习提示：**
> 观看相关课程视频，了解购买力平价的背景、假设条件和主要内容，能够准确区分绝对购买力平价和相对购买力平价，理解购买力平价学说的优缺点。

### 一　购买力平价说的历史背景

1914 年，第一次世界大战爆发，金本位制度崩溃，各国大量发行纸币，导致物价飞涨，汇率剧烈波动，原有的汇率理论无法解释汇率剧烈波动的原因，即购买力平价学说由此产生。购买力平价说的思想最早可追溯到 16 世纪中叶的西班牙的萨拉蒙卡学派。1922 年，瑞典学者卡塞尔首次对购买力平价学说进行了系统的阐述，并由后人加以发展。

### 二　购买力平价学说的假设条件

该学说的首要假设条件就是一价定律的成立。所谓一价定律是指在自由贸易的条件下，不考虑交易成本，同质商品的价格相同。对于一价定律需要关注三个问题：首先，并非所有的商品都可以贸易，一价定律衡量的是可贸易品；其次，交易成本包含了运输费、保险费、信息费等多种成本；最后，同质商品最大的特征是无差异。一价定律意味着，如果不同地区的同质商品存在套利机会，将有大量的套利行为出现，使不同地区的商品的价格趋于相同，当价格相同时，套利行为消失。

比如：A 地区的电视机一台 3000 元，B 地区的同质电视机一台 2500 元，不考虑交易成本的话，存在 500 元的套利空间。这时就会有人将电视机从 B 地区低价购入 A 地区并高价卖出。由于 B 地区对电视机的购买需求增加，B 地区的电视机价格会上涨，而 A 地区由于市场上出售的电视机数量增加，电视机价格会下降，直到两地的电视机价格相等，套利机会消失。

除一价定律外，购买力平价说还假定物价与汇率是单向因果关系，即只考虑物价对汇率的影响，不考虑汇率对物价的反向影响；假定货币是中性的,即经济中的变化都是纯粹货币性质的变化,没有影响到产量、产业结构、生产成本和劳动生产率等实际变量,也不考虑汇率预期因素的影响。

购买力平价学说具体有两种形式,即绝对购买力平价和相对购买力平价。

### 三 绝对购买力平价

根据一价定律,同一商品用同种货币衡量的价格是相同的,假定 Pf 代表该商品在外国的价格,Pd 代表该商品在本国的价格,e 代表直接标价法下两国货币的汇率,显然,Pd = e × Pf。一种可贸易品存在这种现象,如果推而广之,将两国所有的可贸易品都考虑在内,那么两国的可贸易品构成的物价水平之间存在的关系是:

$$\sum_{i=1}^{n} \alpha i Pd(i) = e \sum_{i=1}^{n} \alpha i Pf(i)$$

其中 Pd (i) 表示第 i 种可贸易品的本国价格,αi 表示第 i 种可贸易品在物价指数中的权重。将该式简化,用 Pd 和 Pf 分别表示两国的一般物价水平的话,e = Pd/Pf,即绝对购买力平价的一般形式,意思是汇率取决于以不同货币衡量的两国一般物价水平之比,即不同货币的购买力之比。

### 四 相对购买力平价

相对购买力平价是在绝对购买力平价的基础上发展起来的。卡塞尔认为获取两国实际物价水平的数据比较困难,而两国物价水平的变动,即物价指数或通货膨胀率相对容易获得。因此,相对购买力平价是指一定时期内,汇率的变动幅度由物价的变动幅度决定。考虑变动幅度,必须设定基期和计算期,具体可表示为:

$$e_t/e_o = PI (d, t) / PI (f, t)$$

其中,$e_o$ 表示基期的汇率,$e_t$ 是计算期的汇率,PI (d, t) 和 PI (f,

t）分别表示本国和外国在 t 期的物价指数。

相对购买力平价的含义是：尽管汇率水平不一定能反映两国物价绝对水平的对比，但可以反映两国物价的相对变动。物价上升速度较快的国家，即物价指数相对基期提高较快的国家，其货币就会贬值，反之亦然。

对比绝对购买力和相对购买力，两者的不同有：第一，绝对购买力平价反映的是某一时点的汇率，相对购买力平价反映的是某一时段内的汇率。第二，绝对购买力平价反映价格的绝对水平，相对购买力平价反映价格的变动率。第三，绝对购买力平价说明汇率的决定基础，相对购买力平价说明汇率之所以变动的原因。一般来说，绝对购买力平价是相对购买力平价的基础，如果绝对购买力平价是正确的，则相对购买力平价也是正确的。另外，如果相对购买力平价是正确的，绝对购买力平价却不一定是正确的，因为资本流动或政府干预等因素会使汇率水平不等于价格之比。

### 五　对购买力平价学说的评价

首先，购买力平价学说透过影响汇率的种种因素，触及了汇率决定的基础这一本质问题。其次，购买力平价学说对中长期汇率变动的主要原因的解释，在一定程度上符合客观实际，并且具有实用价值和可操作性。再次，购买力平价学说为金本位制度崩溃后的各国汇率政策的制定提供了重要的依据。最后，购买力平价学说在论证上具有较严密的逻辑性，所采用的分析方法至今仍具有某些借鉴意义。

购买力平价学说也存在很多缺陷：第一，购买力平价学说以货币数量论为基础，用货币数量说明物价，用物价来说明汇率，这实际上是一种只看现象不看本质的学说。纸币本身没有价值，投入流通后才代表了一定的价值，具有了购买力。因此纸币的购买力引起汇率变动只是现象，纸币所代表的价值量之间的对比关系决定汇率的基本水平才是本质。第二，购买力平价学说以一价定律的成立为前提条件，但现实状况与一价定律并不相符。第三，购买力平价学说忽视了影响汇率变动的其他因素，因而不能解释短期实际汇率的变动趋势。第四，用物价指数来表示两国货币的购买力，存在不容易克服的技术性困难。比如以全球麦当劳店里的巨无霸汉堡为例，该产品最接近无差异产品，但也不能反映汇率的水平，再加上各国麦当劳店铺的成本差异较大，价格就更难反映出汇率水平了。第五，购买力平价学说忽略了汇率变动对物价的影响。第六，关于货币中性的假设具有很大的局限性。

### 课堂教学建议：

本节内容可以设定为线上线下混合式教学。建议先回答学生在预习中的疑问，再根据课堂时间安排提问环节，其中绝对购买力平价和相对购买力平价的区别是本节教学的重难点。

### 课后练习：

**一　单项选择**

1. 购买力平价学说的理论基础是（　　）。
   A. 货币数量论
   B. 价值理论
   C. 外汇供求理论
   D. 一价定律

2. 以下关于购买力平价学说的历史背景说法正确的是（　　）。
   A. 购买力平价学说是由李嘉图创立的
   B. 桑顿最先区分了购买力平价的两种形式
   C. 购买力平价学说产生于 16 世纪
   D. 16 世纪，就出现了购买力平价学说的思想萌芽

3. 以下关于绝对购买力平价的说法错误的是（　　）。
   A. 绝对购买力平价假定两国各种可贸易品所占的权重是相等的
   B. 绝对购买力平价以一价定律为前提条件
   C. 根据绝对购买力平价，汇率取决于不同货币对可贸易品的购买力之比
   D. 绝对购买力平价认为各国之间存在交易成本

4. 购买力平价指由两国货币的购买力所决定的（　　）。
   A. 汇率
   B. 价格

C. 外汇

D. 利率

5. 以下关于相对购买力平价的说法错误的是（　　）。

   A. 相对购买力平价比绝对购买力平价更有应用价值

   B. 相对购买力平价认为，汇率由两国的通胀率差异决定

   C. 相对购买力平价认为，汇率取决于不同货币对可贸易品的购买力之比

   D. 相对购买力平价认为各国之间存在交易成本

6. 以下对购买力平价理论的评价说法错误的是（　　）。

   A. 购买力平价理论以一价定律为前提条件导致其结论存在缺陷

   B. 购买力平价理论是一个较为完整的汇率决定理论

   C. 购买力平价理论可以解释中长期汇率变动

   D. 购买力平价理论忽视了除物价外的其他因素对汇率的影响

7. 购买力平价理论的缺陷不包括（　　）。

   A. 购买力平价理论可以解释中长期汇率变动

   B. 购买力平价理论在现实中难以得到检验

   C. 购买力平价理论忽视了汇率变动对物价的影响

   D. 购买力平价理论的假设条件有较大局限性

8. 以下哪项是购买力平价理论的优点（　　）。

   A. 购买力平价理论忽视了除物价外的其他因素对汇率的影响

   B. 购买力平价理论忽视了汇率变动对物价的影响

   C. 购买力平价理论在论证上具有较严密的逻辑性

   D. 购买力平价理论的假设条件有较大局限性

## 二　判断题

1. 购买力平价学说的理论基础是货币数量论。（　　）

2. 购买力平价学说分为相对购买力平价和绝对购买力平价两部分。（　　）

3. 购买力平价学说在论证上具有较严密的逻辑性，所采用的分析方法至今仍具有某些借鉴意义。（　　）

## 第四节 利率平价说

**预习提示：**

观看相关教学视频，理解利率平价理论的背景、假设条件和主要内容。重点学习套补的利率平价的推导过程，并能够运用相关的公式独立完成例题。总结预习中遇到的问题，等待教师解答。

### 一 利率平价说的历史背景

利率平价说是一战后除购买力平价学说外，又一个比较有影响力的汇率理论。随着贸易的扩张和金融市场的发展，国际资本流动规模日益扩大，利率成为影响短期汇率的一个重要因素。

利率平价理论最早产生于外汇市场上的实践。1923年，凯恩斯首次提出了利率平价理论，之后又由英国经济学家爱因齐格进一步完善。

### 二 利率平价说的基本假设

第一，国际金融市场比较发达和完善，国际资本流动不存在障碍，国际套利活动可以自由地进行。第二，国际资本市场上无外汇投机行为，即所有的国际投资者和借款者都会通过套期保值交易来抵补可能的汇率风险。第三，套利活动没有交易成本，即不考虑信息费、手续费和经纪人佣金等费用。第四，国际金融资产具有充分的可替代性，即不考虑各种金融资产的收益率、期限和流动性等方面的差异。第五，假定套利资金的供给弹性无穷大，即不考虑套利成本、信用风险、流动性偏好、货币政策等因素对套利资金供给的影响。

### 三 利率平价说的主要内容

（一）基本思想

利率平价理论从长期来看，指两种货币的利率差与这两种货币之间汇率的远期升（贴）水趋于相等。但是，在任意给定的一个时点上，两种货币的利率差往往不等于它们之间的远期升（贴）水水平，此时，投机者就可以利用这种"不一致"进行有利的资金转移，从中套取利润。

我们把国际金融市场上两种货币的利率差异和远期升（贴）水不相等称为"利率平价"失衡，"利率平价"失衡是投机者从事套汇活动的基本条件，所以为了避免套利，理论上利率应保持平价。

利率平价理论可以用如下公式表示：

国内利率 − 国外利率 =（远期汇率 − 即期汇率）÷ 即期汇率

假设将 1 元人民币存在中国银行 1 年可以获得 $1+RD$ 的本息和，若是将其存放在美国的银行 1 年的话，首先要将 1 元钱转化为美元，假设即期汇率是 ED，美国的银行的 1 年期利率是 RF。那么相当于将 1/ED 美元存放在美国的银行，1 年后可以获得 $(1+RF)/ED$ 的本息和。最终为了将存放在美国的银行的本息和提出，还需要将其转化回本币，假设 1 年期的远期汇率是 EF，那么 1 年后存放在美国的银行的本息和是 $EF(1+RF)/ED$ 元人民币。

假设市场上所有的资金没有流动障碍，那么人们会比较 $1+RD$ 和 $EF(1+RF)/ED$，若是两者不相等就存在套利空间，人们会不断套利。随着套利行为的增加，套利空间不断缩小，直到最终两者相等。因此，利率平价理论的基本公式就是：

$$1+RD = EF(1+RF)/ED$$

其中汇率使用直接标价法，该式等价于下式：

（远期汇率/即期汇率）=（1 + 国内利率）/（1 + 国外利率）

远期升（贴）水 =（远期汇率 − 即期汇率）/即期汇率

=（国内利率 − 国外利率）/（1 + 国外利率）

该式的线性近似形式是：

远期升（贴）水 =（远期汇率 − 即期汇率）/即期汇率 ≈ 国内利率 − 国外利率

（二）套补与非套补的利率平价

套补的利率平价是反映即期汇率、远期汇率和利率的关系，以投资者的投资策略进行远期交易规避风险为假设。现实中，还有些投资者是根据自己对未来汇率的预期而计算预期收益，不进行远期交易，在承担一定汇率风险的情况下进行投资活动。在套补的利率平价中，外汇的远期升（贴）水率等于两国利率之差。在非套补的利率平价中，预期的汇率变动率等于两国货币利率之差。在非套补的利率平价成立时，如果本国利率高于外国利率，则意味着市场预期本币在未来将贬值。

可见，套补与非套补的利率平价的成立分别是由两种类型的交易活动实现。但在外汇市场上，投机者的目的不在于获得随时间变动的资产增值，而在于利用资产在特定时刻的差价获利。

当投机者预期的未来汇率与相应的远期汇率不一致时，投机者就会进行交易。当预期汇率小于交割的远期汇率时，投机者可以在外汇市场上以远期汇率卖出远期外汇合约，到期时，投机者以预期的汇率将本币兑换成外汇交割，则投机者获利。因为投机者不断在远期市场卖出外币合约，使远期汇率不断下降，直到预期汇率与远期汇率相等。此时，套补的利率平价与非套补的利率平价同时成立。

### 四　基于利率平价的套利交易

例题1：假设您是新西兰居民，可以对 NZD 以 5.127% 的收益率进行投资，或者对 CHF 以 5.5% 的收益率进行投资，汇率为 0.79005NZD/CHF，请计算直接标价法下的 1 年期远期汇率。[①]

解答：

$$CHF1 = NZD0.79005$$

远期汇率 = 即期汇率 × （1 + 国内利率）/ （1 + 国外利率）
　　　　 = 0.79005 × （1 + 5.127%）/ （1 + 5.5%）
　　　　 = 0.78726

当利率平价条件不满足时，投资者就可以进行套利。根据利率平价理论，有：

远期汇率/即期汇率 = （1 + 国内利率）/ （1 + 国外利率），

即 1 + 国内利率 = 远期汇率 × （1 + 国外利率）/即期汇率，由此而产生的一个重要公式是：

（1 + 国内利率） − ［远期汇率 × （1 + 国外利率）］/即期汇率 = 可套利空间

---

[①] 邬瑜骏：《直通 CFA（二级考试适用）》，中国法制出版社 2014 年版，第 64 页。

### 五 对利率平价理论的评价

利率平价说是西方汇率决定理论的重要组成部分，其产生是汇率理论上的大发展和大创新。它的主要贡献可以概括为以下几个方面：第一，利率平价说在理论上纠正了以往汇率决定理论的某些偏差和不足。以往的汇率决定理论主要是研究即期汇率的决定问题，而利率平价说的重点放在远期汇率水平是如何决定的，研究了远期汇率波动的一般规律，使得远期汇率问题和以后的远期外汇交易与预测受到了日益重视和快速发展。第二，利率平价说在总结外汇市场实践经验的基础上，很好地解释了外汇市场上汇率和利率的相互作用机制。第三，利率平价说将目光从实物部门转向货币部门，从中寻找汇率决定因素并加以分析，这也反映了货币因素在国际金融领域中的作用越来越重要。

该学说对我们理解即期汇率的决定以及远期汇率与即期汇率之间的关系都很有意义。但这一理论也存在一些缺陷，主要表现为：第一，利率平价说没有考虑交易成本，而实际在外汇交易中，成本是一个非常重要的因素，它不仅直接影响利率与汇率的关系，而且还能影响到各种市场参与者的行为动机，从而影响市场参与者做出的交易决策，使理论预测与实际情况出现偏差。第二，利率平价说假定资本流动不存在障碍，资金能顺利、不受限制地在国际流动。但事实上，资金在国际的流动会受到外汇管制和外汇市场不发达等因素的阻碍。第三，利率平价说还假定套利资金的供给弹性无限大，故套利者能不断进行抛补套利，直到利率平价成立。可是现实中从事抛补套利的资金并不能保证无限度地供应。此外，诸如差别税、政治风险、时滞等因素也会影响到利率平价说的有效性。

### 六 购买力平价说与利率平价说的区别

货币的购买力平价的基础是单位货币所能购买到的商品的价值量，从根本上讲，即国内购买力决定货币的价值。因此，货币的价值可以用一般物价水平来表示。货币的价值同货币的购买力呈正向关系，同物价水平呈反向关系。一个美国居民之所以愿意持有日元，是因为他想并且能够用日元购买到日本生产的"相同量"的商品和劳务。同样日本居民愿意持有美元，也是因为他想并且能够用美元购买到美国生产的"相同量"的商品和劳务。假如美国的通货膨胀比日本更严重，那么在现行汇率下美元肯定不吸引人。购买力平价理论认为此时美元必将贬值直到适应两国通货膨胀水平差异为止。该理论的一个表述形式是两国汇率差异反映两国通货膨胀水平差异。

利率平价理论认为两国货币的汇率差异必须等于利率差异，以保证相同风险的投资可以得到相同的收益。否则只要有利率差存在，投资者即可利用套汇或套利等方式赚取价差，两国货币间的汇率将因此种套利行为而产生波动，直到套利的空间消失为止。例如美国的利率高于英国的利率，英国的人民就想把钱转存到美国。而当两国的利率出现差距时便会引起外汇市场的波动，为杜绝套利行为，利率平价理论主张即期汇率与远期汇率之间的差距应等于两国之间的利率差距。这是因为远期汇率是以合约的形式确定的，所以一旦利率平价不成立，套利者将会因其无风险性而蜂拥而至，套利机会将稍纵即逝，利率平价失衡状态可迅速得到调整。因此，利率平价在一般情况下均能实现。实际上，国际性商业银行都是依据利率平价来计算并确定其远期汇率报价的。需要说明一点：在上式忽略了外汇买卖价差和其他交易费用，考虑到这些费用实际上并不能省略，现实中利率、即期汇率和远期汇率的关系略微偏离利率平价公式的情况是常见的。只要偏离的程度小于全部交易费用，就不会产生无风险的套利，仍可视为覆盖利率平价定理得到了维持。

结合所有的汇率平价理论我们可以发现：当所有平价关系都满足时，所有的真实无风险投资收益在各国都应该是相同的。汇率风险恰恰是通货膨胀风险。我们可以发现如下五个结论：第一，真实无风险利率在各国都是相同的。第二，对高名义利率国家进行投资并不会带来超额收益，因为高名义利率会带来货币贬值。第三，投资者在国内用本币投资或在国外用外币投资都会获得相同的收益率。第四，汇率风险就是通货膨胀风险。所以关注真实利率的投资者并不会面临外汇风险。第五，外汇风险可以被无成本对冲，因为不存在外汇风险溢价。

实证研究表明：相对购买力平价理论在长期中成立，但短期往往不成立。这一理论给我们的启发是当即期汇率与相对购买力平价出现区别时，即期汇率有朝相对购买力平价运动的趋势。我们可以根据这一趋势进行外汇买卖。绝对购买力平价在汇率决定中用处不大。这是因为该理论要求比较两国相同的商品或服务。但是现实中，完全相同的商品极少，所以很难应用绝对购买力平价理论。

### 课堂教学建议：

本节内容有一定难度，可以设定为线上线下混合式教学，但以线下为主。建议先总结学生在预习中共性的问题，针对这些问题涉及的知识点进行详细讲授，再回答个别学生的疑问，确保学生对本节内容没有疑问之后，再根据课堂时间安排提问环节。

### 课后练习：

一 单项选择

1. 以下关于利率平价学说的产生背景说法正确的是（　　）。
   A. 利率平价学说产生于 16 世纪的英国
   B. 爱因齐格最先提出利率平价学说
   C. 利率平价学说是由凯恩斯最先提出的
   D. 利率平价学说也被称为古典利率平价说

2. 利率对汇率变动的影响是（　　）。
   A. 利率上升、本国汇率上升
   B. 利率下降，本国汇率下降
   C. 须比较国内外利率及本国的通货膨胀率后而定
   D. 无关系

3. 以下关于利率平价说的内容说法正确的是（　　）。
   A. 利率平价学说假定国际资金是不完全流动的
   B. 低利率国的货币将在未来贬值
   C. 高利率国的货币将在未来升值
   D. 两国货币的利差决定了远期汇率与即期汇率的关系

4. 以下关于利率平价学说说法错误的是（　　）。
   A. 高利率国的货币将在未来升值
   B. 远期汇率的大小取决于两国利率水平的差异
   C. 两国货币的利差决定了远期汇率与即期汇率的关系

D. 利率平价学说假定国际间资金是完全流动的
5. 根据利率平价理论，以下关于利率与汇率的关系说法正确的是（　　）。

　　A. 远期汇率的大小取决于即期汇率的大小

　　B. 远期汇率的大小取决于两国利率水平的差异

　　C. 远期汇率的大小取决于外国利率水平

　　D. 远期汇率的大小取决于本国利率水平

6. 以下对利率平价说的评价说法正确的是（　　）。

　　A. 利率平价说的假定条件比较贴近现实

　　B. 利率平价说考虑了交易成本

　　C. 利率平价说假定资金供给弹性无限大不符合实际

　　D. 利率平价说主要研究即期汇率问题，纠正了以往汇率理论的偏差

二　多项选择

1. 以下关于利率平价说的内容说法不正确的是（　　）。

　　A. 远期汇率的大小取决于两国利率水平的差异

　　B. 高利率国的货币将在未来贬值，低利率国的货币将在未来升值

　　C. 利率平价学说假定国际资金是不完全流动的

　　D. 远期汇率的大小取决于本国利率水平

　　E. 两国货币的利差决定了远期汇率与即期汇率的关系

2. 以下对利率平价说的评价说法错误的是（　　）。

　　A. 利率平价说的假定条件比较贴近现实

　　B. 利率平价说主要研究即期汇率问题，纠正了以往汇率理论的偏差

　　C. 利率平价说是一个比较完整的汇率决定理论

　　D. 利率平价说没有考虑交易成本

　　E. 利率平价说很好地解释了利率与汇率的关系

三　判断题

1. 国际金融市场不存在资金流动障碍是利率平价说成立的前提之一。（　　）

2. 利率平价如果能实现，必须假定套利资金的供给弹性无穷大。

（　　）

3. 根据利率平价学说，甲国利率若高于乙国利率10%，则乙国货币升值10%。（　　）

4. 根据利率平价学说，利率相对较高的国家未来货币升水的可能性大。（　　）

5. 利率平价学说没有考虑交易成本，是该理论的一大缺陷。（　　）

6. 购买力平价理论认为两国汇率差异反映两国通货膨胀水平差异，而利率平价学说认为两国货币的汇率差异必须等于利率差异。（　　）

### 四　填空题

1. 利率平价说的创始人一般被认为是（　　）。

2. 在凯恩斯之后，英国经济学家（　　）进一步完善了古典的利率平价说。

## 第五节　资产市场学说

**预习提示：**

观看相关课程视频，了解资产市场说的特点、假设条件和基本内容。重点学习黏性价格货币分析法和弹性价格货币分析法，以及冲销式干预和非冲销式干预的效力分析，总结预习中遇到的问题，等待教师解答。

### 一　资产市场说概述

20世纪70年代之后，国际资金开始逐步摆脱贸易单独流动，汇率不再单纯作为贸易的风险变量之一，而是被当作可投资的资产的价格。因此在汇率理论的研究领域出现了资产市场说，或者称为资产市场分析法。

与传统理论相比，资产市场分析法有两点不同：第一，决定汇率的是存量因素而非流量因素。即一种资产的价格变动是由于整个市场改变了对该资产价值的评价，因此在供求关系很少甚至没有发生根本变动的情况下，资产价格也会变动。资产市场说又被称为汇率决定的存量模型。第二，在汇率的决定中，预期发挥了很大的作用。

资产市场说的假设：第一，外汇市场是有效的，即市场的当前价格反映了所有可能得到的信息。第二，一国的资产市场包括本国货币市场、本币资产市场（本国债券为主）、外币资产市场（外币债券和存款为主）。第三，资金完全流动，套补的利率平价始终成立。

根据本币资产与外币资产可替代性，资产市场说可分为货币分析法和资产组合法。如果假定两种资产可替代，就是货币分析法，不可替代就是资产组合法。货币分析法中根据价格的假定不同，又进一步分为弹性价格货币分析法和黏性价格货币分析法。

## 二 弹性价格货币分析法

（一）基本假设

第一，垂直的总供给曲线。第二，货币需求是国民收入和利率的稳定函数。第三，购买力平价的成立。

（二）基本内容

由于两国的价格水平取决于货币供应和货币需求，而国际商品套购机制又通过商品市场的价格水平将汇率与两国货币市场的供给和需求存量联系起来，这样就可以推出均衡汇率。弹性价格货币模型可以用公式表达如下：

$$e = (M/M^*)(k^*/k)(Y^*/Y)^a (I/I^*)^b$$

其中，$e$ 为均衡汇率，$M$ 为本国货币供给，$M^*$ 为外国货币供给，$k$ 为本国国民收入中以货币形式所持有的比例，$k^*$ 为外国国民收入中以货币形式所持有的比例，$Y$ 为本国国民收入，$Y^*$ 为外国国民收入，$I$ 为本国利率，$I^*$ 为外国利率，$a$ 为货币需求的收入弹性，$b$ 为货币需求的利率弹性。

该公式表明：第一，外汇汇率与本国货币供给的变化成正比，与外国货币供给的变化成反比。当一国货币供给相对于他国增加时，外汇汇率就会上升，本币贬值。第二，外汇汇率与本国相对于外国的收入成反比。当本国国民收入相对增加时，外汇汇率就下降，本币升值。第三，外汇汇率与本国的利率成正比。当本国的利率相对上升时，外汇汇率则会上升，本币贬值。

（三）对弹性价格货币分析法的评价

第一，弹性价格货币模型将购买力平价这一形成于商品市场上的汇率决定理论引入资产市场上，将汇率视为一种资产价格，从而抓住了汇率这一变量的特殊性质，在一定程度上符合资金在本币存款、债券、外币或外币债券之间可以频繁转换的客观事实，对现实生活中汇率的频繁变动提供了一种解释。第二，弹性价格货币模型引入了诸如货币供给量、国民收入等经济变量，分析了这些变量对汇率造成的影响，避免了直接使用购买力平价而产生的物价指数选择等技术问题，从而在现实分析中具有特定的实用性。第三，弹性价格货币模型是一般均衡分析。第四，由于理论假定不同，弹性价格货币模型是资产市场说中最为简单的一种形式，但它反映出这一分析方法的基本特点。

弹性价格货币模型的不足之处体现在：第一，它以购买力平价为理论前提，如果购买力平价在实际中很难成立的话，那么这种理论的可信性就存在问题。第二，它假定货币需求是稳定的，这一点至少在实证研究中存在争议。第三，它假定价格水平具有充分弹性（灵活性），这一点尤其受到众多研究者的批评。

### 三　黏性价格货币分析法

（一）基本内容

汇率的黏性价格货币分析法简称为"超调模型"，由美国经济学家多恩布什于20世纪70年代提出。与货币模型相比，这一模型的最大特点在于：它认为商品市场价格与资产市场价格的调整速度是不同的，商品市场上的价格水平具有黏性，而资产市场的价格则没有黏性，这就使得购买力平价在短期内不能成立，经济存在由短期不平衡向长期平衡的过渡过程。

在超调模型中，其货币需求和货币供给的基本公式与货币模型中的公式相同。但是，货币供给的一次性增加，会使本币立即发生同比例的贬值和利率同比例的下降，价格的上升则相对缓慢。随着时间的推移，汇率的超调会使净出口和产出增加，由此造成汇率和利率上升，经济在新的基础上动态重新达到平衡。这样，货币供给的一次性增加，最终表现在：产出增加；价格上升；本币汇率先升后降；利率先降后升。需要指出的是：货币供给一次性增加引起利率同比例下降后又回升的幅度，要小于下降的幅度，其原因在于一部分新增的货币量被产出的增加所吸纳；同理，价格的最终上升幅度也要小于货币供给量的增加幅度，价格、利率移动的箭头在新的经济平衡达到时都会与虚线有一段小小的距离。

(二) 对超调模型的评价

首先，超调模型在货币模型的框架内展开分析，但它采用了商品价格黏性这一被认为更切合实际的分析方法，因而实用意义更大。其次，超调模型首次涉及了汇率的动态调整问题，从而创立了汇率理论的一个重要分支——汇率动态学。再次，超调模型的意义不仅在于汇率决定，还在于对内部均衡和外部平衡分析方法的扩展。它在蒙代尔—弗莱明模型的基础上加入了价格调整和理性预期，极大地加强了蒙代尔—弗莱明模型的解释力。最后，超调模型具有鲜明的政策含义。既然超调是在资金自由流动条件下汇率自由调整的必然现象，而在这一过程中汇率的过度波动会给金融市场与实际经济带来很大的冲击，那么完全放任资金自由流动、完全自由浮动的汇率制度就不是最合理的解释，政府有必要对资金流动、汇率乃至于整个经济进行干预与管理。

超调模型是建立在货币模型分析基础之上的，因此它也具有与货币模型相同的一些缺陷。从实际研究角度看，对超调模型很难进行计量检验，难以确定这一模型的说服力。

### 四 资产组合法

货币模型假定，国内外资产具有完全的可替代性，但在现实中很难成立，而且它仅仅强调了货币市场均衡在汇率决定中的作用，显得有些片面。资产组合平衡模型的主要思想是，在国内外非货币资产之间不完全替代的情况下，投资者根据对收益率和风险性的考察，将财富分配于各种可供选择的资产，从而确定自己的资产组合。当资产组合达到了稳定状态，均衡汇率也就产生了。资产组合平衡模型将一国私人部门持有的财富划分为三种形式：本国货币存量、本币债券和外币债券。其中，本币债券和外币债券是可由本国政府控制的外生变量。因为本币资产不完全可替代，并且人们在国际投资活动中厌恶风险，特别是汇率风险，从而要求风险报酬。在此种情况下，投资者根据收益和风险两因素调整资产组合。

资产组合平衡模型的基本观点,具体如下:第一,汇率表面上是两国货币的兑换比率,实际上是以两国货币计值的金融资产的相对价格。第二,影响资产收益率的主要因素是利率。当本国利率上升时,对本币债券的需求就会增加,人们会减少对外币债券的持有而购买本币债券,由此引起对外币需求的减少和对本币需求的增加,从而使本币汇率上升,外币汇率下跌。反之亦然。第三,资产供给的变化对汇率产生的影响分为两种效应:一种是资产存量结构变化带来的替代效应,另一种是资产供给总量变化带来的财富效应。

资产组合平衡模型的贡献主要在于它使得自己避开了人们对利率平价说的攻击,并将传统理论所强调的经常账户收支纳入其理论中,而且它的假定条件比起传统的汇率理论更符合现实。但这一模型也存在着一些不足,诸如商品市场的失衡如何影响汇率就没有被纳入分析中;用财富总额代替收入作为影响资产组合的因素,而又没有说明实际收入对财富总额的影响。

### 五 资产市场说的应用

一般来说,政府干预外汇市场主要有四个目的:第一,防止汇率在短期内过分波动;第二,避免汇率水平在中长期内失调;第三,进行政策搭配的需要;第四,其他目的,比如政府为维持低汇率刺激本国出口,进而人为地对本币低估等。

政府干预市场的手段可分为多种类型。首先,按干预的手段分为直接干预与间接干预。直接干预是指政府自己直接入市买卖外汇,改变原有的外汇供求关系从而引起汇率变化的干预。间接干预是指政府不直接进入外汇市场而进行的干预。其做法有两种:第一,通过改变利率等国内金融变量的方法,使不同货币资产的收益率发生变化,从而达到改变外汇市场供求关系乃至汇率水平的目的;第二,通过公开宣告的方法影响外汇市场参与者的预期,进而影响汇率。以下的所有分类全部是直接干预中的具体分类。

其次,按是否引起货币供应量的变化分为冲销式干预与非冲销式干预。冲销式干预是指政府在外汇市场上进行交易的同时,通过其他货币政策工具来抵消前者对货币供应量的影响，从而使货币供应量维持不变的外汇市场干预行为。为抵消外汇市场交易对货币供应量的影响而采用的政策措施被称为冲销措施。非冲销式干预则是指不存在相应冲销措施的外汇市场干预，这种干预会引起一国货币供应量的变动。

再次，按干预策略分为三种类型，即熨平每日波动型干预、砥柱中流型或逆向型干预、非官方钉住型干预。熨平每日波动型干预是指政府在汇率日常变动时在高价位卖出、低价位买进，以使汇率变动的波幅缩小的干预形式。砥柱中流型或逆向型干预是指政府在面临突发因素造成的汇率单方向大幅度波动时，采取反向交易的形式以维护外汇市场稳定的干预形式。非官方钉住型干预是指政府单方向非公开地确定所要实现的汇率水平及变动范围，在市场汇率变动与之不符时就入市干预的干预形式。政府在外汇市场上常常交替使用以上三种干预策略。

最后，按参与的国家可分为单边干预与联合干预。单边干预是指一国对本国货币与某外国货币之间的汇率变动，在没有相关的其他国家的配合下独自进行的干预。联合干预则是指两国乃至多国联合协调行动对汇率进行的干预。

不管政府采用那种类型的市场干预方法，干预的效力是最值得关注的方面。一般认为，政府在外汇市场上的干预通过两个途径发挥效力。一是通过外汇市场上相关的交易来改变各种资产的数量及结构，从而对汇率产生影响，这可称为资产调整效应。二是通过干预行为本身向市场上发出信号，表明政府的态度及将采取的措施，以影响市场参与者的心理预期，从而达到实现汇率相应调整的目的，这可称为信号效应。下面重点运用货币模型和资产组合模型讨论外汇市场干预的资产调整效应，主要对两种基本干预方式——冲销性与非冲销性干预进行分析。

（一）运用货币模型进行的分析

货币模型假定物价是具有弹性的，因此根据货币模型的基本方程，决定汇率的主要因素是两国的货币供求之比。假设市场上本币发生了大幅贬值，如果政府采用非冲销式干预，可以通过在外汇市场上抛售外汇和收购本币来实现，由此导致本币供给量的下降，进而带来本币的升值。如果政府采用冲销式干预，央行在抛售外汇收购本币的同时，还在国债市场上收购国债，导致货币供应量不变，因此汇率也不会改变。可见，在货币模型中非冲销式干预有效，冲销式干预无效。

（二）运用资产组合模型进行分析

依然假设本币发生了大幅贬值，政府要采用冲销式干预。根据资产组合模型，如图4-1所示，政府在外汇市场上抛售外汇收购本币，在国债市场上收购国债抛售本币，因此，代表外币资产的FF曲线下移到$FF^*$，代表本国债券市场的BB曲线左移到$BB^*$。

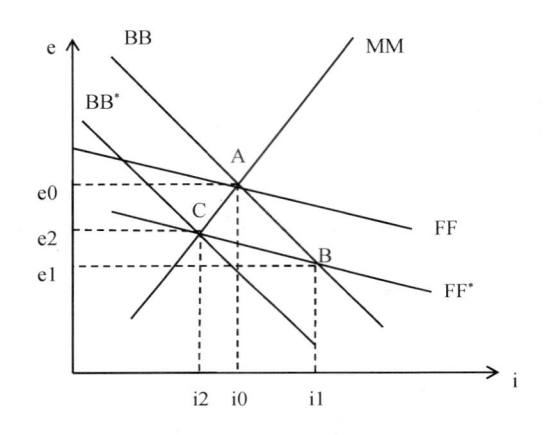

图4-1 冲销式干预效力分析

由于冲销式干预保持货币供给不变，因此代表本国货币供给的MM曲线不变。三线相交于均衡点C点。比较C点与原来的均衡点A点，可以发现，利率下降，汇率也下降了，说明冲销式干预有一定效果。

如果政府使用非冲销式干预，如图4-2所示，政府在外汇市场上抛售外汇收购本币会使FF曲线下移到$FF^*$，而货币供给量也随之改变，由于货币供给变小，MM曲线右移到$MM^*$，进而形成新的均衡点B。比较B点和A点，可以发现利率上升了，汇率下降了，说明非冲销式干预有效果。但也说明利率上升，本国经济有紧缩的压力。

比较图4-1和图4-2可以发现，非冲销式干预的效果要优于冲销式干预，汇率的波动幅度在非冲销式干预下更大。综合下来如表4-1所示。

无论使用货币模型还是资产组合模型，非冲销式干预是绝对有效的，但会引起本国货币供给量的变动，从而在追求外部平衡时会影响到国内

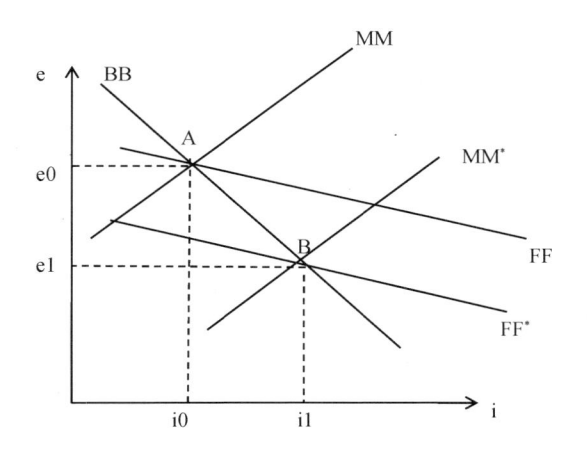

**图 4-2 非冲销式干预效力分析**

经济的运行；冲销式干预对汇率的调控可能无效也可能有一定效果，但它在总量上不会影响国内经济的运行。

**表 4-1    政府对外汇市场干预的效力**

|  | 货币模型 | 资产组合模型 |
|---|---|---|
| 非冲销式干预 | 有效 | 有效 |
| 冲销式干预 | 无效 | 有一定效果 |

## 六　总结

"国际金融"课程的学习已经过半，经过这段时间的学习，你是否喜欢"国际金融"课程？你是否还能继续保持对该课程的学习热情？请阅读以下资料，总结学习"国际金融"课程中的经验教训。

### 资料一：

#### 年轻人贵在坚持

豆豆和小雨是一对年轻夫妇。小雨原来是一家国办幼儿园的教师，因为不喜欢那里的工作环境就辞职做产品直销。她和豆豆结婚后，豆豆希望她有份相对稳定的工作。某服装公司的赵经理是豆豆的好朋友，她安排小雨成为该服装公司的一名店员。赵经理对小雨的基本条件比较满意，把她分配到业绩最好的一家门店工作，一个月可以挣到七八千元的收入。

小雨刚来时,大家考虑到她是经理介绍来的新人,对她比较客气。一周后随着店员之间竞争关系的显现,小雨和大家相处得不像过去那么融洽了。老店员经常欺负她,还与她抢业务。有一次小雨下班换衣服时发现自己的鞋被人扔在了垃圾桶里,她哭着回家向豆豆诉苦。第二天豆豆邀请赵经理和几个朋友吃晚饭。饭桌上,赵经理听了小雨的抱怨后劝她坚强一些,还说自己当年也是天天哭着过来的。赵经理说她还年轻,多吃点苦没什么。一个月后,小雨无法忍受其他店员的排挤打算辞职。赵经理为了挽留她,将她调到另一个门店。小雨到了这个门店后,因为这个门店的业绩整体较低,她的收入比过去稍有下降,店员之间的竞争也没有那么激烈了。尽管如此,小雨在这家门店工作了几个月后还是决定辞职。离开这家服装公司后,小雨又认识了高总。高总也在一家国际品牌服装公司工作,她愿意接收小雨到他们公司工作。小雨找到新工作后本来很开心,可是上班的第一天就让她再也没有开心起来。这家公司对店员要求很高,每天工作要站近10个小时,中间的休息时间也很少,工作强度比较大。她第一天下班回家后就对豆豆说自己干不了这份工作,豆豆还是希望她能坚持一下。一个月后,小雨正式辞职了。她对自己这几个月的工作经历感到很迷茫,在辞职后的第二天,她来到大伯家做客。

大伯听了她辞职的消息,笑着摇摇头说:"你觉得幼儿园工作环境不好辞职了。在服装公司一个月可以挣到七八千元,相当于一个县级领导的工资,还有赵经理的关照,你觉得太受欺负又辞职了。到了高总那里又觉得太累,又辞职了。世上哪有十全十美的事情啊?"小雨低着头不吭声。

大伯看小雨不说话就换了个话题,大伯说:"有些人遇到事情时,只会戴着眼镜发怒,还有些人遇到事情时,叼着烟踱步,静静地思考思考,就有了解决办法。人只要管理好自己的一寸心,就可以管理好整个世界。"

小雨说:"可我实在坚持不了了,在公司真的太受气了。"

大伯说:"荀子在《劝学》中说:'蚓无爪牙之利,筋骨之强,上食埃土,下饮黄泉,用心一也。'一个蚯蚓虽然很弱小,但用心专一,做事能坚持下去。年轻人做什么都贵在坚持。"

之后大伯给小雨讲了自己年轻时分配工作的经历。大伯刚参加工作时遇到单位进行机构和人员调整。当时大伯和主管分配的领导关系比较好，本来可以分配到一个很好的单位，可是主管的领导的孩子突然查出了白血病，之后就带着孩子去了北京，分配工作也交由他人负责。此后大伯再也没有找人活动，被分在了一个不太好的单位，当时大伯没有在意这些，还在这个单位工作了十年。

接着，大伯又讲了他的一个远房外甥女小丽的事情。小丽从食品学校毕业后一时找不到合适的工作，就在大伯家里帮着照顾孩子。一年后，小丽在大伯的介绍下进入移动公司工作。移动公司的员工分两类，一类是正式员工，另一类是劳务派遣公司的非正式员工。非正式员工的工作比正式员工辛苦得多，待遇比正式员工也差得多，非正式员工可以随时被公司解约，没有任何医疗、工伤方面的保障。尽管小丽是非正式员工，却很听大伯的话，大伯让她坚持在那里工作，她就始终没有跳槽。有一次大伯在家里对小丽说："你们这些劳务派遣公司的员工，无论是薪酬、地位都不如正式员工，老了以后也没有任何保障。你们是被公司压榨的人群，现在这个制度不合理，我想国家早晚会关注到你们这群人的。"小丽一言未发。这次谈话后大约一年多，也就是小丽在移动公司工作的第七年，国家的政策发生了变化。按照新政策，小丽和正式员工在薪酬、社保等方面全都享受一样的待遇，相当于转为正式员工。大伯说小丽的坚持是成功的关键，只要小丽将来能一直守着这份工作直到退休，一生也可以过上平稳的生活。大伯最后劝说小雨，年轻人若是一直这样跳槽，最后什么也没有。小雨听了大伯的话点点头，心中却在想：不知道自己到底干什么工作最适合。

1. 你是否可以坚持学好每堂"国际金融"课？为什么？（投票题+弹幕题）

2. 如果你是小雨，你会怎样选择？（弹幕题）

3. 你从案例中大伯分配工作的经历能想到哪些做人的道理？（弹幕题）

**课堂教学建议：**

本节内容有一定难度，可以设定为线下课程，建议先进行重难点讲授，再回答学生的疑问，之后根据时间再安排提问来考查学生的学习效果。本节最后的资料属于思政教学的内容，教师可根据时间安排，与学生针对学习方法、自学能力的提升等进行讨论，在回答和讨论资料后的问题时，重点引导学生树立做事情坚持不懈的观念，并向学生灌输终生学习的观念。通过这部分的教学安排，一方面，教师要鼓励学生坚持自学、预习，帮助学生提高自学能力；另一方面，教师在与学生的交流中，总结前期教学中的成败，以便更好地、灵活地安排线上线下混合式教学。

## 课后练习：

### 一 单项选择

1. 将汇率看作一种资产价格是哪种汇率决定理论的思想？（    ）
   A. 购买力平价说
   B. 利率评价说
   C. 资产市场说
   D. 汇兑心理说

2. 以下哪些不是弹性价格货币分析法的基本假定？（    ）
   A. 垂直的总供给曲线
   B. 稳定的货币需求
   C. 购买力平价成立
   D. 利率平价成立

3. 以下关于弹性价格货币分析法说法正确的是（    ）。
   A. 弹性价格货币分析法中的价格弹性假定与现实不符
   B. 弹性价格货币分析法又称"超调模型"
   C. 在弹性价格货币分析法中，货币供给的一次性增加会带来利率的下降
   D. 在弹性价格货币分析法中，价格将不发生改变

4. 以下关于黏性价格货币分析法说法正确的是（    ）。
   A. 黏性价格货币分析法中的价格黏性假定与现实不符
   B. 黏性价格货币分析法又称"超调模型"
   C. 黏性价格货币分析法中，总供给曲线在短期内是垂直的
   D. 超调模型研究的是汇率的静态调整问题

5. 以下关于超调模型说法错误的是（    ）。

A. 超调模型首次涉及了汇率的动态调整问题，开创了汇率动态学

B. 超调模型具有鲜明的政策含义

C. 超调模型比较容易进行计量检验

D. 超调模型中的价格黏性假定与现实较为接近

6. 以下关于政府干预外汇市场的类型说法正确的是（　　）。

A. 冲销式干预属于直接干预

B. 冲销式干预属于间接干预

C. 冲销式干预不属于直接干预

D. 冲销式干预与直接干预无关

7. 以下关于政府干预外汇市场的效力说法正确的是（　　）。

A. 政府在外汇市场上的干预通过一个途径发挥效力

B. 政府在市场上通过各种交易来改变各种资产的数量及结构来影响汇率称为资产调整效应

C. 政府在外汇市场上的各种交易，改变资产数量的是资产调整效应，改变结构的是信号效应

D. 在市场参与者遵循理性预期规律时，信号效应是失效的

8. 以下关于冲销式干预说法正确的是（　　）。

A. 冲销式干预属于信号效应的干预方式

B. 在任何情况下，冲销式干预都是无效的干预

C. 在货币模型中，冲销式干预的效果大于非冲销式干预

D. 在资产组合模型中，冲销式干预有一定的干预效力

9. 以下关于非冲销式干预说法正确的是（　　）。

A. 非冲销式干预在任何情况下都是有效的干预

B. 非冲销式干预的效力在货币模型中小于冲销式干预

C. 非冲销式干预不改变货币供给量

D. 非冲销式干预在货币模型中是无效干预

二　多项选择

1. 资产市场说将一国的资产市场划分为（　　）。

A. 本国货币市场

B. 本币资产市场

C. 外币资产市场

D. 本国资本市场

E. 外国货币市场

2. 政府干预外汇市场的目的包括（　　）。

A. 防止汇率在短期内过分波动

B. 避免汇率水平在中长期内失调

C. 进行政策搭配的需要

D. 降低社会总需求的需要

E. 增加外汇储备的需要

### 三　判断题

1. 20 世纪 70 年代之后，资产市场分析法成为汇率理论的主流。（　　）

2. 政府干预外汇市场主要是因为外汇市场会出现市场失灵。（　　）

### 四　填空题

1. 资产市场说有两种分析方法，如果本币资产和外币资产可完全替代，就是（　　）。

2. 资产市场说有两种分析方法，如果本币资产和外币资产不可替代，就是（　　）分析法。

3. 货币分析法中，根据对价格弹性的假定不同，可分为弹性价格货币分析法和（　　）价格货币分析法。

4. 政府对外汇市场的干预，按干预的策略分，可分为（　　）、砥柱中流型、非官方钉住型。

第 五 章

# 汇率制度与外汇管制

## 第一节 汇率制度及其选择

**预习提示：**

观看相关课程视频，了解汇率制度的分类标准。能够简要概括出固定汇率制度和浮动汇率制度的优缺点。能够结合基本的汇率制度选择理论，说明中国的汇率制度。

### 一 汇率制度的含义

所谓汇率制度是指一国货币当局对本国汇率水平的确定、汇率变动方式等问题所作的一系列安排或规定。对于一个国家来说，汇率制度作为汇率管理的一种基本原则和基本框架，通常包括汇率确定的原则和依据、汇率形成机制、汇率维持和调整方式、汇率波动范围几方面的内容。

每个国家根据自身的经济发展策略和货币制度安排来使用恰当的汇率制度。一国对汇率制度的良好安排可以改善该国的外部经济，同时通过汇率与国际收支这两个渠道影响国内的货币需求与社会总需求，进而改善总体的宏观经济状况。当然，一国的汇率制度选择与调整还要受到国际货币体系的制约。

### 二 汇率制度的分类

汇率制度的分类有多种依据，最为大众所熟悉的是传统分类法，即按照汇率变动的情况分为固定汇率制和浮动汇率制。目前使用最多的是IMF公布的10种汇率制度分类。

(一) 传统分类

1. 固定汇率制

固定汇率制是指政府用行政或法律手段确定、公布及维持本国货币与某种参考物之间的固定比价的汇率制度。充当参考物的东西可以是黄金，也可以是某一种外国货币或一组货币。在纸币流通的条件下，不同货币之间的固定比价往往是人为规定的，在经济形势发生较大变化时可以调整，因此所谓的固定汇率制实际上可称为可调整的钉住汇率制。

固定汇率制起源于金本位制时代。在金本位制时期，各国货币都具有含金量，以含金量为基础计算各国货币的比价，就形成了固定的中心汇率，根据全球黄金运输和使用情况，自然形成的价格波动区间，就是中心汇率的浮动区间，由此固定汇率制开始在国际经贸中出现。在整个金本位制时期，中心汇率有多种表现形式，在金币本位制时期以铸币平价为基础，在金块和金汇兑本位制时期以法定平价为基础。汇率波动的区间在金本位制下是黄金输送点，在金块和金汇兑本位制下由人为确定。

进入纸币时代后，在布雷顿森林体系崩溃前，各国依然实行固定汇率制度，所选择的参考物是美元，美元的币值依靠黄金来稳定。这种固定汇率制是通过国际协议，即布雷顿森林协定而人为建立起来的。各国当局通过规定虚设的金平价来制定中心汇率，并借助国内经济政策将汇率波动维持在规定的狭小范围内。

2. 浮动汇率制

浮动汇率制是指汇率水平完全由外汇市场的供求决定、政府不加任何干预的汇率制度。浮动汇率制是在布雷顿森林体系崩溃之后出现的汇率制度，因此是纸币时代的产物。浮动汇率制当中，本国货币不再规定对外国货币的中心汇率和波动幅度，货币当局也不再承担维持汇率波动界限的义务，汇率随市场外汇供求变化而波动。现实中，实行浮动汇率制的各国政府或多或少地对汇率水平进行干预或指导。

浮动汇率制度按不同的标准，还可以进一步划分为不同的类型。按政府是否对汇率采取一定的干预措施分为自由浮动和管理浮动。自由浮动也称为"清洁浮动"，是指货币当局对外汇市场不加任何干预，汇率波动完全由市场供求决定。管理浮动也称为"肮脏浮动"，是指货币当局对外汇市场进行干预，使汇率朝着有利于本国经济发展的方向浮动。按汇率浮动的形式区分，分为单独浮动和联合浮动。单独浮动是指一国货币不与任何其他国家的货币发生固定联系，其汇率根据外汇市场的供求情况独立浮动。目前，美元、加拿大元、澳大利亚元、日元和少数发展中国家的货币采取这种单独浮动。

联合浮动是指一些国家为了某种共同的需要，组成某种形式的经济联合体，联合体成员国之间保持固定汇率，并规定波动的上下界限，但对于联合体之外的货币，则采取共同浮动的形式。欧洲很多国家曾使用过这种汇率制度。

（二）IMF 的分类

布雷顿森林体系崩溃后，各国开始自行选择适当的汇率制度，很多国家实行的汇率制度介于固定汇率制和浮动汇率制之间，一些新型的汇率制度安排出现。IMF 在经过一段时间的调查和总结后，对全球汇率制度重新进行了划分。根据 2009 年 IMF 公布的最新分类，全球各国的汇率制度可分为四大类和十小类。四大类是硬钉住、软钉住、浮动汇率制、其他管理的汇率制度。硬钉住包括无独立法定汇率的汇率制度和货币局制度。软钉住包括传统的固定钉住制度、水平区间钉住制度、爬行钉住制度、稳定化安排和类似爬行制度。浮动汇率制度包括浮动和自由浮动两种汇率制度。其他管理的汇率制度是指当汇率制度没有满足其他任何类别的标准时被归为此类，世界上只有少部分国家的汇率制度属于此类。

1. 无独立法定货币汇率制度

无独立法定货币是指一国采用另一国的货币作为本国的法定货币或者若干个国家实行货币联盟。如美元化国家，具体包括巴拿马和厄瓜多尔等拉美国家；货币联盟的典型代表是欧元区，在欧元区内流通着超国家主权的单一货币，建立了统一的中央银行。

2. 货币局制度

货币局制度是指在法律上明文规定本币与某一外国货币保持一个固定兑换比率，并对本币的发行做出特殊限制以保证履行这一法定比率的汇率制度。一般来说，实行这种汇率制度的大多为小型经济体，如爱沙尼亚、保加利亚、立陶宛、文莱以及中国香港。

3. 传统的固定钉住制度

传统的固定钉住制度是指本国货币钉住另一国货币，并限制在 1% 甚至更狭窄的范围内波动。其中，钉住货币可以是单一货币，也可以是一篮子货币。一国不论选择钉住何种货币，都应向 IMF 公布其锚货币或者货币篮子。实行这种汇率制度的国家对公布的固定平价至少应维持 3 个月才可以调整。当汇率偏离中心汇率时，货币当局通过公开市场业务、利率政策等手段来维持这一平价。

4. 稳定化安排

稳定化安排是指一国在汇率不浮动的情况下，本国即期市场汇率的波动幅度在 6 个月或更长的时间内不超过 1% 的范围。一国一旦被划为稳定安排，则该国不仅要保持汇率稳定，而且官方干预所引发的汇率波动也必须严格限制在 2% 的范围内。

5. 水平区间钉住

水平区间钉住是指汇率保持在官方承诺的范围内波动，波动幅度可以超过 1%。这一汇率制度与传统的钉住汇率制度的不同之处是汇率变动幅度有所扩大。这种汇率安排，既有浮动汇率的灵活性，又有固定汇率的稳定性。同时，汇率在公布的区间范围内波动，有利于形成合理的市场预期。但是，存在的最大问题是如何确定波动的范围，如果波动范围过度，则异化为浮动汇率；波动范围过小，则异化为固定汇率。

6. 爬行钉住

爬行钉住是指将汇率钉住某种平价，同时根据一组选定的指标不定期地对汇率进行小幅度调整的一种汇率制度安排，又称蠕动汇率制度。在该汇率制度下，货币当局每隔一段时间就对本国货币的汇率进行一次较小幅度的贬值或升值，每次变动的时间和幅度都随意确定，可以以主要贸易伙伴之间的通胀率差异为调整的依据，也可以不设参照依据。

7. 类爬行安排

类爬行安排是指在中心汇率爬行的基础上，汇率带有一定程度的波动性，但汇率波动幅度不超过 2%，且同时不低于 1%。其特点是中心汇率变化较为频繁，同时需要确定一个爬行幅度。其中，向后爬行是指以过去的经济指标，如通货膨胀差异等确定爬行幅度；向前爬行是根据预期变化和预期目标确定爬行幅度。

8. 浮动汇率

浮动汇率是指汇率大小均由市场决定，除非有足够的证据证明现阶段汇率的稳定属于非政府行为，否则汇率波动幅度必须突破 2% 的限制。在此期间，为了防止汇率过度波动，货币当局可以直接或间接地进行干预。

9. 自由浮动

自由浮动，又称不干预浮动汇率制度，是指货币当局对汇率上下浮动不采取任何干预措施，完全由外汇市场的供求关系决定。当然，有时官方进行干预的目的是缓和汇率过度波动，而不是确定汇率水平。一般来说，只有在市场无序的时间超过 6 个月的特殊情况下，官方才能进行干预，但干预的次数要少于两次，每次干预的天数也不能超过 3 天。自由浮动汇率制度对所在国的经济金融发展要求比较高，通常实施这一汇率制度的国家都是市场经济体系较为完善、金融市场体系发达、企业产权制度明晰和汇率形成机制健全的国家。目前，实施这一汇率制度的国家主要是美国、日本、英国、瑞士、加拿大、韩国、挪威、瑞典、新西兰、以色列和冰岛等。

10. 其他管理的汇率制度

其他管理的汇率制度是一个剩余分类项。它是指当一国的汇率制度安排不符合上述任意一种汇率制度的标准时，则将其划为此类；对于频繁变动汇率制度的国家也划为此类。

### 三　汇率制度的选择

从布雷顿森林体系崩溃后，各国对汇率制度的选择比较自由，尽管有多种多样的汇率制度，但从本质上来说，还是可以分为偏向固定汇率的制度和偏向浮动汇率的制度。因此，在汇率制度的选择上，有关固定汇率制与浮动汇率制孰优孰劣的争论一直没有停止。赞成固定汇率制的著名经济学家有纳克斯、蒙代尔和金德尔伯洛等；赞成浮动汇率制的著名经济学家有弗里德曼和约翰逊等。

（一）赞成固定汇率制的观点

赞成固定汇率制的观点认为浮动汇率制有六方面的缺陷。第一，浮动汇率制使国际贸易和国际投资具有很大的不确定性，进而影响国际贸易和国际投资合约的签订。第二，在浮动汇率制下国际收支失衡的调节成本更高。假如一国逆差是生产出口产品的经济部门劳动生产率提高缓慢导致成本过高所致,则浮动汇率制下的本币自动贬值固然可以在短期内增加出口,但从长期看不利于本国产品竞争力的提高,因此,不利于本国相关产业的发展,长期调节成本高。而在固定汇率制下,相关企业乃至产业将被迫主动采取措施降低成本,这有利于相关产业的长期发展,长期调节成本反而低。第三,浮动汇率制容易产生通货膨胀。浮动汇率制使赤字国削弱了物价纪律。当本币汇率下浮时,导致进口价格上升,进而导致本国一般物价的上升;而当本币上浮时,由于棘轮效应,国内物价却不下降。第四,浮动汇率制下国内资源在贸易部门和非贸易部门之间频繁出现低效率的流动,导致国民福利的损失。第五,浮动汇率制下,汇率自由波动未必能隔绝国外经济对本国经济的干扰。这是因为在国际资本流动迅猛发展的情况下,国际收支自动达成平衡的汇率未必就是使经常账户收支达成均衡的汇率,因此国外的经济周期和货币政策同样会干扰本国经济。而且长期伴随经常项目逆差的国际收支平衡将对一国内外部平衡造成不可逆转的损害。所以就这一点看,浮动汇率制并不比固定汇率制有优越性,甚至可能情况更差。第六,浮动汇率制会造成国际经济秩序混乱。浮动汇率制下,各国由于缺乏关于汇率约束的协议,往往将内部均衡目标摆在首位,利用汇率的自由波动而推行"以邻为壑"的政策,这往往会造成别国的报复,进而造成国际经济秩序的混乱。

(二) 赞成浮动汇率制的观点

赞成浮动汇率制的观点认为浮动汇率制有六方面的优点。第一,浮动汇率制使国际收支平衡得以自动实现,无须以牺牲国内经济为代价。在浮动汇率制下,一国若发生国际收支逆差,汇率的自动下浮将使国际收支恢复平衡,无须采取需求增减型政策来紧缩国内经济。第二,浮动汇率制能维持本国货币政策的自主性。在浮动汇率制下,主要贸易伙伴国无论实行紧缩的还是扩张的货币政策,相应造成本国逆差或顺差,本国汇率的自动浮动将驱使国际收支恢复平衡,从而使本国货币政策不必被动地与主要贸易伙伴国的货币政策同向变动,维持了本国货币政策的自主性。第三,浮动汇率制能够避免经济周期的国际传播。例如,在浮动汇率制下,如果他国发生通货膨胀,将导致该国发生逆差,本国发生顺差。但在本国汇率自动上浮后,本国国际收支恢复平衡,本国货币供应量和物价水平并不会发生变化。也就是说,浮动汇率能够隔绝国际性的通货膨胀传播。第四，浮动汇率制无须太多的外汇储备，可节约外汇资金用于经济发展。第五，浮动汇率制可促进自由贸易，提高资源配置效率。因为浮动汇率制下，汇率自动浮动能使国际收支恢复平衡，就没有必要采取外汇管制措施。第六，浮动汇率制可以提高国际货币制度的稳定性，避免金融危机。在浮动汇率制下，一国的国际收支赤字所造成的本币贬值压力，可以随时因汇率的浮动而趋于消解。

固定汇率制度和浮动汇率制度各有利弊，一般来说，经济规模小、开放程度大、进出口集中在几种商品上的国家，倾向于固定汇率制；而经济规模大、经济实力强、与国际金融市场联系密切、资本流动频繁的国家倾向于浮动汇率制。在理论研究方面，关于两种汇率制度优劣的研究朝着两个方向在发展，一个是两种汇率制度在什么条件下使用效果最佳。另一个是怎样结合两种汇率制度的优点，进而设计出更适用的汇率制度。

(三) 汇率制度选择理论

一国汇率制度选择受多方面因素影响，关于一国该如何选择汇率制度的研究一直都在继续，比较成熟的理论有经济论、最适度通货区理论、三元悖论、害怕浮动论等。

1. 经济论

经济论认为，影响一国选择汇率制度的因素有经济开放程度、经济规模、进出口贸易的商品结构和地域分布、国内金融市场的发达程度及国际金融市场的一体化程度、相对通货膨胀率。经济开放程度高，经济规模小，或者进出口集中在某几种商品或某一国家的国家，一般倾向于实行固定汇率制或钉住汇率制。而经济开放程度低，进出口商品多样化或地域分布分散化的国家，或经济规模大、经济实力强、与国际金融市场联系密切、资本流动频繁的国家，则倾向于实行浮动汇率制或弹性汇率制度。

2. 最适度通货区理论

最适度通货区理论认为，国家在具备一定条件的基础上可以组建货币区，在经济趋同的基础上实行单一货币。这一学说为实行区域货币一体化奠定了理论基础。从实践来看，欧元区的建立是该理论的成功检验。

### 3. 三元悖论

三元悖论也称三难选择，是克鲁格曼就开放经济下的政策选择提出的，含义是：本国货币政策的独立性、汇率的稳定性、资本的完全流动性不能同时实现，最多只能同时满足两个目标，而放弃另一目标。例如，1944年到1973年的"布雷顿森林体系"中，各国"货币政策的独立性"和"汇率稳定性"得以实现，但"资本流动"受到严格限制。1973年后，"货币政策的独立性"和"资本自由流动"得以实现，"汇率稳定"不存在了。"永恒三角"的好处在于，它提供了一个一目了然的划分国际经济体系各形态的方法。

根据三元悖论，在资本流动、货币政策有效性、汇率制度三者间只能进行以下三种选择。

第一，保持本国货币政策的独立性和资本的完全流动性，必须牺牲汇率的稳定性，实行浮动汇率制。这是由于在资本完全流动下，频繁出入的国内外资金导致了国际收支状况的不稳定，如果本国的货币当局不进行干预，即保持货币政策的独立性，那么本币汇率必然会随着资金供求的变化而频繁地波动。利用汇率调节将汇率调整到真实反映经济现实的水平，可以改善进出口收支，影响国际资本流动。虽然汇率调节本身具有缺陷，但实行汇率浮动确实较好地解决了"三难选择"。但对于发生金融危机的国家来说，特别是发展中国家，信心危机的存在大大削弱了汇率调节的作用，甚至起到恶化危机的作用。当汇率调节不能奏效时，为了稳定局势，政府的最后选择是实行资本管制。

第二，保持本国货币政策的独立性和汇率稳定，必须牺牲资本的完全流动性，实行资本管制。在金融危机严重冲击下，在汇率贬值无效的情况下，唯一的选择是实行资本管制，实际上政府以牺牲资本的完全流动性来维护汇率的稳定性和货币政策的独立性。大多数市场不发达的国家，比如中国，就是实行的这种政策组合。这一方面是由于这些国家需要相对稳定的汇率制度来维护对外经济的稳定；另一方面是由于它们的监督能力较弱，无法对自由流动的资本进行有效管理。

第三，维持资本的完全流动性和汇率的稳定性，必须放弃本国货币政策的独立性。在固定汇率制下，本国货币政策的任何变动都将被所引致的资本流动的变化而抵消其效果，本国货币丧失自主性。在这种情况下，本国或者参加货币联盟，或者更为严格地实行货币局制度，基本上很难根据本国经济情况来实施独立的货币政策对经济进行调整，最多是在发生投机冲击时，短期内被动地调整本国利率以维护固定汇率制。可见，为实现资本的完全流动与汇率的稳定，本国经济将会付出放弃货币政策的巨大代价。

4. 害怕浮动论

害怕浮动论是2000年才出现的理论。自1997年东南亚金融危机后，很多国家在汇率制度的选择上开始倾向于偏固定的汇率制度，"害怕浮动"的现象开始出现。所谓的"害怕浮动"，是指一些归类为实行弹性汇率制的国家，却将其汇率维持在对某一货币的一个狭小幅度内，这反映了这些国家对大规模的汇率波动存在一种长期的害怕状态。害怕浮动论认为，许多声称允许其货币自由浮动的国家，实际上未能真正浮动；低程度的汇率可变动性是由政策行为有意识造成的结果；在这些国家中，名义的和实际的利率的变动率明显高于那些真正实行浮动汇率制的国家。

各国在进行汇率制度选择时需要考虑本国的经济金融发展状况，以及未来想达到的经济发展目标。一般来说，影响一国汇率制度选择的因素有五个方面：第一，生产要素国际流动性程度，生产要素流动性与汇率制度的弹性之间具有相互替代的作用。国家之间要素的流动程度越高，它们之间越适宜组建货币联盟，即越适合选择固定汇率制。第二，出口产品多样化程度，一国进出口产品越是多样化，一国越倾向加入货币联盟、实行固定汇率制。第三，金融一体化程度，一国与他国之间金融一体化程度越高，较小的利率变动就越可以吸引必要的资本流入来融通其国际收支赤字，越不需要依赖汇率变动进行调整，固定汇率制就越有利。第四，特定的政策目的。固定汇率制有利于控制国内的通货膨胀，政府政策的可信性强，宏观政策调整的效果比较明显。浮动汇率制下一国的货币政策自主性较强。第五，一国经济结构特征，即一国经济开放程度高、经济规模小，或者进出口集中在某几种商品或某一国家的国家，一般倾向于实行固定汇率制或钉住汇率制。反之，经济开放程度低、进出口商品多样化或地域分布分散化、同国际金融市场联系密切、资本流动较为客观和频繁，或国内通货膨胀率与其他主要国家不一致的国家，则倾向于实行浮动汇率制或弹性汇率制。

### 四 中国的汇率制度选择

（一）人民币汇率制度演变

自新中国成立以来，人民币汇率制度经历了七个阶段。

第一阶段是 1949 年 1 月到 1952 年 12 月，即国民经济恢复时期的汇率制度。该阶段内，受国际货币体系的限制，人民币以国内外物价对比法为基础钉住美元。该阶段初期，新中国刚成立，正处在国民经济恢复和战后重建时期，人民币币值不稳，频繁发生大幅贬值。另外，我国政府为了保障进出口贸易，参照国内外物价水平，人为地下调本币币值。1950 年之后，西方国家对我国实行经济封锁，为了配合国内外经济调节政策的需要，我国政府调高了人民币币值，人民币不断升值。

第二阶段是 1953 年 1 月到 1973 年 1 月，即集中计划经济时期的汇率制度。该阶段内，全球实行布雷顿森林体系，固定汇率制是各国在汇率制度方面的唯一选择，中国也不例外。人民币与个别西方主要国家货币挂钩，并有意高估人民币币值。国家对汇率的公开调整较少，汇率比较稳定，政府实行严格的外汇管制政策。

第三阶段是 1973 年 2 月到 1980 年 12 月，即钉住一篮子货币的汇率制度。该阶段，国际货币体系受到美元贬值的冲击，布雷顿森林体系崩溃，浮动汇率制度合法化。为了避免西方国家汇率波动对我国的影响，人民币改为参照一篮子货币加权平均的方法制定和调整。

第四阶段是 1981 年 1 月到 1985 年 12 月，即从双重汇率转向单一汇率制度。该阶段，起初人民币实行双重汇率制度，实行改革开放后，为加速社会主义现代化建设，促进对外贸易发展，从 1981 年 1 月 1 日起，我国实行贸易内部结算价格。即自 1981 年起，全部进出口贸易均按 1 美元等于 2.8000 元人民币的贸易内部结算价进行结算，而对非贸易外汇收支仍按当时 1 美元等于 1.5303 元人民币的外汇牌价进行结算。这种制度安排推动了当时经济社会的发展，但同时也造成了外汇管理上的一些混乱。因此，1985 年 1 月 1 日取消了贸易内部结算价，人民币又由双重汇价恢复到单一汇价，这一年里，人民币贬值 15% 左右。

第五阶段是 1986 年 1 月到 1993 年 12 月，即双轨制下有管理浮动的汇率制度。在这一阶段，我国实行的是官方汇价与外汇市场调剂价并存的有管理浮动的汇率制度。1986年1月1日起，人民币实行了有管理浮动的汇率制度，以取代此前钉住一篮子货币的汇率制度。1988年后，全国各省建立了外汇调剂市场中心，标志着我国外汇调剂市场的正式形成，出现了外汇调剂价格。

第六阶段是1994年1月到2005年7月，即以市场供求为基础的、单一的、钉住美元的、有管理的浮动汇率制度。1994年1月1日，我国开始实行以市场供求为基础的、单一的、钉住美元的、有管理的浮动汇率制。自1994年4月4日开始，中国外汇交易中心正式启动运营，标志着我国统一的银行间外汇市场的形成。市场的操作中心设在上海市，它与全国二十几个地区的前外汇调剂中心联网，形成用计算机网络联结的全国统一的规范交易市场。汇率并轨及外汇市场的形成，使人民币汇率形成机制得到改进。1996年12月1日，我国还取消了所有经常性国际支付和转移的限制，实现了人民币经常项目可兑换，成为国际货币基金协定第八条款国。

这一阶段人民币汇率制度的主要内容是：第一，人民币汇率的形成以银行同业市场供求为基础，中国人民银行根据宏观经济目标，对外汇市场进行必要的干预。第二，实行单一汇率，实行汇率并轨。第三，中国人民银行对人民币汇率进行监管与调控，使其在合理水平上保持稳定。第四，人民币是浮动汇率，即各外汇指定银行对外挂牌买卖外汇的汇率，可在中国人民银行公布的汇率及规定的幅度范围内浮动。第五，实行相对灵活的银行结售汇制度。取消各类外汇留成、上缴和额度管理制度，对境内机构经常项目下的外汇收支实行银行结汇和售汇制度。

第七阶段是2005年7月至今，即以市场供求为基础的、单一的、参考一篮子货币进行调节的、有管理的浮动汇率制度。

(二) 现行汇率制度概述

我国现行的汇率制度是以市场供求为基础的、单一的、参考一篮子货币进行调节的、有管理的浮动汇率制度。从汇率形成机制来看，人民币参考一篮子货币汇率制度不同于人民币钉住美元汇率制度和人民币钉住一篮子货币汇率制度。

首先，在人民币钉住美元汇率制度下，外汇市场上美元对人民币供求变化并不影响人民币对美元的汇率。另外，美元对非美元货币汇率的变化也不影响人民币对美元的汇率。人民币对非美元货币的汇率由人民币对美元的汇率和美元对非美元货币的汇率套算而得。如果美元对非美元货币升值，人民币对美元的汇率仍会维持不变，而对非美元货币会升值，反之亦然。

其次，与人民币钉住美元汇率制度不同，在人民币钉住一篮子货币汇率制度下，尽管人民币对美元的汇率同外汇市场上美元对人民币的供求关系同样无关，但篮子中美元对非美元货币汇率的变动，不仅会引起人民币对非美元货币汇率的波动，而且会引起人民币对美元汇率的波动。

再次，与人民币钉住一篮子货币汇率制度相比，在人民币参考一篮子货币汇率制度下，人民币对美元汇率不仅受货币篮中美元对非美元货币汇率变动的影响，而且与外汇市场上美元对人民币的供求有关。例如，钉住一篮子货币汇率制下，当美元对其他货币升值时，人民币对美元应该贬值。但在参考一篮子货币汇率制度下，考虑到外汇市场上存在人民币对美元升值的压力，中国人民银行可能不是根据钉住一篮子货币汇率制度的要求，通过干预外汇市场，使人民币对美元贬值。相反，中国人民银行可能不干预外汇市场或仅进行小幅度的干预，而听任人民币在市场供求作用下升值。"参考"意味着中国人民银行有了决定汇率水平的较大灵活性。

最后，该汇率制度意味着我国放弃了资本的流动性。根据三元悖论，货币政策独立性、汇率稳定性和资本自由流动三者之间只能实现两者。我国的外汇管制是从属于货币政策的，而一国的货币政策都是为本国经济发展服务的。比如美国进入升息时代，我国并没有跟随着升息，我国考虑到国内的经济情况，货币政策独立性必须牢牢掌握在央行手中。由于货币政策是独立的，美元升息而人民币没升息，所以国际市场上人们会把手中的人民币换成美元，由此人民币会贬值，再用美元去购买国外美元资产，由此大量资本外流，国际收支可能逆差。大量资本外流和本币大幅贬值使我国容易产生货币危机。从汇率的稳定性来看，2015年之前，中国经济看好，人民币持续升值，大量资产会涌入国内。2015年"8·11汇改"后，人民币单边贬值后，形成了贬值预期，开始大幅贬值，资本外流。但总体来看，中国有能力稳定汇率。随着新冠肺炎疫情的蔓延，全球经济进入低迷，由于中国抗疫成果显著，人民币汇率依然稳定。

可见我国选择了货币政策独立性和汇率稳定，牺牲了一部分资本自由流动。我国资本项目本来就没有完全开放，如何牺牲呢？第一，我国对国际收支加强了真实性审核，特别是对经常项目。第二，对境外直接投资，即ODI进行管控，列出负面清单，比如房地产业、酒店、体育俱乐部、影视方面对ODI进行更加严格的限制。从以上两个方面来限制资本的自由流动。

1. 如何理解我国进一步开放资本与金融账户的政策与现行汇率制度之间的关系？（弹幕题）

### 课堂教学建议：

本节内容可设定为线上线下混合式教学。其中汇率制度的分类、固定汇率制度和浮动汇率制度的比较可采用线上自学，教师通过课堂提问帮助学生查漏补缺。汇率制度选择理论及中国的汇率制度选择部分可作为线下教学，一方面解答学生在汇率制度选择理论部分的疑问，另一方面和学生开展弹幕题的讨论，帮助学生深入理解中国的汇率制度。

### 课后练习：

一　单项选择

1. 以下关于固定汇率制度的优缺点说法错误的是（　　）。
   A. 浮动汇率制的支持者认为固定汇率制容易传输通货膨胀
   B. 浮动汇率制的支持者认为固定汇率制不能促进资源的有效配置
   C. 固定汇率制不需要保有大量储备
   D. 固定汇率制有较强的纪律性

2. 以下关于一国如何选择汇率制度说法正确的是（　　）。
   A. 一国倾向于追求独立的经济政策，应选择浮动汇率制
   B. 政府面临高通货膨胀时，可以采用浮动汇率制
   C. 政策意图不影响汇率制度的选择
   D. 贸易多元化的国家适合采用浮动汇率制

3. 以下关于我国汇率制度的说法正确的是（　　）。
   A. 1981年起，我国废除了内部结算价
   B. 1973年后，我国出现了双重汇率

C. 1994 年后，我国实行的是以市场供求为基础的单一的、有管理的浮动汇率制
D. 1973 年后，我国的汇率是以美元为基准货币

## 二 多项选择

1. 以下关于浮动汇率制说法错误的是（　　）。
    A. 浮动汇率制减少了对国家储备的需要
    B. 浮动汇率制在各方面都优于固定汇率制
    C. 浮动汇率制使进行国际经济的主体面临较大的汇率风险
    D. 固定汇率制在各方面都优于浮动汇率制
    E. 浮动汇率制的实行易助长投机活动，加剧国际金融市场的动荡

## 三 判断题

1. 浮动汇率制下一国货币汇率下浮则意味着该国货币法定贬值。（　　）
2. 20 世纪 70 年代中期固定汇率制垮台后，世界各国都实行了浮动汇率制。（　　）
3. 汇率制度的选择实际上是对可信性和灵活性的权衡。（　　）
4. 浮动汇率的弊端之一就是易造成外汇储备的大量流失。（　　）

# 第二节　代表性的汇率制度

**预习提示：**

观看相关课程视频，了解三种汇率制度的特点和运行机制。上网查阅资料，深入了解中国香港的汇率制度，准备讨论资料，在课堂上完成教师布置的学习任务。

## 一 货币局制度

### （一）概念

货币局制是指在法律中明确规定本国货币与某一外国可兑换货币保持固定的兑换率，并且对本国货币的发行做特殊限制以保证履行这一规定的汇率制度。货币局制通常要求货币发行必须以一定的外国货币为准备金，并且要求在货币流通中始终满足这一准备金要求。这一制度中的

货币当局被称为货币局,而不是中央银行。货币局制度是固定汇率制度的一个特例,或者说,是一种极端的固定汇率制度。本国的货币不但在汇率上和外币挂钩,而且货币发行量的多少也不再听任货币当局的主观愿望或经济运行的实际状况,而是取决于可用作准备的外币数量的多少。

(二)特征

第一,100%的货币发行保证。典型的货币局制度要求本币的发行必须有100%的外汇储备或硬通货作为发行准备。其他汇率制度通常没有此规定。这一特征使得货币局制度形成了与其他许多汇率制度不同的利益和风险。首先,货币局制度有利于抑制通货膨胀。这种强有力的货币发行约束下,通货膨胀的根源得到了很好的抑制。其次,在货币局制度下,银行体系的稳健受到制约。100%的货币发行保证使得一国货币当局充当最后贷款人的资金来源受到限制,从而制约了该职能的发挥。另外,货币局制度有助于保证货币发行机构的相对独立性及国际收支自动调节机制的有效运行。货币局制度还有减少铸币税的收益。100%的货币发行保证使得货币当局不能通过购买政府债券或向商业银行发放贷款的方式增加基础货币的数量,因而造成铸币税收益的损失。

第二,货币完全可兑换。在货币局制度下,不论是经常项目还是资本项目下的交易本币与锚货币的兑换完全不受限制,且100%的锚货币作为本币发行保证的规定确保了货币完全可兑换的实现。这一点与同样弹性较小的钉住浮动制不同。在传统的钉住制下,通常政府并不承诺本币与被钉住货币的完全可兑换。而且钉住汇率制只是一种汇率安排而与货币发行制度无关,它的货币发行没有100%的锚货币作为发行准备,因而即使政府承诺货币完全可兑换,也没有充分的物质保证。当然,外汇储备非常充足的国家除外。但大多数实行钉住制度的国家外汇储备的充足性是令人质疑的。

第三,汇率稳定。实行货币局制度的货币当局制定本币与锚货币的固定比率,并通过其外汇市场的调节机制以及其他一些制度安排以维持市场汇率的稳定。

(三)优缺点

货币局制度下汇率稳定的特征使它具有一切固定汇率制所具有的主要的优缺点。其主要的优点在于有利于国际贸易和投资的发展。其弊端主要体现在以下几个方面。

第一,货币局制度不易隔离外来冲击的影响。在纯粹的货币局制度下,货币当局不能向政府提供融资,也不能作为银行系统的最后贷款人,或从事公开市场业务且汇率固定。这些特征使一国在遭受外部冲击,需要调整国际收支时,不能采用汇率调节手段或其他调节措施来隔离外来冲击的影响。如锚货币发行国发生通货膨胀通过货币局的固定汇率传导到国内时,若汇率可变动,则可通过货币升值方式抵消国外通胀的不利影响而保持国内价格的稳定。而在货币局制度下,该手段完全无法使用。

第二,实行货币局制度的国家完全丧失了其货币政策的独立性。即锚货币发行国采取何种货币政策,实行货币局制度国家就必须采取相应的货币政策,完全无法决定其货币发行量以及利率。当实行货币局国家与锚货币发行国经济发展基本相同时问题不大,而当两国经济出现相反发展趋势时,则会产生蒙代尔提出的"不可能三角"问题。如外汇储备发行国采取扩张性货币政策,降低利率,而实行货币局制度国家从国内经济状况出发仍维持原定利率不变,则资金流入增加,本币倾向于升值,固定汇率无法维持,因而该国也只好采取相应地降低国内利率的措施以维持汇率的稳定。在这种情况下,实行货币局制度国家虽维持了汇率的稳定却进一步加重了国内经济的不均衡。

第三,货币局制度下的固定汇率易导致投机攻击。货币局制度存在一个内在缺陷,即本币的发行以某一种外汇为保证,如果本国或本地区经济与所选锚货币的发行国不一致,本币高估或低估的情况将不断发生。在国际资本流动自由化程度不高的条件下,国际投机资本的攻击还比较困难。但在国际资本流动自由化程度较高的情况下,则很容易导致国际投机资本的攻击。且货币局制度下的投机是一种无风险的投机活动。若投机成功,则获得高收益;若投机失败,由于汇率固定也不会有很大损失。因而,实行固定汇率制的国家经常成为投机攻击的对象。如机构投资者1992年对英国,1994年对墨西哥、阿根廷,1997年对泰国、马来西亚、中国香港,1998年再度对中国香港的投机性冲击,都是从攻击钉住汇率制开始的,结果给这些国家和地区造成严重的损害。从这一点看,货币局制度下的投机活动又具有很高的不稳定性。

（四）货币局制度在中国香港的实践

香港的联系汇率制是一种典型的货币局制度。香港无中央银行，也无货币局，货币发行的职能是由三家商业银行（汇丰银行、渣打银行和中银集团）承担。发钞银行在发行港币现钞时，必须向香港外汇基金按 1 美元兑换 7.8 港币的固定比率上缴等额美元，换取无息负债证明书；发钞银行回笼港币现钞时，可按 1 美元兑换 7.8 港币的固定比率向外汇基金交还负债证明书，收回等额美元；外汇基金鼓励发钞银行与其他银行的港币现钞的交易以同样的方式进行。这样，港币现钞兑美元的汇率就固定在 1 美元兑换 7.8 港币的水平上。但这一汇率只是发钞银行与外汇基金之间港币现钞的官方汇率，发钞银行与其他银行之间，银行同业间现汇交易、银行与客户间不论现钞还是现汇交易都按市场汇率进行。

香港联系汇率制拥有两个内在的自我调节机制：第一，国际收支的自动调节机制是指若香港出现国际收支盈余，则外汇储备增加，货币供应量随之增加，从而引起物价上调、利率下降，这将导致贸易收支恶化、资本流出增加，最终使国际收支盈余减少直至其恢复均衡。若出现赤字，则反之。第二，套利机制是指若港币市场汇率为 1 美元兑换 7.9 港币，则发钞银行向外汇基金以 1 美元兑换 7.8 港币的比例换回美元，然后在市场上以 1 美元兑换 7.9 港币的价格出售，这样每兑换 7.8 港币就可获得 0.1 港币的净收益。不断在市场上卖出美元买进港币使美元贬值，直到回到 1 美元兑换 7.8 港币的价格。若港币市场汇率为 1 美元兑换 7.7 港币，则发钞银行在市场上以 1 美元兑换 7.7 港币的价格买进美元，然后向外汇基金换取负债证明书，再按 1 美元兑换 7.8 港币的价格发行港币，则每 7.7 港币可获得 0.1 港币的净收益。不断在市场上买进美元卖出港币使美元升值，直到回升到 1 美元兑换 7.8 港币的价格。

为巩固联系汇率制度使其可以适应经济环境的变化并抵御外界冲击，香港金融管理局自 1987 年起陆续推行了多项货币改革措施。1998 年，香港刚回归中国，又正值亚洲金融危机，香港金融市场承受了巨大的投机压力，银行同业拆借利息飙升，市场上广泛流传人民币将贬值及联系汇率不保的消息。金管局于当年 9 月及时推出了 7 项巩固货币发行局制度的技术性措施，使港币汇率趋于稳定。2003 年年底到 2005 年，由于美元疲弱，而香港经济强劲复苏，再加上市场预期人民币升值等因素，大量资金流入香港。虽然在相当长的时间内港元利息均低于同期美元利息，但仍无明显的资金流出。为了加强利率调节功能，金管局于2005年5月推出3项优化联系汇率制度运作的措施，市场对港元汇率的预期趋向稳定。

受命于危难之际的联系汇率制，对挽救1983年的港币危机以及日后香港整个货币金融体系和经济的稳定发展都起到了积极作用。但自1997年香港经济达到顶峰并历经金融风暴后，出现了通货紧缩，经济增长放缓甚至负增长，失业率居高不下，财政赤字增加，国际收支顺差大幅下降。人们开始对联系汇率制进行重新思考。具体来说，其弊端主要体现在以下三个方面。第一，联系汇率制限制了港元利率调节经济的功能。由于港元与美元挂钩，香港丧失了货币政策的自主性，把利率政策的制定权交给了美联储。为了维持1美元兑换7.8港币这一联系汇率，当美联储提高利率水平时，香港也必须紧随其后提高港元的利率水平，其结果是香港金融当局利用利率杠杆调节经济的可能性被大大削弱。第二，为维持联系汇率制的稳定性所采取的一些措施对香港经济的发展产生了一些负效应。香港的联系汇率制具有两个自动调节机制可确保汇率的稳定，但自动调节机制通常需要较长时间才能发挥作用。在短期内遇到对港元的投机时，香港金管局通常采取干预外汇市场的方式来维持港元的稳定。第三，香港民众的信心危机是对联系汇率制最严峻的考验。联系汇率制本身即1983年严重的港人信心危机的产物，其经受冲击的耐力至今还是一个未知数。一旦香港出现金融危机或其他原因引发的港人信心危机，人们纷纷将港元兑换外币，加之国际游资联手投机港元，1000多亿美元的外汇储备将无异于杯水车薪，难解燃眉之急，联汇制将面临能否继续存在下去的严峻考验。

## 二 美元化

### （一）概念

按照IMF的观点，美元化是指一国居民在其资产中持有相当大一部分外币资产，通常这种外币资产是美元，美元大量进入流通领域，具备货币的全部或部分职能，并具有逐步取代本国货币，成为该国经济活动主要媒介的趋势，因而美元化实质上是一种狭义或程度较深的货币替代现象。

（二）产生背景

美元化源于货币替代，货币替代是指在开放经济条件下，一国居民因对本国货币币值稳定失去信心或本国货币资产收益率较低时发生的大规模货币兑换，使得外币在价值尺度、流通手段、支付手段和储藏手段方面全部或部分替代本币发挥作用的一种现象。自 20 世纪 70 年代以来，许多国家经历过货币替代时期，其中以拉丁美洲国家的美元化现象最具代表性。

拉丁美洲国家之所以采取美元化与不当的经济政策和汇率政策有很大关系。这些国家长期以来货币纪律的松弛导致通货膨胀率持续上升，多年的金融抑制造成名义利率水平过低，产业结构不合理导致国际收支长期逆差以及债务危机的困扰等。这些因素的存在使得人们失去了对本国货币的信任。与此同时，许多拉丁美洲国家采取了开放国内市场和金融自由化措施，取消了原先严格的外汇管制，放松了本币与外币自由兑换的限制，允许本国居民持有外国资产和外国资本进入国内金融市场进行投资。这些措施的实施为大规模的货币替代提供了便利条件。在这种情况下，国内居民为了防范风险、减少损失和日常交易的方便，大规模、持续地持有和使用美元，从而形成了"事实美元化"或"民间美元化"现象。

为控制通货膨胀，一些拉丁美洲国家采取了相对固定的汇率制度，如货币局制度和传统的钉住汇率制等。进入 20 世纪 90 年代，这些国家的恶性通货膨胀得到控制，但钉住汇率制度却频频遭到国际游资的冲击，结果爆发了 1994 年年末的墨西哥金融危机和 1999 年年初的巴西金融动荡，使拉丁美洲各国深受其害。金融危机的频繁爆发使人们对汇率制度的讨论热烈起来，实行钉住汇率制的国家也开始考虑如何减少危机，特别是如何应对通过传染而爆发的危机。一些经济学家提出了无汇率制解决方案，即实行彻底的美元化，以消除汇率不稳定的根源。

美元化通常以一国境内流通的美元现金和美元存款来衡量，即以国内银行体系的外币存款占广义货币的比例来衡量美元化程度。根据 IMF 的一份研究报告，1998 年外币存款占货币供应量 50% 以上的国家有 7 个，占 30%—50% 的有 12 个，占 15%—20% 的国家就更多了。但是，如果我们把美元化理解为一种货币制度或汇率制度，那么世界上只有少数十几个国家或经济体实现了完全的美元化，除了最早于1904年实行美元化的巴拿马以及一些西太平洋的岛国和圣马力诺、帝汶岛以外，厄瓜多尔和萨尔瓦多分别于2000年9月和2001年1月开始实行美元化，津巴布韦和科索沃于2010年，图瓦卢于2011年开始实行美元化。

### （三）优缺点

美元化对于部分国家稳定本币币值，发展对外经济起到了积极作用，但其弊端也十分明显。美元化所带来的好处主要是，第一，有助于消除外汇风险，降低交易成本，促进贸易和投资的发展，促进与国际市场的融合。第二，有助于避免国际投机性攻击，实行美元化的国家原来大多采取钉住汇率制，本币经常高估或低估，很容易招致投机性攻击而崩溃。实行美元化后，不存在汇率问题，因而可减少外来资本对该国货币的投机性攻击。第三，有助于约束政府行为，避免恶性通货膨胀的发生。实行美元化后，该国政府不可能通过发行本币的方式来融通财政赤字，从而迫使政府接受更硬性的预算约束，有效地避免恶性通货膨胀的发生。

实行美元化的国家会面临到诸多风险和不利因素，第一，实行美元化的国家会损失大量铸币税。本来未实行美元化国家的央行可通过发行货币来购买真实资产，取得铸币税收益，而在美元化后，这笔收入则由该国货币当局转移到外国货币当局。第二，实行美元化的国家会失去货币政策的自主性。完全美元化意味着要长期执行美国的货币政策，因而失去了货币政策的自主性及其相应的好处。第三，实行美元化的国家最后贷款人能力会受到一定的制约。在美元化的情况下，央行由于不能印制货币而使其作为最后贷款人的能力受到限制。当然，这并不意味着央行完全失去了作为最后贷款人的能力，央行可选择其他一些方法继续向本国银行提供流动性支持。比如与美国签订双边美元化条款，并在合约条款中要求允许国内银行进入美联储的贴现窗口。

### （四）发展趋势

从全球经济发展的总体态势来看，美元的地位在不断下降，美元在全球经济中的霸主地位在不断动摇。随着欧元、人民币的崛起，全球"去美元化"的呼声也越来越高涨。

2008年以来，拉丁美洲国家最早在贸易和融资等领域出现了明显的

"去美元化"倾向，减少美元在贸易以及在各国资金存贷和市场融资中的比例。近几年，新兴经济体之间日益频繁地展开深入的货币互换，中国最为活跃。与此同时，金融危机导致全球市场寻找替代美元的新货币，"去美元化"进程无论是在深度还是广度上都在加速展开。对人民币而言，"去美元化"的过程就是人民币国际化的过程。

2020年，新冠肺炎疫情在全球全面暴发，美国受疫情影响，经济形势不容乐观，美元的霸主地位再次受到严重威胁，新一轮"去美元化"浪潮掀起。中国、俄罗斯、英国、日本等29个国家不同程度地减持美元债券。截至2020年年底，全球央行已经抛售美元债券近万亿美元。[①] 同时，包括俄罗斯、德国、中国在内的多个国家向美联储宣布运回黄金。就在美联储抵抗各国"去美元化"带来的巨大压力时，数字人民币开始在国际市场上崭露头角。不仅多国增加了人民币储备，还在贸易结算中开始向数字人民币倾斜，这使人民币在国际化的道路中又迈出了一大步。[②]

### 三 汇率目标区

#### （一）概念

汇率目标区制的含义可分为广义和狭义两种。广义的汇率目标区是指将汇率浮动限制在一定区域内的汇率制度；狭义的汇率目标区特指美国学者威廉姆森于20世纪80年代初提出的以限制汇率波动范围为核心的，包括中心汇率及其变动幅度的确定方法、维系目标区的国内政策搭配、实施目标区的国际政策协调等一整套内容的国际政策协调方案。下面详细介绍广义汇率目标区理论。

#### （二）内容

汇率目标区制不同于其他类型的汇率制度。例如，它与管理浮动汇率制的主要区别在于：在目标区中，货币当局在一定时期内对汇率波动

---

① 新浪财经：《53国"去美元化"，29国抛售近万亿美债，美元"霸权"不保？》，https://finance.sina.com.cn/money/forex/forexroll/2021－07－05/doc－ikqciyzk3506009.shtml。

② 搜狐新闻：《数字人民币，一把撼动美元霸权的钥匙！》，https://finance.sina.com.cn/money/forex/forexroll/2021－07－05/doc－ikqciyzk3506009.shtml。

制定出比较确定的区间限制；而且当局更为关注汇率变动，必要时要利用货币政策措施将汇率变动尽可能地限制在目标区内。它与可调整钉住制的主要区别在于：目标区制度下，汇率允许变动的范围更大。

依据目标区区域的幅度、目标区调整的频率、目标区的公开程度及对目标区进行维持的承诺程度，目标区可分为严格的目标区和宽松的目标区两种类型。前者的目标区区域较小，极少变动，目标区域公开，政府负有较大的维持目标区的义务；后者目标区区域较大，经常进行调整，目标区域保密，政府只是有限度地将货币政策运用于对汇率目标区的维持。

汇率目标区制的一个优越性就是所谓"蜜月效应"。假定目标区完全可信，政府会在汇率变动至目标区的上下限时进行干预，且经济基本面的变动是完全随机的。那么，当汇率的变动逐渐接近目标区边缘时，广大交易者将会对预期汇率很快作反向调整，重新趋近于中心汇率。这一预期会产生稳定性作用，从而使汇率的变动在不存在政府干预时也不会超过目标区范围，并且汇率在变动达到目标区边缘时常常会自动向中心汇率调整。在目标区汇率制度下，市场汇率围绕着中心汇率上下变动，当离开中心汇率至一定程度后便会自发地向中心汇率趋近，这一情形犹如热恋中的情侣短暂分离一段时间后便会尽可能地抗拒进一步的分离，急于寻求重新相聚，这便是所谓的"蜜月效应"。

汇率目标区制还具有"离婚效应"。当由于经济基本面朝某一方向的变动程度很大并已表现为长期趋势时，市场交易者普遍预期汇率目标区的中心汇率将作较大的调整，此时汇率目标区不再具有普遍的可信性。这种情况下，投机发生，市场汇率变动将不再自动倾向于中心汇率；相反，两种力量的较量使此时的汇率变动非常激烈，而且一般超过了浮动汇率制下的正常汇率变动程度。与"蜜月效应"相比，这一汇率变动情况犹如情侣在长期共同生活中发现爱情已褪去了光芒，双方存在根本上的性格不合而不再指望将婚姻关系维持下去，一些小事都会引起大动干戈，这便是所谓的"离婚效应"。

（三）优缺点

"蜜月效应"和"离婚效应"表明，汇率目标区制较好地综合了固定汇率制和浮动汇率制的优点，是高度可信性和灵活性的一种结合体，具有一定优越性。当然，汇率目标区制对于内外部均衡的同时实现而言，也有其弊端，有待于进一步探讨和完善。

### 课堂教学建议：

本节内容可设定为线上线下混合式教学。其中货币局制度的基本内容、美元化、汇率目标区可以使用线上教学，课堂提问时重点关注学生对几种汇率制度运行机制的理解是否到位。中国香港的汇率制度可以作为线下讨论的内容，一方面通过讨论帮助学生认识"一国两制"在我国汇率制度方面的体现，另一方面和学生探讨中国香港汇率制度未来的发展。针对"去美元化"问题，应引导学生理解人民币国际化，增强学生对人民币国际化的信心。

### 课后练习：

**单项选择**

1. 中国香港现行的汇率制度是（　　）。
   A. 爬行钉住制
   B. 汇率目标区制
   C. 单独浮动汇率制
   D. 货币局制

2. 以下关于货币局制度的优缺点说法正确的是（　　）。
   A. 货币局制度下，政府可以有效地控制利率与货币供应量
   B. 货币局制度设置了复杂的货币发行程序
   C. 货币局制度抵抗投机冲击的能力很强
   D. 货币局制度削弱了政府调节经济的能力

3. 以下关于汇率目标区制度说法错误的是（　　）。
   A. 汇率目标区有一大效应，称为"蜜月效应"
   B. 汇率的目标区有广义和狭义之分
   C. 广义的汇率目标区是指中心汇率上下各10%的波动范围
   D. 汇率目标区制度是将汇率波动限制在一定区域内的制度

4. 以下关于爬行钉住制度说法错误的是（　　）。
   A. 爬行钉住制是指汇率可作经常的、小幅的调整的汇率制

B. 爬行钉住制的货币政策自主性较高
C. 爬行钉住制无法抵御大规模的冲击
D. 爬行钉住制属于固定汇率制

## 第三节　外汇管制的基本问题

**预习提示：**

观看相关课程视频，了解外汇管制的概念、历史演变，理解外汇管制的主要内容和目的。观看《一带一路》纪录片第 5 集了解人民币国际化的相关内容。

### 一　外汇管制的概念

外汇管制是指一国政府以法令形式对其外汇的收支、结算、买卖与使用等所实行的某种限制。历史上，每当一国国际收支逆差严重，外汇黄金储备大量流失，本国货币对外比价不能维持时，就会实行外汇管制。

### 二　外汇管制的历史演变

外汇管制的历史，近代可以追溯到 17 世纪的英格兰，但现代意义上的外汇管制只在 1917 年后才由第一次世界大战时的各交战国实施。因此，外汇管制是第一次世界大战的产物。从外汇管制的历史演进来看，外汇管制可分为三个阶段。

第一阶段从第一次世界大战爆发到第二次世界大战结束。第一次世界大战爆发以后，不少参战国发生了巨额的国际收支逆差，它们本国货币的汇率发生了剧烈的波动，引起大量资本外逃。为了集中宝贵的黄金、外汇资产进行战争，防止本国资本的外流，所有参战国在战时都取消了外汇买卖的自由，禁止黄金输出，从而对外汇的收、支、存、兑实行人为的干预和控制。

第一次世界大战结束后，资本主义各国随着经济的恢复和发展，进入了一个相对稳定的发展时期，其货币信用也得到相应的提高，各国先后实行了金块本位制和金汇兑本位制，外汇买卖的自由基本恢复。1929 年全球经济危机爆发，一些实力较强的国家急速把资金从各金融市场大量撤回，使大部分国家国际支付无法继续维持，被迫再次放弃金本位制度。1929—1933年，各国为稳定汇率，维持国际收支平衡，都先后以种种措施控制外汇交易。

第二次世界大战期间，各参战国为了应付巨额战争开支，都实行比以往更为严格的外汇管制，来适应战时的经济需要。各国所采取的方法包括禁止自由外汇的存在，禁止外汇的自由交易等，而在国际贸易方面则采用易货贸易和记账贸易。到1940年，只有美国、瑞士和一些拉丁美洲国家没有实行外汇管制。

这一阶段的外汇管制以防止资本外逃和投机为目的，管制的范围以资本收支为限。因为在这个阶段中，由于战争和经济危机，各国经济不稳定，资本大量外逃，对外汇市场影响很大。

第二阶段从第二次世界大战结束至1958年。大多数国家需战后重建，而外汇、黄金储备又严重短缺，不得不继续实行外汇管制。与此同时，美国利用其战后占绝对优势的经济地位，抬高美元汇率，大量输出资本，占领国际市场，并一再施加压力迫使英、法、日、联邦德国等国放松外汇管制。20世纪50年代以后，由于美国经济实力的相对削弱，而西欧各国及日本经济实力的相对增强，从1958年起，英国、法国、联邦德国、意大利等14个国家实行了有限的货币自由兑换。在第二阶段中，外汇管制范围从资本项目扩大到经常项目，一切外汇交易都要经过外汇管理机关批准。外汇管制是以调整国际收支为目的的全面管制。

第三阶段从1958年至今。进入20世纪60年代，资本主义国家兴起了贸易、资本自由化的浪潮，外汇管制进一步放松。1960年7月，日本也实行了部分货币的自由兑换。原联邦德国则进一步实行全面的货币兑换。1979年10月，英国撤销了原有的外汇管理条例。进入20世纪80年代以来，瑞士、意大利、日本、法国等一些国家继续放松外汇管制。1986年，法国解除了90%的外汇管理措施，意大利也跟着撤销了大部分的外汇管理条例。1990年7月1日起，欧共体决定其成员国原则上完全取消外汇管制。总的来说，现在工业发达国家和新兴工业国家和地区已放松或取消了大部分的外汇管制，而广大发展中国家则由于缺乏自由外汇，仍然实行严格的外汇管制。

### 三 外汇管制的目的

外汇管制是各国经济发展过程中的普遍现象，无论发达国家还是发展中国家都实行过外汇管制，但手段和途径差异较大。工业发达国家实行外汇管制，是为了维护本国货币汇率的稳定，减少国际收支逆差，加强出口产品的国际竞争能力。而广大发展中国家实行外汇管制，则是因为经济不发达，外汇资金短缺，想通过外汇管制来保证本国经济的独立发展，稳定本国货币的币值，保持国际收支的平衡，使有限的外汇资金不致任意流失，而能用在发展本国经济建设上。总的来说，今天发达国家实行外汇管制也是偶尔为之，即使实行，其程度也较宽松；而大多数发展中国家要取消外汇管制，则还有漫长的路要走。

一般来说，实行外汇管制的目的是：第一，限制外国货物的输入，促进本国货物输出，增加外汇收入，扩大国内生产。第二，限制资本逃避和防止外汇投机，以稳定汇率和保持国际收支平衡。第三，保护本国产业，缓和失业矛盾。因为外汇管制可以配合关税保护政策，对那些不利于本国工业和新兴工业的进口商品实行限制，对促进本国工业发展的先进技术、设备及原材料的进口给予鼓励。第四，增加财政收入，实行外汇管制，国家垄断了外汇业务买卖，经营外汇买卖的利润归国家所有。同时，外汇税的课征、许可证的批准、预交存款的规定、歧视性关税等可以使国家得到一笔额外的财政收入，这对解决财政紧张状况有一定的帮助。第五，外汇管制还可以作为一个外交谈判的筹码，借以实现推行一般行政措施所达不到的经济目的。

### 四 外汇管制的主要内容

（一）货币兑换管制

1. 货币兑换管制的基本概念

货币兑换管制是外汇管制的基础。所谓货币兑换管制，是指在外汇市场上，用本国货币购买某种外国货币，或用某种外国货币购买本国货币的限制。货币兑换管制按范围可以分为经常账户下的兑换管制、资本账户下的兑换管制。按对象又可分为企业用汇的管制和个人用汇的管制。一般而言，对资本账户的管制严于对经常账户的管制，对个人用汇的管制严于对企业用汇的管制。第二次世界大战结束后的初期，世界上除美国等极个别国家外，几乎所有国家均实施程度不等的兑换管制。从20世纪60年代起，西欧及日本诸国开始放松兑换管制，发展中国家仍实施兑换管制，尤其是资本项目兑换管制的国家更多，管制程度也更严格。

货币兑换管制的反面是货币自由兑换。按照国际货币基金组织的定义一国若能实现经常账户下的货币自由兑换，该国的货币就被列为可兑换货币。由于自由兑换的条款集中出现在国际货币基金组织协定的第8条，所以货币自由兑换的国家又被称为"第8条款国"。

一国货币要想实现完全可兑换，一般来说要经历经常账户的有条件兑换、经常账户自由兑换、经常账户自由兑换加上资本与金融账户的有条件兑换、经常账户自由兑换加上资本与金融账户自由兑换这样几个阶段。

2. 货币自由兑换的条件

概括地讲，一国货币能成功地实行自由兑换，应基本达到以下几项条件：第一，健康的宏观经济状况，包括稳定的宏观经济形势、有效的经济自发调节机制、成熟的宏观调控能力。第二，健全的微观经济主体。第三，合理的经济结构和国际收支的可维持性。第四，恰当的汇率制度与汇率水平。

3. 货币自由兑换后产生的问题

货币自由兑换后经济面临的新问题在资本与金融账户实现自由兑换后，国际资金流动就将更直接地对一国经济产生影响。下面将在资本与金融账户自由兑换后一国经济所面临的新问题中选择两个有代表性的进行分析。

第一，资本逃避问题。所谓资本逃避是指由于恐惧、怀疑或为规避某种风险和管制所引起的资本向其他国家的异常流动。由于资本逃避行为的隐蔽性以及各国国际收支统计的不完善，它常常不能完全反映在资本账户中。资本逃避是资本所有者对其资产组合进行配置时发生的，因此境内外资产的收益与风险的差异是形成资本逃避的主要原因。

资本逃避对一国经济的发展是极为不利的。从短期来看，大规模的资本逃避会带来经济的混乱与动荡。从长期来看，资本逃避降低了本国可利用的资本数额，减少了政府从国内资产中可获取的税收收入，增大了本国的外债负担，从而会引起一系列严重的经济后果。

第二，货币替代问题。货币替代是指在经济发展过程中，国内对本国货币的币值稳定失去信心或本国货币资产收益率相对较低时，外币在货币的各个职能上全部或部分地替代本币发挥作用。与劣币驱逐良币率不同，货币替代描述的是一种良币驱逐劣币的现象。比如当一国的通胀较高时，本币的价值储藏、记账单位和交易媒介的功能受到严重削弱。有些是全世界都认可的货币，可以长期保持较好购买力和国际声誉，人们会转而持有这些货币而放弃本币。

货币替代对一国经济的影响比较复杂。首先，一般认为货币替代加剧了汇率的不稳定性。其次，货币替代会使货币的定义更加困难，货币政策的效果难以预见。最后，货币替代导致本国政府难以从本币发行中获得铸币税与通胀税，政府收入降低。

4. 人民币国际化

1996 年我国实现 IMF 的第八条，即人民币经常项目可兑换。IMF 第八条对可兑换有如下解释：第一，一个国家不能采取歧视性的货币措施，不能有两种以上的汇率制度；第二，在没有经过 IMF 同意的情况下，成员国不能对经常性国际支付和转移进行限制；第三，成员国有权利随时将外币兑换成本币，只要能证明资金来源用于经常项目，并且是最近 6 个月内发生的。2018 年外管局曾出来辟谣，很多外资企业要将利润汇回国内被当地银行拒绝办理，外管局公开经常项目早已实现自由兑换，不会发生这种情况，并且留下两个邮箱以供投诉。外币利润无法汇出的发外管局的邮箱投诉，人民币利润无法汇出的发中国人民银行的邮箱投诉。

目前，人民币已经加入了特别提款权，实现完全自由兑换需要具备的条件，即：第一，稳定的宏观经济状况。宏观经济稳定的重要标志是低通货膨胀率，这需要财政政策和货币政策的纪律性和信誉性。高通胀率一方面会扰乱市场中的价格信号，增加市场中的噪声，从而减少价格信号中的真实信息量，降低市场的资源配置效率。另一方面，通胀必然伴随着过度的需求。这会造成实际汇率水平的上升和经常项目的恶化，导致无法实现外部平衡。而发展中国家高通胀率一般是大量对低效公共部门的补贴和过高的增长目标造成的巨大财政赤字引起的，所以在资本项目开放前或进行中，政府必须实行连续一贯的平衡财政政策，并实行以价格稳定为目标的货币政策。第二，一定的经济发展水平。衡量经济发展水平，可以用人均国民生产总值和要素生产率这两种指标。一国经济发展水平越高，经济结构和产品结构就越多样化；同时要素生产率越高，其产品的国际竞争力就越强，这样抵御资本项目开放所带来的风险能力就越强，资本项目开放可能造成的负面影响就越小。第三，国内金融体系的深化。如果国内金融市场广度和深度很大，金融体系比较健康，金融机构对外部竞争和冲击反应灵敏，那么就可以较好地削弱冲击，将资本项目开放的不利影响降至最低。第四，微观经济主体的塑造。如果没有健全的微观经济主体，政府将会对企业进行政策倾斜，一方面财政赤字增加，另一方面资源配置低效。第五，高效稳健的金融监管。在资本项目开放后，一方面，国外金融机构的进入和本国金融机构的国外经营使金融机构的经营风险大大增加，使监管的范围和难度大大增加；另一方面，金融机构出现大量的外币负债，当银行出现倒闭时，政府不能像解决本币负债那样通过发行本币来实行救济，而只能通过减少外汇储备或向外借款来实行救济，而当银行破产规模较大时，会造成债务危机或货币危机，所以高效稳健的金融监管是资本项目开放的必要条件。第六，合理的汇率制度和汇率水平。它是资本项目开放后保持外汇市场和宏观经济稳定的重要前提，没有合理的汇率制度和汇率水平，将会使外汇市场失去弹性，加剧供求的矛盾，容易造成大量的投机行为出现，造成货币危机等严重后果。第七，外汇短缺的消除和可维持的国际收支结构。所谓外汇短缺的消除是指外汇收支在趋势上的大体平衡。所谓可维持的国际收支结构，就是外汇收支趋势上的平衡在国际收支上的表现。只有保证外汇短缺的消除和可维持的国际收支结构，才能维持外汇市场和汇率的相对稳定，而这是资本项目开放成功的核心条件。第八，合适的货币自由兑换的顺序。合适的货币自由兑换顺序也是资本项目开放成功的条件，一般要遵循先经常项目开放，后资本项目开放，先直接资本后金融资本开放，先开放资本流入后开放资本流出。

（二）外汇资金收入和运用的管理

1. 外汇资金收入的管理

外汇资金的收入，是指贸易出口、非贸易出口和资本输入引起的外汇收入。出口收汇管理的主要目标是集中外汇收入、增加外汇收入，以保证进口需要和国际收支平衡。对资本输入的管理，主要集中在两个方面。一是对长期资本输入实施期限结构、投入方向等输入条件的管理，包括还款期限不宜过分集中、投入方向要符合本国经济发展的需要、资金换市场的比重要适当、资本来源不宜过分集中在某一国家、利润的返回方式要适当等，都是要考虑的因素。二是对短期资本输入的管理。在这方面，各国大多采取比较严厉的管制措施。

2. 外汇资金运用的管理

外汇资金运用管理指的是，经济主体不具备自由使用外汇的资格，也不持有大量外汇，只有在与贸易和非贸易活动有关的进口付汇和资本输出时才能使用外汇。在进口付汇方面，实施严格外汇管理的国家，通常采用进口许可制。只有获进口许可，才能申请进口所需外汇。在资本输出的管制方面，发展中国家大多实施严格的管制，一般不允许个人和企业自由输出入外汇资金。但是近年来，随着经济一体化和贸易集团化趋势的出现，不少发展中国家开始积极向海外投资，以期通过直接投资来打破各种贸易壁垒，带动本国出口贸易和经济的增长。

（三）汇率种类管理

汇率种类管理指实行单一汇率，或双重汇率，或多重汇率。一国实行两种或两种以上的汇率称为复汇率。因此，双重汇率和多重汇率都属于复汇率范畴。

复汇率按其表现形式有公开的和隐蔽的两种。隐蔽的复汇率又有多种表现形式，这里简单列举几种：第一种形式是对出口按商品类别给予不同的财政补贴或税收减免，由此导致不同的实际汇率；或者对进口按类别课以不同的附加税，这同样导致不同的实际汇率。第二种形式是采用影子汇率。影子汇率实际上是附在不同种类进出口商品之后的一个不同的折算系数。第三种形式是在两国已存在官方汇率和市场汇率两种汇率的条件下，对不同企业或不同的出口商品实行不同的收汇留成比例。允许企业将其留成汇在平行市场或调剂市场上，按市场汇率换成本国货币，这等于变相地给予补贴。留成比例高的企业所得变相补贴就多，留成比例低的企业所得变相补贴就少，没有留成的就得不到补贴。我国在1981—1984年实行过短暂的复汇率制。

### 五　外汇管制的经济分析

一般认为，外汇管制对发展中国家来说，具有以下几方面的积极作用。第一，控制本国对外贸易，促进本国的经济发展。通过外汇管制措施，对本国已开发的资源和能生产的产品限制进口，对国内紧缺的资源限制出口。第二，稳定外汇汇率，抑制通货膨胀。为了解除人们对通货膨胀的恐慌，增强对本币的信心，一国外汇管制机构就得直接或间接地控制汇价，以维持汇率稳定，降低物价上涨程度。第三，限制资本外逃。改善国际收支为制止资本外逃，该国政府就会采取外汇管制，严格控制汇出境外的资金，从而达到防止资本外逃的目的。第四，以外汇管制手段，要求对方国家改善贸易关税政策，也就是说，如果有贸易伙伴国对本国采取歧视性的贸易政策时，就可实行相应的外汇管制措施作为报复手段，要求对方取消原来的政策。

外汇管制的负面影响具体表现如下：第一，不利于国际分工发展。第二，破坏了外汇市场的机制。第三，阻碍了国际贸易的正常发展。第四，增加了企业和政府的费用支出。第五，加剧了国家之间的经济摩擦。

### 课堂教学建议：

本节内容较多，适合采用线上线下混合式教学。外汇管理的概念、历史沿革，外汇管理的目的属于比较简单的内容，可以安排为学生线上自学，教师线上答疑即可。外汇管理的内容是本节的重点，教师可以安排线下自学讨论、答疑、提问多种授课方式。

本节涉及人民币国际化，教师应结合思政教学，要求学生了解人民币国际化的梗概，对未来人民币国际化的发展展开讨论。通过讨论帮助学生树立"四个自信"。

### 课后练习：

一　单项选择

1. 以下关于外汇管制的历史演变说法正确的是（　　　）。
   A. 第二阶段的外汇管制以防止资本外逃和投机为目的

B. 第一阶段的外汇管制是以调整国际收支为目的的全面管制

C. 外汇管制的第二阶段是从第二次世界大战结束至1958年

D. 目前仍有较多的发达国家实行外汇管制

2. 我国的外汇结、售汇制度实施于（　　）。

A. 新中国成立初期

B. 全面计划经济时期

C. 改革开放以后

D. 1994年的外汇体制改革

3. 我国外汇管理的主要负责机构是（　　）。

A. 中国人民银行总行

B. 国家外汇管理局

C. 财政部

D. 中国银行

4. 人民币自由兑换的含义是（　　）。

A. 经常项目的交易中实现人民币自由兑换

B. 资本项目的交易中实现人民币自由兑换

C. 国内公民个人实现人民币自由兑换

D. 经常项目有限制的兑换

5. 外汇管制法规生效的范围界限一般是（　　）。

A. 外国领土

B. 本国领土

C. 世界各国

D. 发达国家

6. 以下关于外汇管制的说法正确的是（　　）。

A. 外汇管制对于发展中国家来说可以限制资本外逃，改善国际收支

B. 外汇管制能够促进国际贸易的快速发展

C. 外汇管制可以加强贸易国之间的联系，有利于消除经济摩擦

D. 外汇管制减少了企业和政府的费用支出

二　多项选择

1. 在国内经济方面，实行外汇管制的目的是（　　）。

A. 维持国际收支平衡

B. 增强本国货币的信誉

C. 稳定物价

D. 保护国内某些工业部门的发展

E. 增加财政收入

2. 以下关于外汇管制的原因包括（　　）。

A. 发展中国家实行外汇管制大多因为经济不发达，外汇资金短缺

B. 发达国家实行外汇管制，是为了维护本国货币汇率的稳定

C. 实行外汇管制的直接原因有一国国际收支逆差严重，外汇储备大量流失等

D. 发达国家想通过外汇管制来保证本国经济的独立发展

E. 只有发展中国家实行外汇管制，因为发展中国家经济落后

3. 外汇管制所针的对象包括（　　）。

A. 外币

B. 外汇支付凭证

C. 外币有价证券

D. 黄金、白银

E. 人寿保单

### 三　判断题

1. 外汇管制就是限制外汇流出。（　　）

2. 各国外汇管制的对象主要是居民。（　　）

3. 外汇管制就是限制外汇流入。（　　）

4. 影子汇率实际上构成了复汇率。（　　）

5. 限制资本输出入是一种常见的外汇管制方式，其目的是纠正国际收支逆差。（　　）

### 四　填空题

1. 我国外汇体制改革的最终目标是（　　）。

2. 我国于 1996 年 12 月 1 日起实行（　　）下人民币可自由兑换。

## 第四节　中国的外汇管理

**预习提示：**

观看相关课程视频，了解中国外汇管理的基本框架，能够简要叙述我国外汇管理的发展脉络及重要事件。

### 一　外汇管理的目的

我国的外汇管理是从 1978 年 12 月党的十一届三中全会确立了改革开放的方针后，逐渐形成的。为适应建立社会主义市场经济和进一步对外开放的需要，从 1994 年开始我国对外汇管理体制进行了进一步的改革，逐步建立起与社会主义市场经济相适应的外汇管理新体制。我国在这一阶段不仅在很大程度上放松了外汇管制，而且逐步运用经济和法律手段，通过市场对外汇和国际收支进行宏观调控。这对我国发展市场经济，逐步实现人民币完全自由兑换，以及国内外价格体系的接轨都具有重大意义。1994 年外汇管理体制改革后，外汇管制不断放松，外汇市场逐步建立和规范，汇率制度逐渐完善。2005 年 7 月 21 日我国对人民币汇率形成机制进行了改革。人民币汇率形成机制改革为深化外汇管理体制改革注入新的活力。2008 年 8 月 5 日发布实施的新修订的《中华人民共和国外汇管理条例》中确立了均衡监管思路，并在行政法规层面明确取消了强制结售汇制度。这标志着我国的外汇管理和汇率制度改革进入了一个新阶段。2009 年，针对跨境资金流向复杂和规模增大、市场主体便利化需求不断增长的现实，外汇管理部门明确提出了新时期深化外汇管理改革的"五个转变"指导原则：第一，从重审批转变为重监测分析；第二，从重事前监管转变为强调事后管理；第三，从重行为管理转变为更加强调主体管理；第四，从"有罪假设"转变到"无罪假设"；第五，从"正面清单"转变到"负面清单"。之后，外管局围绕着"五个转变"，大刀阔斧地推进外汇管理改革。①

从我国外汇管理的发展过程来看，我国实行外汇管理的目的有两个：

---

① 杨胜刚、姚小义：《国际金融（第四版）》，高等教育出版社 2016 年版，第 125 页。

第一，维护国际收支平衡和对外活动正常进行。随着国际贸易的发展及国际资本流动规模的日益扩大，国际债权债务关系也迅速发展，这就要求国家有一定的国际支付手段。国际支付手段不足或出现外贸逆差，会严重影响国内经济的均衡发展。而实行外汇管制，如采取鼓励出口、限制进口、鼓励外资流入，限制本国资金外流等措施，就会使国际收支趋于平衡。第二，维护本国货币和汇率的稳定，促进本国经济发展和加快人民币国际化进程。通过外汇管制，控制外汇的供给与需求，促进其平衡，能有效地使本国货币对外国货币的汇率保持稳定，促进国内经济的发展，也为人民币国际化提供了良好的条件。

### 二 施行外汇管理的机构

国家外汇管理局是我国管理外汇的主管机关，行使国家外汇管理职能，其主要职责有：第一，拟定国家外汇管理的方针、政策、法规和相应的实施细则并组织实施，研究并提出我国外汇管理体制改革的方案，检查处理违反国家外汇管理法规的案件。第二，参与编制国家外汇收支计划、利用外资计划，编制地方非贸易外汇收支计划并监督执行，统计全国外汇收支，拟定国际收支统计申报制度并组织实施，负责编制国际收支平衡表。第三，公布每日美元、日元、港元等主要货币对人民币的中间价，拟定国家外汇储备政策和经营原则，集中管理国家外汇储备。第四，拟定外汇市场的管理政策及办法并监督执行。第五，负责金融机构经营外汇业务的审批，对其经营活动进行监督检查。第六，拟定全国对外负债的登记、统计、监测管理办法并组织实施。另外，国家外汇管理局还负责会同有关部门拟定贸易、非贸易外汇管理办法并监督执行，承办国务院或中国人民银行交办的其他事项等。

### 三 外汇管理的主要内容

根据1996年1月29日国务院颁布的《中华人民共和国外汇管理条例》，外汇管理的主要内容如下。

（一）对经常项目的外汇管理

1994年年初，国家对外汇管理体制进行了重大改革，取消了外汇留成制度，实行银行结售汇制度。从1997年10月15日起，我国允许部分中资企业开立外汇账户，保留一定限额的外汇收入。此后在 2001 年、2002 年和 2004 年多次放宽经常项目外汇账户开户标准，提高经常项目外汇账户保留现汇的比例，逐步从强制结汇向意愿结汇过渡。2007 年 8 月 3 日，外管局规定境内机构可根据经营需要自行保留其经常项目外汇收入。2008 年 8 月 1 日修订通过的《中华人民共和国外汇管理条例》规定，经常项目外汇收入可以按照国家有关规定保留或者卖给经营结汇、售汇业务的金融机构。2009 年以来，为进一步促进贸易投资便利化，外汇管理部门大力开展法规清理，涉及强制结售汇的规范性文件被宣布废止、失效或修订，我国经常项目外汇收入的强制结汇管理完全解除。2011 年出台《电子银行个人结售汇业务管理暂行办法》，在确保年度总额管理政策实效的同时，丰富个人结售汇办理渠道，降低银行经营成本和柜台压力。此后，电子银行个人结售汇业务持续推进。

为支持支付机构跨境电子商务外汇收支业务发展，2013 年在上海、北京、重庆、浙江、深圳 5 个地区 17 家支付机构试点跨境电子商务外汇支付业务，允许支付机构通过银行为小额电子商务交易双方提供外汇集中收付和结售汇服务。试点业务是对传统银行支付业务的有益补充，便利了企业及个人跨境支付结算。

（二）对资本项目的外汇管理

第一，境内机构的资本项目外汇收入，应当按照国家有关规定在外汇指定银行开立外汇账户，卖给外汇指定银行。

第二，境内机构向境外投资，在向审批主管部门申请前，由外汇管理机关审查其外汇资金来源，经批准后，按国务院关于境外投资外汇管理的规定办理有关资金汇出手续。

第三，金融机构在境外发行外币债券，须经国务院外汇管理部门批准，并按国家有关规定办理。

第四，依法终止的外商投资企业，按照国家有关规定进行清算、纳税后，属外方投资者所有的人民币，可以向外汇指定银行购汇并汇出或者携带出境，属于中方投资者所有的外汇，应当全部卖给外汇指定银行。

（三）对金融机构外汇业务的管理

金融机构经营外汇业务须经外汇管理机关批准，领取经营外汇业务许可证。未经外汇管理机关批准，任何单位和个人不得经营外汇业务。

经批准经营外汇业务的金融机构，经营外汇业务不得超出批准的范围，应当按照国家有关规定交存外汇存款准备金，遵守外汇资产负债比例管理的规定，并建立呆账准备金。外汇指定银行办理结汇业务所需人民币资金，应当使用自有资金。办理结算周转外汇，实行比例幅度管理，具体幅度由中国人民银行根据实际情况核定。

（四）对人民币汇率和外汇市场的管理

2005年7月21日我国对人民币汇率形成机制进行改革后，为进一步提高汇率形成的市场化程度，充分发挥市场在资源配置中的基础作用，为银行和企业提供更多的风险管理工具，加快银行间外汇市场的发展，对外汇市场的管理具体表现在以下几个方面：第一，扩大银行间外汇市场交易主体。汇改以来，银行间外汇市场开始打破原先单一银行的参与者结构，允许符合条件的非银行金融机构和非金融企业入市交易。同时，根据港澳和跨境人民币业务发展需要，一批承担境外人民币清算职能的境外银行相继进入银行间外汇市场，还有更多的境外银行在跨境贸易人民币结算业务项下与境内银行开展场外外汇交易，市场对外开放程度逐步提高。第二，增加银行间外汇市场交易品种。第三，改进银行间外汇市场人民币汇率形成方式。为完善人民币汇率形成机制，促进外汇市场发展，丰富外汇交易方式，提高金融机构自主定价能力，自2006年1月4日起，我国在银行间即期外汇市场上引入询价交易方式，同时保留撮合方式。银行间外汇市场交易主体既可选择以集中授信、集中竞价的方式交易，也可选择以双边授信、双边清算的方式进行询价交易。同时在银行间外汇市场引入做市商制度，为市场提供流动性。自2014年起，取消银行对客户美元挂牌买卖价差限制，由银行根据市场供求自主定价，至此实现了人民币对所有外币挂牌汇价管理的完全市场化，完善人民币汇率市场化形成机制取得新进展。第四，增加银行间外汇市场交易币种。

**课堂教学建议：**

本节内容适合线下教学。在提问环节重点关注学生对我国外汇管理机构、外汇管理内容的理解。本节内容的教学过程要注重思政教学，首先，从我国外汇管理的发展过程及目的的学习上，让学生充分认识到我国在金融领域改革的成果，帮助学生树立民族自信心与自豪感。其次，结合国家外汇管理局官网公布的最新信息，和学生讨论我国外汇管理疫情期间面临的挑战和取得的成效。

### 课后练习：

**一 单项选择**

1. 关于我国实行外汇管理的目的说法错误的是（    ）。
    A. 我国实行外汇管理可以提高进口
    B. 我国实行外汇管理可以维护国际收支平衡
    C. 我国实行外汇管理可以维护本国货币和汇率的稳定
    D. 我国实行外汇管理可以促进本国经济发展

2. 以下对经常账户的管理说法正确的是（    ）。
    A. 我国自1997年开始实行强制结售汇制度
    B. 我国的结售汇业务只能在柜台办理
    C. 我国的经常账户实行强制结售汇制度
    D. 2013年后我国开办了跨境电子商务外汇支付业务

**二 多项选择**

1. 2009年，我国外汇管理部门提出"五个转变"的改革是指（    ）。
    A. 从重审批转变为重监测分析
    B. 从重事前监管转变为强调事后管理
    C. 从重行为管理转变为更加强调主体管理
    D. 从"有罪假设"转变到"无罪假设"
    E. 从"正面清单"转变到"负面清单"

# 第 六 章

# 国际储备

## 第一节 国际储备概述

> **预习提示：**
>
> 观看相关课程视频，理解广义和狭义的国际储备的概念。能够理解国际储备的构成，了解各国国际储备的来源渠道。

### 一 国际储备的含义

国际储备亦称官方储备，是指一国政府所持有的，备用于弥补国际收支赤字、维持本币汇率等的国际普遍接受的一切资产。[①]

第二次世界大战后，国际货币制度发生了很大变化，国际储备作为国际货币制度和国际金融系统中的一部分被广为重视。进入 20 世纪末期，全球不断爆发的金融危机，使人们对国际储备的运用更加关注，关于国际储备的研究也越来越丰富。

一般认为，国际储备应该包含官方持有性、普遍接受性、流动性、可得性四个特点。官方持有性是指，国际储备是政府和货币当局持有的资产，私人机构持有的外汇与黄金不具备官方持有性。因此，国际储备又被称为官方储备。普遍接受性是指一国在运用国际储备弥补国际收支赤字和维持本币汇率时能被普遍接受。流动性是指国际储备能便捷地转变为不同形式的金融资产，同时在转换时不容易产生损失的能力。可得性是指国际储备的资产必须是能够随时、方便地被政府或货币当局无条

---

① 杨胜刚、姚小义：《国际金融（第四版）》，高等教育出版社2016年版，第145页。

件地获取和得到的资产,显然政府对此类资产既要具有使用权又要具有所有权。

## 二 国际储备的构成

国际储备有广义和狭义之分。广义的国际储备,又称为国际清偿力,是指一国的对外支付能力,它反映了一国货币当局干预外汇市场的总体能力,包括自有储备、借入储备和诱导储备。狭义的国际储备是一国所持有的现实对外清偿能力,其数量的多少反映了一国在涉外货币金融领域中的国际地位,即自有储备。

### (一) 自有储备

自有储备包括黄金储备、外汇储备、在 IMF 的储备头寸以及在 IMF 的特别提款。

#### 1. 黄金储备

黄金储备是一国货币当局所持有的货币型黄金。货币型黄金与非货币型黄金的区别在国际收支平衡表中已经做了介绍。在金本位制时期,黄金是各国国际储备的主要资产。进入布雷顿森林体系后,由于双挂钩机制,黄金依然是各国国际储备中的主要资产。布雷顿森林体系崩溃后,黄金与货币脱钩,出现了货币化黄金与非货币化黄金的概念。尽管黄金失去了与货币的联系,且持有成本较高,但是各国依然将黄金列为储备资产之一,将黄金作为最后的支付手段。各国政府在管理国际储备时,也经常将黄金作为调节外汇储备的手段之一。

#### 2. 外汇储备

所谓外汇储备是指一国政府所持有的国际储备中的外汇资产,包括一国政府所持有的国际货币和以其表示的外币资产。

在金本位制下,受英国在全球经济地位的影响,英镑成为各国的主要外汇储备。20 世纪 30 年代后,美国经济崛起,美元地位上升,美元逐渐成为与英镑同等重要的外汇储备。布雷顿森林体系建立后,美元在各国外汇储备中占有绝对优势。布雷顿森林体系末期,各国的外汇储备呈现多样化的局面,主要有 7 种货币:美元、德国马克、日元、英镑、法国法郎、瑞士法郎和荷兰盾。进入牙买加体系后,这种局面继续维持,且各国可选择的外汇储备币种比之前更多。1994 年,欧元作为一种新出现的国际货币加入各国的外汇储备当中。2016年，人民币加入SDR，为各国外汇储备又增添了新的可选币种。

外汇储备在各国的国际储备中占有十分重要的地位，是各国国际储备的主要构成部分，在总金额和使用频率上都具有绝对优势。各国可以使用外汇储备调节国际收支，干预外汇市场，维护自身的国际信誉，以此来提高自身在国际上的融资和抵抗金融风险的能力。

3. 成员国在IMF的储备头寸

成员国在IMF的储备头寸是指成员国向IMF所缴份额中的25%部分。IMF规定，一国要加入IMF成为会员国，需缴纳一笔资金，即所认缴的份额。其中的25%部分必须是可兑换货币，其余的75%部分是本国货币。当会员国发生国际收支逆差时，该国有权以本币抵押的形式向该组织申请提用可兑换货币。提用数额分五档，每档占其认缴份额的25%，条件逐档严格。由于第一档提款额等于该国认缴的可兑换货币额，条件最宽松，只要申请便可提用，称这档提款权为储备部分提款权，其余四档为信用提款权。会员国用黄金、外汇认购的25%的份额部分，当会员国没有动用时，是其一项储备资产。储备头寸的另一部分，是IMF为满足其他会员国的要求而使用掉的本国货币。这部分是成员国对基金组织的债权，基金组织可随时向会员国偿还，会员国可无条件地用来支付国际收支逆差。当国际货币基金组织向其他会员国提供本币时，就会使基金组织的本币的持有量低于份额的75%，形成超额备档，加上可在储备档提取的部分即25%的份额，形成了一国的储备头寸，由此看来，一国储备头寸等于认购的份额减去国际货币基金组织对其他货币的持有额。

4. 特别提款权

所谓特别提款权是指相对于普通提款权之外的又一种提用资金的特别权力，主要针对可兑换货币部分。它是IMF于1969年创设并于1979年发行的一种有黄金保值的账面资产，按份额比例分配给成员国，是成员国原有普通提款权以外的一种特殊提款权力，故称特别提款权。特别提款权本质上是IMF分配给会员国的一种应对国际收支逆差的资金使用权利，会员国发生国际收支逆差时，可用它向IMF指定的其他会员国换取外汇，以偿付国际收支逆差或偿还IMF贷款。特别提款权可以由成员国、IMF和某些指定的官方实体持有和使用，但不能由私人实体或个人持有。

特别提款权的创立背景主要源于 1960 年的美元危机和布雷顿森林体系的天然缺陷，二者共同推动了当时国际货币体系的改革。改革的过程是西方大国角力的过程，即以美国和英国为代表的一方以维持美元和英镑日益衰落的地位、防止黄金进一步流失为目的，强调问题的源泉是国际货币和黄金相对国际贸易发展的流动性不足；另一方以法国为首的西欧国家则强调问题并非流动性不足，而是美元通货泛滥，美国有责任消除其国际收支逆差，并推动建立以黄金为基础的储备货币单位，替代美元的地位。最终的结果是以比利时提出的折中方案为基础，通过增加各国在 IMF 的自动提款权，推动其成为储备和流通货币，即特别提款权。该方案在两方的激烈对抗中，最终于 1969 年的 IMF 年会通过。特别提款权的核心问题是份额分配问题而非数量和价格问题，因为成员国持有特别提款权的比例决定了其在 IMF 的投票权大小。

（二）借入储备

借入储备是最终所有权属于非本国居民的一类储备，其主要来源是国际信贷。借入储备属于融资性质，具有到期偿还性和还本付息性。借入储备的使用与一国自身的资信状况密切相关。借入储备具体包括备用信贷、互惠信贷和支付协议、其他信贷三种。

1. 备用信贷

备用信贷是一成员国在国际收支发生困难或预计要发生困难时，同国际货币基金组织签订的一种备用借款协议。这种协议一经签订后，成员国在需要时便可按协议规定的方法提用，无须再办理新的手续。对于未使用部分的款项，只需缴纳约 1% 的年管理费。备用信贷协议中规定的借款额度，有时并不被完全使用。有的成员国与基金组织签订了备用信贷协议后，甚至根本不去使用它。备用信贷协议的签订，对外汇市场上的交易者和投机者具有一种心理上的作用。它一方面表明了政府干预外汇市场的能力得到了扩大；另一方面又表明了政府干预外汇市场的决心。

2. 互惠信贷和支付协议

互惠信贷协议是指两个国家签订的使用对方货币的协议。按照该协议，当其中一国发生国际收支困难时，便可按协议规定的条件自动地使用对方的货币，然后在规定的期限内偿还。这种协议同备用信贷协议一样，从中获得的储备资产是借入的，可以随时使用。两者的区别是：互惠信贷协议不是多边的，而是双边的，只能用来解决协议国之间的收支差额，而不能用来清算同第三国的收支差额。美国曾在20世纪60年代分别同十多个国家签订过双边互惠信贷协议，以期减缓当时外汇市场上对美元的压力。

3. 其他信贷

其他信贷指一国还可以向其他外国政府或其中央银行、其他国际金融组织和商业银行等借款，用来平衡国际收支和稳定汇率等。

（三）诱导储备

诱导性储备是指一国通过政策诱导非政府持有的对外资产的流动方向，进而达到调节国际收支的目的。对于一个国家来说，本国商业银行和个人持有的对外短期可兑换货币资产不属于国际储备。这些资产的投机性和流动性较强，政府可以通过政策的、新闻的、道义的手段来诱导其流动方向，使这类资产也发挥了类似国际储备的作用。

### 三　各国国际储备的来源

各国国际储备主要来源于国际收支盈余、中央银行在进行外汇干预时购进的外汇、一国政府对外借款的净额、中央银行购买的黄金、接受他国支付的特别提款权、其他来源几个方面。中央银行在使用国际储备时要考虑不同来源的储备的成本，来源的广泛性等多方面。一般来说，一国的国际收支盈余是一国国际储备的最主要来源。

（一）国际收支盈余

国际收支盈余是一国国际储备最主要的来源，它由经常账户盈余和资本与金融账户盈余两部分组成。相比而言，经常账户盈余更为稳定可靠，可视作自有储备；资本与金融账户盈余则可能因外资的撤回、游资的大量流出而导致盈余减少甚至消失，故带有借入储备的性质。

（二）中央银行在进行外汇干预时购进的外汇

当一国外汇市场上对本币需求上升，央行为了避免本币快速升值，会在外汇市场上抛售本币购买外汇，外汇储备随之增加。其中，中央银行因收购外汇资产而相应投放的本国货币被称为中央银行的外汇占款。对中国来说，由于人民币长期以来是非自由兑换货币，外资引入后需兑换成人民币才能流通使用。因此，国家为了满足外资换汇需要就会被动地投入大量的基础货币，从而形成了中国人民银行的外汇占款。

（三）一国政府对外借款的净额

一国政府可通过从国际金融市场或向 IMF 借款来补充国际储备的不足。国际金融市场的存在使各国政府平衡国际收支的能力在不同程度上有所增强。但相对而言，发展中国家在国际金融市场上融资的能力比较有限，每当遭遇国际收支困难时，无法从国际金融市场得到资金，从 IMF 通常难以及时、足额和无条件获得所急需的资金。

（四）中央银行购买的黄金

一国中央银行可通过收购黄金的方式增加国际储备，这种做法被称为"黄金的货币化"，即将黄金从非货币用途转为货币用途。对于可兑换货币发行国来说，可以直接用本币在国内外市场购买黄金。对于非可兑换货币发行国来说，可用本币在国内市场购买黄金来增加国际储备，而在国外市场，它们只能以外汇购买黄金，其结果是在外汇储备减少的同时黄金储备增加，而国际储备总量保持不变。

（五）接受他国支付的特别提款权

当一成员国国际收支发生逆差时，经 IMF 批准，它可用特别提款权向 IMF 指定的某一国际收支顺差国换取外汇以偿付逆差。于是，这部分被顺差国接受的特别提款权构成了顺差国国际储备的又一来源。

（六）其他来源

成员国在 IMF 储备头寸、成员国分配所得的特别提款权、储备资产收益和储备资产由于汇率变动而形成的溢价，也可成为国际储备的来源。

## 四　全球国际储备的来源

全球国际储备的来源有黄金产量减去非货币用金量、IMF 分配的特别提款权、储备货币发行国的货币输出。由于黄金不再作为货币价值的基础，特别提款权的分配缺乏经常性机制、分配数量有限并且分配不均，因此，储备货币发行国的货币输出是全球国际储备的最主要来源。从布雷顿森林体系开始一直到牙买加体系，储备货币发行国输出的货币一部分形成各国的外汇储备；另一部分进入国外银行业，成为它们对储备货币发行国的债权。如果各国官方和银行机构未将储备货币发行国输出的货币直接存入发行国的银行，而是将它们存入国际金融市场，则通过国际银行业的周转存贷和信用扩张，又可创造出部分派生储备。

美元在很长时期都是全球主要储备货币，美国的逆差自然成为全球国际储备的重要来源。一种理论认为，美国的国际收支逆差是其他各国增加储备、追求国际收支顺差导致的。另一种理论认为，美国的国际收支逆差是美国国内信贷膨胀和国际经济地位下降导致的。这两种理论在学术界都被广泛认可。具体分析，美元在国际储备中的作用，其背后有深刻的历史原因。另外，储备货币发行国通过国际收支逆差输出货币，取得在世界货币金融领域中的支配地位和铸币税。二战后，美国通过其国际收支逆差来维持其在全世界的政治、经济和军事的霸主地位，攫取实际利益，这就是运用铸币税的一个例子。对于其他国家来说，储备货币输出到这些国家，使它们获得了世界货币，方便了国际经贸的发展，促进了国内经济的发展。美国在获取利益的同时也需要付出代价，比如其货币政策的自主性和独立性常常受到世界各国对储备货币需求波动的影响，也受到外汇市场上投机性因素的影响。

**五　国际储备的作用**

从全球来看，国际储备对全球商品流通、世界经济发展有推动作用。对各国来说，国际储备有五方面的作用。

第一，弥补国际收支逆差、保证对外支付能力。这是持有国际储备资产的首要作用。当一国发生国际收支逆差时，一国政府可以通过减少储备资产来弥补由国际收支逆差带来的外汇供求缺口，从而保证对外支付能力，使国内经济免受被迫调整经济政策的不利影响，有助于实现国内经济稳定发展的目标。当然一国的储备资产是有限的，其应付国际收支逆差的能力也是有限的。因此国际储备多用于调节短期的、少量的国际收支赤字。第二，干预外汇市场、维持本币汇率稳定。政府在外汇市场上通过外汇买卖行为影响外汇供求，从而将汇率维持在一国政府所希望的理想水平上。各国用来干预外汇市场的储备资产，称为外汇平准基金，它由黄金、外汇和本国货币构成。政府对外汇市场的干预可以在短期内对汇率产生影响，无法改变长期变化趋势。第三，国际信用保证。一国的国际储备是一国对外举债的信用基础。国际金融机构和国际银团在对外贷款时，往往要事先调查借债国的偿还债务能力，而一国持有的国际储备状况则是信用调查、国家风险评估的重要指标之一。第四，国际购买和投资手段。由于国际储备资产是用于国际结算的，可在国际上自由交换的资产，所以可用于满足本国的进口需求。此外，国际储备虽然主要不是为投资或获利而设置的，但由于国际储备资产大多是以国际储备货币的存款及有价证券形式存在的，因此，也具有投资获利的效应。第五，防范突发事件。当一国出现自然灾害、经济动荡、金融危机等突发事件时，政府持有充足的国际储备可以减轻这类事件的负面影响，有助于外部均衡的实现。亚洲金融危机之后，不同的国家表现出对待国际储备的不同态度。美国和欧盟已逐步减少了外汇储备，原因是它们的货币在国际经济活动中居于储备货币地位，客观上不需要持有太多的外汇储备；实行浮动汇率制可以大大减少对储备的需求。而广大发展中国家，甚至是新兴工业化国家都普遍增加了外汇储备。原因在于，在美元、欧元两大货币区的挤压下，这些国家普遍认为有必要提高对本国货币的信心。

**课堂教学建议：**

本节内容可以设定为线上自学内容。课堂提问时，重点关注国际储备与国际清偿力的区别、一国国际储备的主要来源。通过讲解，帮助学生理解借入储备的构成以及国际储备的作用。

**课后练习：**

一　单项选择

1. 仅限于会员国政府之间和国际货币基金组织与会员国之间使用的储备资产是（　　）。

  A. 黄金储备

  B. 外汇储备

  C. 普通提款权

  D. 特别提款权

2. 当今国际储备资产中比重最大的资产是（　　）。

  A. 黄金储备

  B. 外汇储备

C. 普通提款权

D. 贷款余额

3. 一个国家增加其国际储备的最主要的来源是（　　）。

　　A. 干预外汇市场

　　B. 黄金非货币化

　　C. 国际收支顺差

　　D. 向国际金融组织的贷款

4. 以下哪种因素导致一国国际储备的增加（　　）。

　　A. 中央银行在国内收购黄金

　　B. 国际收支逆差

　　C. 中央银行在国外收购黄金

　　D. 抛外币购本币的干预

## 二　多项选择

1. SDR 具有如下职能（　　）。

　　A. 价值尺度

　　B. 支付手段

　　C. 储藏手段

　　D. 流通手段

　　E. 转移手段

2. 在以下哪些情况下一国应少保留些外汇储备（　　）。

　　A. 边际进口倾向大

　　B. 进出口供求富于弹性

　　C. 实行固定汇率制

　　D. 外汇管制严格

　　E. 储备货币发行国

3. 储备货币必须具备的基本特征是（　　）。

　　A. 是可兑换货币

　　B. 为各国普遍接受

　　C. 价值相对稳定

　　D. 与黄金保持固定的比价关系

　　E. 与特别提款权保持固定的比价关系

## 三 判断题

1. 国际清偿能力即为国际储备。（    ）
2. 国际清偿力的范畴大于国际储备。（    ）
3. SDR 是按西方五种主要货币的加权平均值计价的。（    ）
4. 基金组织的普通贷款是无条件的。（    ）
5. IMF 的职责是向会员国政府提供发展贷款。（    ）
6. 一国的国际储备的最佳量，是一个较易准确界定的变量。（    ）

## 四 填空题

1. 一国如何最佳地安排其国际储备资产的构成，是国际储备的（    ）管理。
2. 对于衡量一国适度的国际储备量的方法，美国的特里芬在《黄金与美元危机》一书中率先提出（    ）。

# 第二节 国际储备的管理

**预习提示：**

观看相关课程视频，理解国际储备的管理原则及各原则之间的关系。能够理解国际储备总量管理的方法，外汇储备结构管理的理论与方法。

## 一 国际储备管理的原则

国际储备的管理既是一种资产管理，也是一种政策选择。尽管各个国家的实际情况不同，管理的原则也有差别，但管理的一般原则都应该是保证储备资产的流动性、安全性和营利性。

### （一）流动性原则

国际储备作为一种保障性资产，它首先必须保证能供国家货币当局随时使用，以调节国际收支、干预外汇市场，因此流动性是国际储备的第一特性。

### （二）安全性原则

国际储备既是一种资产，但更是一种储备，因此其安全性也十分重要。如果因为通货膨胀与汇率变动而使储备资产贬值，或是其他原因使储备资产损失，其结果将不只是国家财富的直接损失，而且是国际储备的作用难以充分发挥。所以，国际储备管理还必须保障储备资产的内在价值具有相当的稳定性。

（三）营利性原则

国际储备作为一种资产，也应具有资产的一般性质，即能不断增值，这也是安全性的保证。因为风险是绝对的，安全是相对的。防止贬值风险的一个途径就是利用资产获利。因此，国际储备管理也必须考虑使这部分资产能不断增值。

## 二　国际储备的总量管理

一国对国际储备总量的管理，从根本上说，就是使国际储备的供应保持在最适度国际储备量的水平或区域上。

（一）影响国际储备总量管理的因素

一国的国际储备主要取决于该国的经济发展水平。储备规模的下限是保证该国最低限度进口贸易总量所必需的储备资产数量，称为经常储备量。它的上限是在该国经济发展最快时可能出现的外贸量与其他国际金融支付所需要的储备资产数量，称为保险储备量。下限是制约国民经济正常运行的临界点，下限不保，维持现行正常生产所需的进口就得不到保证。国际储备规模的上限表明该国具有充分的国际清偿力，足以应付最高经济发展水平和任何突发事件对国际储备的需要。超过上限的储备则是完全没有必要的。适度规模的国际储备，位于上下限之间。而影响这一规模的经济因素有以下几点。

第一，经济开放度和国民经济对外依赖度。经济开放程度越大，对外贸易依赖程度越高，则国际储备的规模越大。由于国际储备最重要的作用是平衡国际收支，而贸易收支的状况往往决定国际收支的状况，因此，对外贸易状况是决定国际储备需求的首要因素。

第二，外汇管制严格程度。各国实行外汇管制的初衷是改善国际收支状况以及集中外汇资金。一国外汇管制的宽严将影响该国直接控制其外汇收支的能力，进而对国际储备总量产生影响。外汇管制越严格，国家直接控制外汇收支的能力就越强，所持有的国际储备就可以越少。

第三，外汇政策和汇率制度。实行固定汇率制度的国家，货币当局有维持汇率稳定的义务，持有的国际储备量较大；浮动汇率制度下，一国若采取稳定汇率的政策,就需要较多的国际储备用于对外汇市场进行干预,相反,若一国对汇率采取自由放任的政策,所需国际储备就较少。

第四,本国货币的国际地位。如果一国的货币是储备货币,就可以通过增加本国对外负债来弥补国际收支逆差,而无须过多的国际储备。

第五,在国际市场上的融资能力。一国在国际金融市场上筹措资金的能力越强,则持有的国际储备可以越少。当然,一国国际储备充足与否,直接关系到该国从国际金融市场上的融资能力。

第六,外债规模。一般认为,一国的外债规模越大,则需持有较高的国际储备。

第七,各国政策合作协调情况。各国政策协调、合作良好,可以缩小国际收支差额。两国如果协同干预外汇市场,各国所持有的国际储备可以小一些。

影响国际储备量的因素很多,每个因素都从不同方向、不同角度对适度国际储备量产生不同的影响。由此,又引申出另一些问题,即各个因素的具体影响力多大,在这些因素影响下的适度储备量该通过什么样的方法或途径来确定较为复杂与关键的问题。

(二) 确定衡量适度国际储备量的方法

在西方国际储备理论中,对储备量的定量测算方法主要有三种,即利用经验法则的比例分析法、利用多元回归与相关分析建立的储备需求函数,以及确定适度储备量的成本—收益分析法。此外,还有货币学派分析法、标志分析法等。

1. 比例分析法

比例分析法,是一种简单的测量储备需求量的方法,早在19世纪初人们就已运用该法来探讨储备需求的若干问题了,一些著名的经济学家亦从该法入手创立了影响颇为深远的储备需求理论。1802年,亨利·桑顿在其所著的《大不列颠货币信用的性质和影响》中认为,一国的黄金储备应该用于对贸易提供融资,把储备与贸易联系起来。二战之后,特里芬在其论著《黄金与美元危机》一书中认为储备需求会随国际贸易的发展而增加,推导出储备对进口的比例可作为衡量国际储备充分性的标准。1960年特里芬在其著名的论著《黄金与美元危机》中再次强调了该论点,提出了迄今仍有广泛影响的"一国储备量应以满足3个月的进口为宜"的结论,即被人们所称道的"特里芬法则"。该法则的特点是把储备与进口这个变量挂钩,因此,亦称为储备-进口比例计算法。这个方法简单易行,并且进口额与储备额的相关分析已证实两者之间存在一种稳定关系,因此,在1960年之后,它已成为一种标准方法,得到普遍运用。

比例法被提出后,又得到了进一步的发展,除了典型的储备与进口的比例法外,还有国际储备/国民生产总值的比例分析法、国际储备/外债的比例分析法。其中,国际储备/国民生产总值的比例分析法表明国际储备要适应国民生产总值的变化,两者之间基本上成正比例变化关系。根据这一比例关系,可大致估算一国的国际储备量。可参考的适度指标为国民生产总值的10%左右。国际储备/外债的比例分析法是反映一国对外清偿能力和资信的指标之一,这项指标是从满足国际社会对国内经济的要求角度设计的。一国的国际储备应与该国的外债总额保持一个合理的比例。一般认为一国的国际储备量占外债总额的1/2较为合理。一国的经济实力较雄厚,开放程度高,对外融资能力强,其国际储备量可适当减少;一国出口能力强也可适当减少国际储备量。在遵循1/2的标准的基础上,可根据本国具体情况酌情决定。

比例法的最大优点是简便易行,但因选择的变量有限,因而计算的结果准确性不足,因此,该法可作为一种参考,但不能作为唯一的衡量适度储备的标准。

2. 储备需求函数

20世纪60年代后半期开始一些西方经济学家广泛采用各种经济计量模型,对影响储备需求的各种因素进行回归与相关分析,构成储备需求函数,用于确定一国的储备需求量。其特点是系统考察影响储备的各因素及其对储备需求的作用力的大小。储备需求函数有三个模式,即弗兰德斯模式、弗伦克尔模式、埃尤哈模式。

3. 成本—收益分析法

成本收益分析法,是20世纪60年代以来西方一些学者用于研究适度储备需求量的一种新方法。该法可以从全球的角度和一国的角度来分析储备的适度水平,一般情况下常用于后者。其特点是通过对一国持有储备的成本和收益进行分析,进而根据储备持有成本和收益的均衡求出储备的适度水平。它的主要代表人物是海勒和阿加沃尔，并形成了两种主要的分析模式：海勒模式和阿加沃尔模式。

### 三　国际储备的结构管理

国际储备的结构管理中，SDR 和在 IMF 的储备头寸占比很小，对国际储备的影响有限。布雷顿森林体系期间，各国持有的外汇储备都是美元，不存在币种管理，结构管理更多集中在调节美元与黄金储备的比例上。进入牙买加体系后，各国外汇储备呈现多样化的特征，黄金储备又经常被用于调节外汇储备，因此外汇储备的币种管理成为国际储备结构管理的重点。

（一）币种管理的原则

第一，币值的稳定性。币值的稳定性是实现外汇储备保值增值的基础。在考察币值的稳定性时，主要考虑不同储备货币之间的汇率以及相对通货膨胀率。一种储备货币汇率的下浮，必然有另外一种或几种储备货币汇率上浮。此外，不同储备货币的通货膨胀率也是不一样的。管理的任务就是要根据汇率和通货膨胀率的实际走势和预期走势，经常地转换货币，搭配币种，以达到收益最大或损失最小。

第二，营利性。不同储备货币资产的收益率高低不同，它们的名义利率减去通货膨胀率再减去汇率的变化，即为实际收益率。币种管理的任务不仅仅是要研究过去，更重要的是要预测将来，观测利率、通货膨胀率、汇率的变化趋势，以决定自己的币种选择。另外，同一币种的不同投资方式，也会导致不同的收益率。有的投资工具，看上去收益率较高，但风险较大；有的看上去收益较低，但风险较小。营利性要求适当地搭配币种和投资方式，以求得较高的收益率或较低的风险。

第三，国际经贸往来的方便性。方便性管理是指在储备货币币种的搭配上，要考虑对外经贸和债务往来的地区结构和经常使用清算货币的币种。如果一国在对外经贸往来中大量使用美元作为支付手段和清算手段，则该国需经常性地保持适当数量的美元储备。如果该国在其对外交往中大量使用日元，则它必须经常性地保持一定数量的日元储备。在当今世界上，由于外汇市场的发达和货币兑换的方便性大大提高，方便性在决定币种选择中的重要性已大为降低。但在实际生活中，一国对外贸易的地区结构、债务结构及其所使用的支付和清算手段,依然是币种搭配和币种选择中要考虑的一个因素。

(二) 币种管理安排

储备货币种类的安排指确定各种储备货币在一国外汇储备额中各自所占的比重。储备货币结构的管理需要是随布雷顿森林体系的崩溃而出现的。浮动汇率制下各主要货币之间比率的波动造成了以不同货币持有储备资产的收益差异和不确定性。人们安排证券投资的组合都希望在获得一定预期收益率的情况下将风险降至最小,或者说在承担一定风险的条件下获取尽可能高的预期收益率。同样,各国货币当局也会根据资产管理的这一原则来安排外汇储备结构。

预期收益率等于名义利率加上该资产的预期升值率。不同储备货币的名义利率是容易确定的。然而,在收益率中重要的是一种资产对另一种资产的升值。在浮动汇率制下这部分收益难以事先确定,由此也使得整个收益率具有不确定性。对于外汇储备,收益不确定的风险表现为一国当局将持有的储备资产转化为其他资产进行使用时面临购买力下降的可能性。例如,一国可以美元来持有储备资产,由此把以美元计值的风险降到最低。但如果一国的贸易伙伴主要是欧洲国家,则该国美元储备的购买力将随美元对欧洲国家货币的汇率升降而波动。因此,为了减少汇率风险一国可以考虑设立与弥补赤字和干预市场所需用的货币保持一致的储备货币结构。

在这里,需要进一步说明的是:

第一,持有储备的目的之一是支付进口大于出口的部分,因此,一国外汇储备所面临的汇率风险主要在于该国进口大于出口的那些国家的货币,该国应当将储备集中在这些币种上。

第二,当计算贸易赤字的货币构成时,进口应包括预期以各种货币偿还的还本付息支出净额。也就是说一国以各种货币表示的债务净额也是确定外汇储备结构的依据。

第三,有些学者认为,应以贸易结算货币构成为确定储备结构的基础。实际上,如果一种储备货币升值,那么短期内所有以该种货币计价的进口商品价格都会上升,但只有那些真正来自该储备货币发行国的进口产品才会在整个升值期间保持价格居高不下。因此一国储备构成应当集中在进口来源国和出口目标国的货币上,而不是贸易结算货币。

第四,储备的日常职能是充当外汇干预手段,支持本国货币的汇率。为此,一国货币当局必须确定一种干预货币。一国在储备中保有足够的干预货币,不仅可以避免兑换而产生的交易成本,还可以避免因兑换而产生的汇率风险。

减少外汇储备风险的另一种可行办法是实行储备货币多样化。目前世界储备货币多样化的格局也是在浮动汇率制度下各国货币当局避免风险、保持外汇储备购买力的决策结果。根据投资组合选择理论,把各种相互独立的不同资产混合搭配进行投资所承担的风险,一般要低于投资于任何一种资产所承担的风险。因为一部分资产的亏损可以由另一部分资产的升值来抵冲,从而维持预期的收益率,或保证资产的价值不受损失。同样,一国货币当局实行储备货币多样化组合,也可以避免"将所有鸡蛋放在同一个篮子中"的风险,使整个储备资产的购买力保持不变。

通常认为,一国国际储备可分为两个部分:一部分基于日常弥补赤字和干预外汇市场的需要,称为交易性储备;另一部分基于不可预测的、突发的内外冲击,称为预防性储备。总体来看,交易性储备的货币构成应与弥补赤字和干预市场所需用的货币构成保持一致,而预防性储备则应按照分散原理进行投资。

(三)外汇储备资产形式的确定

确定外汇储备的资产形式,是外汇储备结构管理的又一重要内容。根据流动性,储备资产可以分成三类。

1. 一级储备。这类储备的流动性最高但收益最低,风险基本上为零,平均期限为3个月。包括活期存款、短期国库券、商业票据等。活期存款可随时开出支票对外支付,因此流动性最高。储备货币发行国一般有发达的二级市场,短期国库券和商业票据很容易变现。由于这些资产的营利性较差,各国货币当局需要根据特定时期短期对外支付的需要控制它们在储备资产中的比例。

2. 二级储备。指收益率高于一级储备,而流动性低于一级储备但仍然较高的储备资产,平均期限为2—5年,主要是指中期国库券。由于各国货币当局很难准确预测短期对外支付额,所以必须持有一定比例的二级储备,以应付一级储备不足时的对外支付需要。

3. 三级储备。这类储备的收益率最高，但流动性最差，风险也最大，平均期限为 4—10 年。主要指各种长期投资工具。各国货币当局根据特定的债务结构，在确定一级储备和二级储备规模之后，还可通过对外国政府债券和欧洲债券进行长期投资，持有部分三级储备，以此提高储备资产的营利性。

从储备的职能出发，为了应付对外支付和市场干预，货币当局必须持有足量的一级储备，对于自然灾害等偶然发生的变动，还必须拥一定数量的二级储备，剩余的部分才可以考虑进行长期投资。一般来说，国际收支逆差国要在其储备资产中保留较大比重的一级储备，而顺差国则保留较小比重的一级储备和较大比重的三级储备。

### 课堂教学建议：

本节内容可以采用线上线下混合式教学。影响国际储备需求量的因素及总量管理部分可设定为线上自学内容，教师线上答疑或现场提问考查即可。国际储备的结构管理部分可采用线下教学，重点解决学生自学中的疑问。

### 课后练习：

一 单项选择

1. 以下关于国际储备的构成说法错误的是（    ）。
   A. 基于日常弥补赤字和干预外汇市场的需要的部分称为交易性储备
   B. 交易性储备的货币构成应与弥补赤字和干预市场所需用的货币构成保持一致
   C. 基于不可预测的、突发的内外冲击，称为预防性储备
   D. 预防性储备仅投资于升值货币

2. 以下关于国际储备的结构管理说法错误的是（    ）。
   A. 国际储备的结构管理中，SDR 和在 IMF 的储备头寸占比很小
   B. 如果两国协同干预外汇市场，两国可以分别持有较少的国际储备
   C. 储备规模的下限是保证该国最低限度进出口贸易总量所必需的

储备资产数量

D. 储备需求函数有三个模式,即弗兰德斯模式、弗伦克尔模式、埃尤哈模式

## 二 判断题

1. 实行固定汇率制度的国家,货币当局需要持有大规模的国际储备。(    )
2. 如果一国是储备货币发行国可以持有较少的国际储备。(    )
3. 实行储备货币多样化是减少外汇储备风险的一种方法。(    )
4. 币值的稳定性是实现外汇储备保值增值的基础。(    )
5. 外汇储备按照资产流动性不同可以划分为三类。(    )

# 第三节 我国的国际储备问题

**预习提示:**

观看相关课程视频,理解我国实行国际储备的构成。了解我国国际储备管理的机构及各机构的职能。理解我国国际储备总量管理的方法和结构管理的策略。

我国的国际储备在实行市场经济体制改革后,开始逐步增长,其结构管理和数量管理也开始逐渐得到重视。随着我国外汇体制改革的推进,国际储备在我国的经济发展和宏观调控中的作用越来越明显,我国的国际储备也随之呈现高增长态势,其总量在2006年时达到全球第一。为了适应我国经济体制改革的需要,我国加强了国际储备的管理,特别是在外汇储备管理方面,我国做了很多探索和尝试。

## 一 我国国际储备的构成

作为国际货币基金组织的创始成员国,我国的国际储备同样由黄金储备、外汇储备、在国际货币基金组织的储备头寸及特别提款权四部分构成。其中,在国际货币基金组织的储备头寸及特别提款权的数量在我国国际储备中占比很小,而外汇储备是我国国际储备的主要构成部分,其次是黄金储备。

(一) 外汇储备

我国的外汇储备主要来自我国的国际收支顺差。1993年之前，我国外汇储备总体规模较低、波动性较大。受我国鼓励外贸政策的影响，外汇储备总体呈现快速增长的发展态势。

从外汇储备的结构来看，外汇储备由国家外汇库存和中国银行外汇结存两部分组成。其中中国银行外汇结存由中国银行自有外汇资金、中国银行在国内外吸收的外币存款、中国银行发行的债券等构成。国家外汇库存部分主要来自国际收支，因该阶段国际收支波动性较强，导致国家外汇库存也呈现较大波动。1992年，中国银行进行了商业银行市场化改革，因此自1993年起，我国外汇储备中不再包含中国银行外汇结存。

1994年后，外汇储备依然保持高速增长，受1997年东南亚金融危机的影响，1998年到2000年，我国外汇储备增长放缓。2001年之后的十年，受我国加入WTO以及人民币升值预期等因素的影响，外汇储备的增长速度达到历史新高。2010年后，由于我国调整了国际储备管理政策，我国的外汇储备出现下降的趋势。2019年年底，新冠肺炎疫情暴发，由于我国抗疫成效显著，2020年全年，外贸的恢复比较迅速，使我国外汇储备保持平稳，继续维持在3.2万亿元之上。①

(二) 黄金储备

我国的黄金储备政策可划分为两个阶段。第一阶段是1978年到2000年，在这个阶段，因黄金管理成本高，国际市场上黄金价格下跌等因素，我国实行稳定黄金储备的政策。在长达22年的时间里，我国的黄金储备量仅在1979年、1980年和1981年三个年份出现很小的增减幅度。从1982年开始，我国的黄金储备就一直稳定在1267万盎司的水平。

第二阶段是2001年至今，在这个阶段我国实行的是增加黄金储备的政策。我国增加黄金储备的原因有两个：一是由于国际金融市场的风险加大，加之黄金价格进入上升通道，黄金抵御风险的保值功能再次得以凸显；二是1994年以来，我国外汇储备大幅增长，黄金储备占国际储备的比例下降。为了充分发挥黄金的保值功能和确保黄金储备能占到国际

---

① 新浪财经：《外汇局：截至2020年末我国外汇储备规模为32165亿美元》，https://finance.sina.com.cn/china/2021-01-22/doc-ikftssan9485186.shtml?cref=cj。

储备的一定比例，我国在2001年后多次增加了黄金储备持有。从2010年到2020年，我国的黄金储备实现了加倍增长。截至2020年年底，我国黄金储备为6264万盎司，在全球各国黄金储备持有量的排名中居第7位。

**二 我国国际储备管理框架**

（一）国家外汇管理局

1983年以前，中国银行代理国家经营和管理国际储备。1984年，中国人民银行专门行使中央银行职能，外汇储备经营开始出现多种形式并存的格局：其一，中国人民银行委托中国银行经营部分外汇储备；其二，中国人民银行通过国家外汇管理局经营部分外汇储备；其三，中国人民银行委托其他国有商业银行经营部分外汇储备，如交通银行。1994年外汇体制改革后，我国行驶外汇储备管理义务的机构是外汇管理局，其代表中国人民银行管理和经营外汇储备。外汇管理局下设储备司，储备司又分设外汇储备和黄金储备两个管理部门。外汇储备管理主要依托于中央外汇业务中心。中央外汇业务中心的性质为事业单位，储备管理司的性质属政府机构，二者实际上是一套人马，两块牌子。特别提款权和在国际货币基金组织的储备头寸一直由中国人民银行国际司的国际货币基金组织处管理，黄金储备原来由中国人民银行的黄金储备司管理，为了统筹协调对黄金储备与外汇储备的管理，2005年年底，黄金储备司并入国家外汇管理局的储备管理司，现由国家外汇管理局储备管理司承担国家外汇储备和黄金储备经营管理的责任。

储备管理司有六大职责：根据国家外汇储备经营战略、原则，拟定国家外汇储备经营方案；确定国家外汇储备资产组合中的地区分布、币种安排、期限搭配、工具选择等；进行日常的外汇交易、清算和结算等经营性工作；监督检查委托储备资产的经营状况；联系海外分支机构参与有关国际金融活动。储备管理司在海外设立了四个分支机构，它们分别位于中国香港、新加坡、伦敦和纽约，分别叫作华安投资、中国投资公司（新加坡）、伦敦交易室、纽约交易室。通过这四个海外分支机构，国家外汇管理局可进行全球24小时不间断的外汇储备经营。

我国的国际储备管理中，外汇储备管理是核心问题，以下介绍我国的外汇储备管理实践情况。总体来看，改革开放后到20世纪末，我国对外汇储备注重积累，进入21世纪后，我国侧重于对外汇储备缩减规模，优化结构，并成立了中央汇金公司、中国投资有限公司等多家外汇储备管理机构。

（二）中央汇金公司

进入21世纪后，我国对四大国有商业银行进行了市场化改革。由于当时财政资金不足，无法实现对四大国有商业的注资，而外汇储备又需要缩减规模，因此中央汇金公司于2003年12月16日成立，其注册资本全部来自外汇储备。该公司成立后相继对中国银行、中国建设银行注资225亿美元，助推国有商业银行改革，同时也实现了外汇储备的多元化与保值。之后，中央汇金公司一直在金融机构改革和重组中发挥重要作用。目前，中央汇金公司已经成为中国改革金融业的一个政策性的金融产权的操作平台，它代表国家行使股东权利，集中管理境内银行、证券和保险等金融资产。该公司自身运作良好，业绩突出，一方面其控股的国有商业银行每年为其提供高额分红，另一方面其手中的股权在市场上获益比较丰厚。

（三）中国投资有限公司

中国投资有限责任公司成立于2007年9月29日，其资本金2000亿美元全部来自中央财政。中央财政采用发行特别国债的方式并通过向央行购汇完成对中投公司的注资。2007年10月，中投公司以670亿美元完成了对中央汇金公司的收购。此举使汇金公司旗下的全资子公司中国建银投资公司也并入中投公司，至此，中投公司已经形成了汇金、海外事业部和中国建银投资的"三驾马车"格局。三家公司各有分工：汇金继续承担推动金融改革的重任，代表国家作为出资人长期持有被投资金融机构的股权；中国建银投资公司则成为不良资产处置机构；海外事业部则主要负责海外投资。

中投国际有限责任公司成立于2011年9月，承接了中投公司当时所有的境外投资和管理业务，主要业务包括公开市场股票和债券投资，对冲基金和房地产投资，泛行业私募基金委托投资，跟投和少数股权财务投资。2007年5月，中投公司完成了海外第一单，投30亿美元给美国第二大私募基金公司，后来受次贷危机影响，该公司的这笔业务账面亏损严重。

中投海外直接投资有限责任公司成立于2015年1月，是中投公司对外直接投资业务平台，通过直接投资和多双边基金管理促进对外投资合作，力争实现投资收益最大化。该公司资金来源是财政部向央行发债1000亿美元完成注资。该公司成立之前，中投公司就有对海外的一些大型直接投资项目，比如2009年对加拿大泰克资源有限公司投资15亿美元。2011年对美国爱依斯电力公司投资16亿美元。到2014年末，中投公司的境外投资组合中，长期资产占26.2%。

中央汇金投资有限责任公司，根据国务院授权，该公司对国有重点金融企业进行股权投资，以出资额为限代表国家依法对国有重点金融企业行使出资人权力和履行出资人义务，实现国有金融资产保值和增值。中央汇金公司不参与任何经营活动，不参与控参股金融企业的日常经营活动。并入中投后，又进行了多项注资，比如2007年，注资光大银行、国开行分别200亿元人民币、200亿美元。前两家公司的境外业务和汇金公司的境内业务之间实行严格的防火墙措施。

中投公司除了完成以上业务外，近几年还积极配合国家战略，完成了对金砖国家开发银行、丝路基金、亚投行的注资。2013年1月，国家外管局成立外汇储备委托贷款办公室，负责创新外汇储备运用工作。委托贷款是外管局提供资金，委托国开行向指定的贷款对象发放贷款，利率、期限、金额由国开行确定，风险由外管局承担，贷款对象是"走出去"的中国企业。

### 三　我国国际储备的总量管理

我国的国际储备管理重点在于外汇储备，外汇储备规模决定了我国的国际储备总量，以下将主要介绍外汇储备的总量管理。

亚洲金融危机后，亚洲各国持有的外汇储备的数量都有一定的增加。我国自1994年外汇体制改革以来，外汇储备增长很快，关于我国外汇储备适度规模的研究和讨论越来越多。有些学者认为，我国应该持有较大规模的外汇储备；还有些学者认为，我国外汇储备过多，应加强总量管理。

我国自2003年开始就在为外汇储备"做减法"，虽然我国加大了对外汇储备的使用力度，但是外汇储备的增长速度过快，使我国的外汇储备依然呈现出增长态势,直到 2013 年才出现拐点。因此,外汇储备的规模管理必须协调好外汇储备存量管理与增量管理之间的关系。我国外汇储备规模管理的基本思路为:以外汇储备存量管理和增量管理及其关系协调为主线,以外汇储备的结构管理为补充,使外汇储备的供给向储备需求调整,实现我国外汇储备的适度规模。

(一) 管理好现有外汇储备

具体需要从以下方面着手:第一,战略性资产配置与战术性资产配置相结合,一部分储备作为战略性资产服从于国民经济宏观目标的需要,另一部分储备作为战术性资产灵活配置,追求营利性,同时做好币种与资产两个维度的结构管理。第二,逐步加大委托经营储备的比重,提高储备的营利性。我国可借鉴国际做法,在取得委托经营成功经验的基础上,逐步加大委托经营储备的比重。具体做法是从战术性资产中划出一定数额的储备,专门用于委托经营。

(二) 用好现有外汇储备

在外汇储备运用方面,我国做了很多有益的尝试。2003 年以来我国用外汇储备注资国有商业银行,2007 年财政部发行特别国债置换央行外汇储备,并将置换出来的外汇投入中投公司,这些都是我国在外汇储备数量管理上的创新。实践证明,通过某种制度安排将外汇储备从货币当局处置换出来,再将置换出的外汇用于解决战略性问题,这种机制是行之有效的。之所以不是直接使用外汇储备而要置换,原因在于外汇储备是央行通过外汇占款这一负债方式得来,它不是国家的财政资金。基于此,有两个方面能将外汇用在刀刃上:第一,由财政举债,置换一部分外汇储备用于充实社会保障资金,缓解社会保障资金问题对经济发展的制约;第二,由财政举债,置换一部分外汇储备用于建立重要战略性物资的储备。必须指出的是,当外汇储备被从央行置换出来后,其性质已经发生改变,它不再是外汇储备,而成为持有人的外汇资金。这是因为置换是市场行为,央行得到人民币,相当于原来投放的外汇占款回笼;持有人得到外汇,相当于在外汇市场做了一笔外汇买卖业务。从置换本身来看,这属于一项外汇储备存量管理的措施。但是从被置换出来的外汇来看,它只是普通的外汇资金。因此,就中投公司而言,中投被注资和成立是外汇储备管理中的一部分,但中投对外汇的经营是它的企业行为。总体而言，这种置换做法相当于对外汇储备做"减法"，能减少外汇储备存量，缓解外汇储备的经营管理压力。

### 四 我国国际储备的结构管理

我国国际储备的结构管理遵循安全性、流动性和营利性的"三性"原则。从我国外汇储备的管理历程来看，1994年至2008年8月，我国执行的是较严格的结售汇制。在这种结售汇制度下，我国外汇储备数量的增减直接体现我国的国际收支状况。目前，我国已实行意愿结汇制。但基于人民币升值的预期，市场持有外汇的意愿不强，我国国际收支状况与外汇储备增减之间仍然存在直接联系。与此对应，发达国家没有严格的外汇管制，也不实行强制结汇制度，企业的经常性外汇收支一般是通过国内商业银行进行的，其结余并不构成国家外汇储备。这些国家的外汇储备通常是指官方持有的、用于调节国际收支逆差的官方储备，其变化与国际收支差额没有直接的因果关系，而是官方主动调节的结果。

我国一直没有对外公布外汇储备的结构，外界只能从央行官员及美国政府的公开信息中得到一些有关我国外汇储备结构的信息。在币种结构上，外汇储备由美元、欧元、日元、英镑等储备货币构成，其中美元的比重在70%以上。在资产结构上，我国持有较多的美国政府国债及政府机构债。目前，我国外汇储备结构管理有以下三个特点。

（一）建立了完善的内部治理结构

外汇储备的整个投资操作体现了层层授权、交叉复核、相互监督制约的原则。战略研究部门负责研究分析国际金融市场、储备经营策略和投资基准并提出相关建议。投资部门根据投资基准结合市场情况进行投资操作。风险管理部门根据储备经营总体战略和目标，制定有效的风险管理政策和各种风险监控指标体系，识别、评估储备经营面临的主要风险，提出相应的管理建议。合规性检查部门对投资操作及其他各环节的合规性进行全面审核。清算部门对交易进行确认核对后发送清算指令。会计部门进行成本收益核算、财务分析和业绩评估。内审部门依据相关规程进行内部审计，有效防范各类道德风险。

（二）确立了以投资基准为核心的经营管理模式

外汇储备投资基准包括优化的货币结构和资产结构，以及具体的产品和期限分布结构,它是一种适合大规模资产运作需要的投资基准管理模式。外汇储备经营管理人员以投资基准为基本参照,具有适度偏离空间,可以捕捉市场机会动态经营。实践证明,以投资基准为核心的经营管理模式代表了国际上先进的资产管理理念和管理水平,符合储备经营管理的实际情况,在外汇储备快速增加的环境中能够确保外汇储备资产的保值和增值。

(三)建立了科学的风险管理体系

现阶段,我国外汇储备资产包括外币存款、债券、债券回购、同业拆放、外汇掉期、期权等。外汇储备的经营管理面临着市场风险、信用风险和操作风险等各类风险。借鉴国际先进的风险管理经验,储备经营管理采用了风险预算、VAR 等风险管理技术,成立了风险管理委员会,严格审查和控制储备经营全过程的各类风险,形成了包括风险管理指引、授信额度管理和交易对手管理在内的较完整的储备经营风险管理体系。此外,储备管理采用了国际上较先进的交易信息系统、风险管理系统、资金清算系统和会计核算系统,以此为技术保障。

### 课堂教学建议:

本节内容适合于线下教学。首先,通过课堂提问考查学生在我国国际储备管理机构、管理方法部分的掌握情况。其次,通过小组讨论,与学生共同探讨当前我国的国际储备管理取得哪些成效、面临哪些挑战。

### 课后练习:

一 单项选择

1. 现阶段我国外汇储备结构管理的特点不包括(     )。
    A. 建立了完善的内部治理结构
    B. 建立了科学的风险管理体系
    C. 确立了以投资基准为核心的经营管理模式
    D. 建立了健全的海外投资体系
2. 代表中国人民银行的管理外汇储备的机构是(     )。
    A. 中国银行
    B. 银保监会

C. 外汇管理局

D. 中国投资有限责任公司

## 二　判断题

1. 我国国际储备的结构管理遵循安全性、流动性和营利性的"三性"原则。（　　）

2. 中央汇金投资有限责任公司是代表国家对重点金融企业控股的机构。（　　）

# 第 七 章

# 国际金融市场与国际金融机构

## 第一节　国际金融市场概述

**预习提示：**

观看相关课程视频，理解国际金融市场的概念，了解国际金融市场的发展历程，能够解释国际金融市场发展的原因和趋势。

### 一　国际金融市场的概念

国际金融市场是资金在国际进行流动或金融产品在国际进行买卖和交换的场所。国际金融市场的概念有广义与狭义之分。广义的国际金融市场包括国际货币市场、国际资本市场、国际外汇市场、国际黄金市场等。狭义的国际金融市场指从事国际资金借贷的场所或网络，亦称国际资金市场，包括国际货币市场和国际资本市场。

国际货币市场是指居民与非居民之间或非居民与非居民之间，进行期限为1年或1年以下的短期资金融通与借贷的场所或网络。该市场的主要参与者包括各国政府机构、国际性商业银行与欧洲银行。

国际资本市场是指在国际范围内进行各种期限在1年以上的长期资金交易活动的场所与网络。该市场的主要参与者有国际金融组织、国际银行、国际证券机构、跨国公司及各国政府等。

国际外汇市场是进行国际性货币兑换和外汇买卖的场所或交易网络，是国际金融市场的核心之一。

国际黄金市场是世界各国集中进行黄金交易的场所。虽然黄金已经不再是货币，但黄金仍然是各国调节国际储备资产的重要手段，也是居民调整个人财富储藏形式的手段之一。黄金的价格及交易量对世界上其他市场有一定影响。

## 二 国际金融市场的形成与发展

### (一) 形成与发展历程

国际金融市场是在资本主义经济从自由竞争向垄断阶段发展过程中，随着国际贸易的发展、世界市场的形成以及国际借贷关系的扩大，逐步形成和发展起来的。国际金融市场的形成与发展经历了三个阶段。

第一阶段是传统国际金融市场形成阶段。第一次世界大战以前，英国的经济实力跃居世界第一。随着对外贸易和对外信用的发展扩大，英镑逐渐成为国际贸易结算中使用最广泛的货币，英国也成为世界最大的资本输出国。由于在国际贸易和国际金融方面处于主导地位，英国的首都伦敦成为世界最大的国际金融中心，进而成为世界上最大的国际金融市场。

第二次世界大战爆发期间，英国经济持续遭到重创，伦敦在国际金融市场的地位也随之下降。美国利用第二次世界大战积累的巨额资本成为世界上最大的资金供应者，美元成为重要的国际结算货币，纽约逐渐成为取代伦敦的新国际金融市场。欧洲各国受战争影响比较严重，而只有瑞士因为得益于"永久中立国"的地位而免受战火，金融业始终蓬勃发展。瑞士法郎成为二战后西欧国家中唯一保持自由兑换的货币。因此，瑞士的苏黎世凭借自身的优势成为继伦敦、纽约之后的第三大国际金融中心。

第二阶段是欧洲货币市场形成阶段。进入20世纪60年代以后，西欧经济日渐恢复，美国国际收支逆差严重，美元外流持续增加。美国政府为了阻止美元外流，采取一系列限制资本外流的措施，结果进一步刺激了美元外流。境外美元很快集中于伦敦，进而形成"欧洲美元"，伦敦也因此成为规模最大的欧洲美元市场。全球的国际金融市场也从最初的居民与非居民的交易，越来越多地转变为非居民之间的交易。随着西欧国家货币自由兑换和资本自由流动的恢复，境外货币的交易种类不断增加，使欧洲美元市场演变并发展为欧洲货币市场。

欧洲货币市场出现以后，国际金融市场不再局限于少数的传统国际金融中心，而是快速扩张到巴黎、法兰克福、阿姆斯特丹、卢森堡、新加坡、中国香港等国家和地区。

第三阶段是新兴国际金融市场兴起阶段。20世纪80年代后，金融自由化和金融全球化的浪潮袭来。新兴工业国家受此影响，进行了相应的金融改革，再加上新兴工业化国家的经济发展达到了一定的水平，这些国家的金融市场很快与国际接轨，日渐发展成为新的国际金融中心。新兴国际金融市场主要分布于拉丁美洲地区的墨西哥、阿根廷、巴西，亚洲的"四小龙"和"四小虎"。

从发展历史来看，国际金融市场的形成，尤其是新兴的国际金融市场的产生需要具备一些基本条件，比如：政局稳定；发达的商品经济和完善的金融制度与金融机构；实行自由外汇制度；实行比较灵活的、有利于市场发育的财政税收措施；优越的地理位置，现代化的交通、通信手段以及其他相配套的服务设施；具有一支既懂国际金融理论，又有国际金融业务实践的专业队伍。

在国际金融市场发展的第三阶段，中国的经济实力有了很大提升，其金融市场也在逐步开放。中国上海也逐步发展成为国际金融中心之一。2005年8月，党中央、国务院和中国人民银行决定在上海设立中国人民银行上海总部，并不断加强上海总部职能建设，这是支持上海国际金融中心建设的重要举措。为进一步配合上海国际金融中心建设，中国人民银行还先后将中国外汇交易中心、中国银联、上海黄金交易所、上海清算所、中国人民银行征信中心等众多金融机构设立在上海。2014年上海市利用自贸区金融改革的契机，进一步扩大金融市场开放。金融市场改革和创新取得了一系列突破，比如"沪港通"的启动，上海黄金交易所国际板的推出，中国外汇交易中心推出人民币对欧元、英镑、新西兰元、新加坡元直接交易，上海清算所推出人民币利率互换集中清算业务等。经过多年的努力，上海国际金融中心的全球排名不断上升。

2020年，新冠肺炎疫情暴发，由于中国抗疫效果显著，上海作为国际金融中心的地位得到巩固。一方面，受全球疫情的影响，各地区的资本因避险需求会加大对人民币资产的配置，人民币的汇率在疫情期间走强，这些为上海国际金融中心的进一步发展提供了条件。另一方面，从上海自身来说，本次疫情的暴发有利于上海构建多层次的资本市场，进一步发展金融科技产业。①

(二) 形成与发展的原因

国际金融市场发展的根本原因是国际贸易的发展、世界市场的形成和国际借贷关系的扩大。国际贸易的发展要求银行提供相应的资金融通和结算服务；资金输出和生产的国际化要求银行和其他金融机构提供全面的金融服务，以银行为媒介的金融活动使各国国内金融市场相互联系和渗透，从而使国际金融市场空前发展。国际金融市场发展的推动因素包括很多，有金融科技的快速发展使国际金融业务创新加快、各国对国际金融业务给予很多的鼓励性政策等。

(三) 国际金融市场的发展趋势

1. 市场全球一体化

金融市场的全球一体化开始于20世纪60年代，在20世纪80年代后已成为国际金融市场发展的一个重要趋势。从国际金融市场的发展历程可以看出，国际金融中心从三足鼎立，逐渐扩展到全球各地区。虽然国际金融市场在地域上具有分散性，但由于通信技术的发展，加之金融科技的推广，全球各地的市场越来越紧密地联系在一起，逐渐形成一个全时区、全方位的一体化市场。

2. 国际融资证券化

进入20世纪80年代后，国际融资出现了证券化趋势。国际融资证券化的发展不仅体现在数量上，还表现在贷款债权证券化。越来越多的银行直接进入证券市场，将自己传统的长期抵押贷款安排成证券，以实现贷款债权的流动性。

3. 业务创新加快

20世纪80年代以来，随着西方各国普遍放松金融管制，国际金融市场上的创新层出不穷，主要有四类：风险转移型创新业务、增加流动性型创新业务、信用创造型创新业务、股权创造型创新业务。风险转移型创新业务主要有期权交易、期货交易、互换交易、远期利率协议等。增加流动性型创新业务有大额可转让存单、可转让贷款证券等。信用创造

---

① 搜狐网：《丁剑平：疫情常态化下上海抢占国际金融中心新高地的思考》，https://m.sohu.com/a/412292887_674079。

型创新业务主要有票据发行便利。股权创造型创新业务内容繁多。

2020年，全球暴发新冠肺炎疫情后，国际金融市场再次面临挑战，结合金融科技的创新开始加快。在普惠金融领域，如何利用手机、先进的移动通信工具来办理业务成为金融创新的重点。

### 三　国际金融市场的作用

**（一）积极作用**

第一，有利于调节各国国际收支的不平衡。二战后，国际收支出现逆差的国家越来越多地在国际金融市场，特别是欧洲货币市场上筹资，这些国家借助该市场迅速获得短期外汇资产来减少国际收支逆差。第二，有利于促进国际贸易的发展与国际资本的流动，推动各国经济的发展。国际金融市场极大地便利了国际贸易，为国际贸易的顺利开展提供了良好的条件。同时，国际金融市场为国际资本流动提供了一种机制。第三，有利于推动生产和资本国际化的发展。国际金融市场的存在，不仅吸引了无数的跨国银行和跨国公司，而且通过国际金融市场上的各种业务活动把各国的金融机构、大型企业紧密地联系在一起。第四，促进了金融业务国际化发展。

**（二）消极作用**

国际金融市场在发挥诸多积极作用的同时，产生了一些负面作用。首先，国际金融市场上大量资本流动，使各国制定货币政策的难度加大。其次，国际金融市场带动国际资本流动加剧，加大了爆发国际金融危机的风险。

### 课堂教学建议：

本节内容可以设定为线上自学内容，也可以开展线下教学。如果采用线上自学，教师只需要在线答疑即可。如果开展线下教学，国际金融市场的发展历程与发展趋势中，都有关于中国的最新情况，教师可以安排一些思政教学的讨论。在这部分讨论中，教师应从两个方面进行引导：一是让学生认可我国在应对疫情防控中所取得的经济发展成果，帮助学生树立民族自豪感。二是引导学生思考疫情后国际金融市场该如何恢复，中国在其中应该扮演什么样的角色。

## 课后练习：

### 一　单项选择

1. 以下关于国际金融市场说法正确的是（　　）。
   A. 国际金融市场与国内金融市场意义相近
   B. 国际金融市场主要是指居民与居民之间的交易
   C. 国际金融市场的业务活动要受国界的限制
   D. 国际金融市场可分为传统型和离岸型国际金融市场

2. 国际金融市场发展的根本原因是（　　）。
   A. 国家纸币无纸化趋势的国际化
   B. 国际贸易和国际借贷关系的扩大
   C. 高科技在国际金融市场中的运用
   D. 各国对发展国际金融业务的政策支持

3. 国际金融市场发展的推动因素不包括（　　）。
   A. 国家纸币无纸化趋势的国际化
   B. 高科技在国际金融市场中的运用
   C. 国际贸易和国际借贷关系的扩大
   D. 各国对发展国际金融业务的政策支持

4. 以下关于国际金融市场的发展过程说法不正确的是（　　）。
   A. 20 世纪 60 年代之后，全球的国际金融市场是三足鼎立的格局
   B. 20 世纪 80 年代之后，国际金融市场的金融创新十分活跃
   C. 20 世纪 80 年代之后，国际金融市场融资证券化的特征越来越明显
   D. 20 世纪 60 年代之后，全球国际金融市场三足鼎立的格局被打破

### 二　多项选择

1. 广义的国际金融市场包括（　　）。
   A. 国际资本市场
   B. 外汇市场
   C. 国际黄金市场
   D. 国际货币市场

E. 国际衍生品市场
2. 狭义的国际金融市场包括（　　）。
    A. 国际资本市场
    B. 外汇市场
    C. 国际黄金市场
    D. 国际货币市场
    E. 国际衍生品市场
3. 国际金融市场形成的基本条件包括（　　）。
    A. 政局稳定
    B. 实行自由外汇制度
    C. 优越的地理位置
    D. 完善的金融机构与金融制度
    E. 具有较高的国际贸易总量

## 第二节　欧洲货币市场

**预习提示：**

观看相关课程视频，深入理解欧洲货币市场的概念、发展的原因，了解欧洲货币市场的分类和特点，重点理解欧洲货币市场的特色业务和作用。观看《一带一路》纪录片第5集，结合所学的欧洲货币市场的理论知识来思考"一带一路"中金融市场的互通互联。在预习中总结要点，并找出自学中的难点与困惑。

### 一　欧洲货币市场的概念

欧洲货币市场发端于欧洲美元市场。当非居民客户将美元资金存放在美国境外的其他国家的商业银行或美国商业银行在海外的分行时，就形成了欧洲美元。吸收了境外美元的银行再将这些美元贷放出去，就形成了欧洲美元市场。最初的境外美元市场集中在以英国伦敦为中心的欧洲各国金融中心，所以这种美元市场被称为欧洲美元市场。欧洲美元不是一种特殊的美元，它与美国国内流通的美元是一样的，具有同等的价值和购买力。所不同的是，欧洲美元不在美国境内的金融界经营。

后来境外市场不断扩大，欧洲货币不限于境外美元，任何可自由兑换的货币都能以欧洲或境外的形式存在。因此，欧洲货币市场是指在发行国境外存储和贷放该国货币的市场。人民币国际化后，我们经常听到若是离岸人民币持续贬值，会影响到在岸人民币的价格。

亚洲货币市场可以被认为是欧洲货币市场的一个分支，指亚太地区的银行经营境外货币的借贷业务所形成的市场。这里所说的"亚洲货币"是泛指亚洲货币市场经营中所使用的有关货币，如美元、英镑、欧元等多种自由兑换货币。亚洲货币市场的资金主要来源于外国中央银行的部分储备资产或财政节余，跨国公司的调拨资金或闲置资金，东南亚或中东国家因战争、政治动乱或经济不稳而外逃的资本，外国侨民、进出口商或个人等非银行客户的外币存款。亚洲货币市场的资金主要用于向银行同业和非银行客户提供贷款。对非银行客户的贷款主要是贷给亚洲各国的政府、企业及其金融机构。亚洲货币市场的发展促进了亚太地区经济的发展，并使国际金融中心的地区分布发生了巨大变化，有利于世界经济的均衡发展，但也冲击着所在国的金融稳定。

## 二 欧洲货币市场的产生和发展的原因

欧洲货币市场的形成与发展有多方面的原因：第一，东西方冷战使东欧、苏联及很多社会主义国家纷纷将存放在美国境内的资产从美国转移到欧洲各国的银行。这些美元是欧洲美元最早来源。第二，英镑危机是促成境外美元市场形成的重要条件。1957年英镑发生了危机，英国政府开始禁止商业银行用英镑对非英镑区的居民进行贸易融通，同时鼓励伦敦的商业银行接受美元存款并办理美元信贷。因此，英国的商业银行纷纷转向美元，利用美元存款贷给国际贸易商。第三，20世纪六七十年代，美国出现了大量国际收支逆差，许多国家获得了贸易盈余。这些贸易盈余国将美元投入欧洲货币市场，获得利息。第四，世界主要产油国将大量的石油美元存放在了欧洲的各银行，由此加速了欧洲货币市场的发展。1973年，石油大涨价，使欧佩克组织的国家获得了巨额的盈余资金，这些石油美元大大加速了欧洲货币市场的发展。所谓石油美元是指1973年和1979年两次石油大幅度提价，使得石油输出国经常项目收支产生的巨额盈余。第五，美国国内的各项金融政策促使美国境内的银行将资产转移至欧洲的分支机构经营。美国为了防止资金外流，制定了诸如 Q 条例之类的金融政策。Q 条例中规定了储蓄及定期存款的利率上限，使美国国内商业银行的利润空间变小，美国国内的大批美元存款流向欧洲市场。第六，20 世纪 80 年代开始的金融自由化政策促进了欧洲货币市场的快速发展。

### 三 欧洲货币市场的特点

第一，市场范围广阔，不受地理限制。欧洲货币市场是跨越国界的资金交易市场，不受地理条件的约束。

第二，交易规模巨大，交易品种、币种繁多，金融创新极其活跃。由于该市场不受任何金融法规的约束，无论是金融产品的选择，还是市场的进出都十分自由。因为欧洲货币市场是十分活跃的市场，因此其批发性特征明显，主要服务于政府、跨国公司、大银行等大客户。

第三，拥有独特的利率结构。欧洲货币市场之所以能快速发展，因为该市场没有货币政策的约束，所有吸纳的资金无须缴纳存款准备金，这导致欧洲货币市场的存贷利差比一般市场都小，资金使用的低成本优势很明显。

第四，欧洲货币市场所受的管制较少。该市场是一个高度自由的市场，不受任何国家法律法规的限制。

### 四 欧洲货币市场的分类

欧洲货币市场经过不断的发展，逐步分为三种类型，即一体型、分离型、走账型。其中一体型是指本国居民参加交易的在岸业务与非居民间进行离岸交易之间没有严格的分界，境内资金与境外资金可以随时互相转换，伦敦和香港属于此类型。分离型是指在岸业务与离岸业务分开。分离型的市场有助于隔绝国际金融市场的资金流动对本国货币存量和宏观经济的影响。美国纽约离岸金融市场上设立的国际银行设施、日本东京离岸金融市场上设有海外特别账户，以及新加坡离岸金融市场上设有亚洲货币账户均属于此类。走账型也称簿记型，是指没有或者几乎没有实际的离岸业务交易，只是起着其他金融市场资金交易的记账和划账作用，目的是逃避税收和管制。中美洲和中东的一些离岸金融中心属于此类。

### 五　欧洲货币市场的特色业务

欧洲货币市场自建立以来金融创新层出不穷，在经济和金融自由化、科技进步、生产和资本国际化的需要三个要素的推动下，出现了票据发行便利、互换、期权等多种金融工具。

#### （一）银团贷款

辛迪加贷款又称银团贷款，它是由数家银行联合起来提供的贷款。银团贷款方式对于借款者来说有诸多好处。首先该类贷款期限长，多为1—17年，以3—8年最为常见；其次，贷款数量大，每笔金额从14万美元到10亿美元不等，这种贷款通常不需要任何抵押。

#### （二）票据发行便利

票据发行便利，简称NIF。这是一种提供中期周转性便利、具有法律约束力的约定，通过这种约定，企业可以通过发行短期票据融得稳定的长期资金。签订这种约定后，借款人（即短期票据发行人）可以在一个中期时期内（如5—7年）以自身名义发行一连串短期票据（进行周转性借款）；承包银行（即安排票据发行便利人，指单个银行或银行集团）则依约承购借款人卖不出去的全部票据或提供信用支持。这种约定的借款人如果是银行，它发行的票据通常为短期存款证；如果是非银行机构，则通常为本票。

票据发行便利的票据属短期信用性质，但这种约定的期限通常为5—7年，在这一期限内，票据按周转性形式连续发行，每次发行的票据的期限从7天到1年，通常为3—6个月，因而借款人获得的实际上是中期信用。发行的票据大部分以美元标值，而且面值很大，通常为50万美元或更多。NIF的优越性在于它把传统的辛迪加信用中本该由单个机构承担的只能分解为由不同机构分别承担，其中安排票据发行便利的人并不贷出货币，而只是在借款人需要资金时提供信用把他们发行的票据卖给其他投资者，并且按承包约定保证借款人在中期内不断获得短期资金，从而使风险得以分散。票据持有人只承担短期风险，即当借款人在票据到期前遭到失败而不能还款时才会受损，而承包人则承担长期风险，即在投资者对借款人失去信任而不愿购买其票据时由他贷款给借款人。

### (三) 互换

互换是当事双方同意在预先约定的时间内交换一连串付款的一种金融交易。互换业务在欧洲货币市场十分常见，有利率互换、货币互换、股票互换等。

从经济学的角度看，双方进行利率互换的主要原因是双方在固定利率和浮动利率市场上具有比较优势。假定 A、B 公司都想借入 5 年期的 1000 万美元的借款，A 想借入与 6 个月期相关的浮动利率借款，B 想借入固定利率借款。两家公司信用等级不同，故市场向它们提供的利率也不同，市场提供给 A、B 两公司的借款利率是：A 公司借款的固定利率是 10%，6 个月期浮动利率是 LIBOR + 0.3%；B 公司借款的固定利率是 11.2%，6 个月期浮动利率是 LIBOR + 1%。

可以看出，A 的借款利率均比 B 低，即 A 在两个市场都具有绝对优势。但在固定利率市场上，A 比 B 的绝对优势为 1.2%，而在浮动利率市场上，A 比 B 的绝对优势为 0.7%。所以，A 在固定利率市场上有比较优势，B 在浮动利率市场上有比较优势。这样双方可以利用比较优势为对方借款，然后互换，从而达到降低筹资成本的目的。现在对比两种筹资方式，第一种，A 以固定利率 10% 借款，B 以 6 个月期（LIBOR + 1%）浮动利率借款，则双方的筹资总成本为 10% + 6 个月期 LIBOR + 1% = 6 个月期 LIBOR + 11%；第二种，A 以 6 个月期（LIBOR + 0.3%）浮动利率借款，B 以固定利率 11.2%，则双方的筹资总成本为 6 个月期（LIBOR + 11.5%）。第一种方式比第二种方式减少 0.5% 的筹资成本，但需要依靠利率互换交换利息流。即 A 以 10% 的固定利率借入 1000 万美元，B 以（LIBOR + 1%）的浮动利率借入 1000 万美元，本金相同，只需要交换利息，互相为对方付息即可。由于总筹资成本降低了 0.5%，应由双方分享这部分利益，具体比例协商而定。

货币互换的主要原因是双方在各自国家的金融市场上有比较优势。假定英镑和美元汇率为 1 英镑 = 1.5 美元。A 想借入 5 年期的 1000 万英镑借款，B 想借入 5 年期的 1500 万美元借款。由于 A 的信用等级高于 B，两国金融市场对 A、B 的熟悉程度不同，因此向它们提供的固定利率也不同。A 借美元的利率是 8%，借英镑的利率是 11.6%；B 借美元的利率是 10%，借英镑的利率是 12%。

可见，A 的借款利率均比 B 低，A 在两个市场都具有绝对优势，但绝对优势的大小不同。A 在美元市场上的绝对优势是 2%，在英镑市场上的绝对优势是 0.4%。这就是说，A 在美元市场上有比较优势，B 在英镑市场上有比较优势。双方可以利用各自的比较优势借款，然后通过互换得到自己想要的资金，并通过分享互换收益 1.6% 降低筹资成本。

（四）远期利率协议

远期利率协议是双方同意按在某一未来时间对某一具体期限的名义上的存款支付利率的合同。合同期通常为几个月后开始的几个月期，例如写为"6 个月对 9 个月"意为从 6 个月开始 3 个月期的利率。双方对本金只认定一个数量，但不交换，到期用现金清算双方原先协议的利率和到期时的现行利率的差额。

在合同期满清算时，计算在远期利率协议上经过双方协议的利率和合同指定的参考利率之间的差额，参考利率通常为伦敦银行同业拆借率。把这个差额用双方协议的本金数量和存款时间相乘，便得出应收应付的金额。如果在清算日，伦敦银行同业拆借率高于协议利率，远期利率协议的买入者将从卖出者那里收取差额付款（实际上等于卖方向买方赔偿利率上升损失）；反之，如果伦敦银行同业拆借率低于协议利率，卖出者将从买进者那里收取差额付款（等于买方向卖方赔偿利率下降损失）。远期利率协议主要以美元标值。远期利率协议是银行和某些非银行机构用来专为利率风险保值的工具，主要是为了保值而不是为了套利。

## 六　欧洲货币市场对世界经济的影响

（一）积极影响

首先，欧洲货币市场导致国际金融市场一体化，促进了国际资本流动。与传统国际金融市场相比，欧洲货币市场打破地域限制，扩大了可兑换货币的流动范围，有利于市场融合。其次，欧洲货币市场促进了一些国家的经济发展。欧洲货币市场的存在为一些缺乏资金的发展中国家提供了一个融资场所，为其筹措了发展资金。其次，帮助一些国家弥补了国际收支逆差。最后，加速了国际贸易和国际投资的发展。

（二）消极影响

首先，欧洲货币市场使国际金融市场变得更加脆弱。由于该市场缺乏监管、创新活跃，缺乏有效的风险防控管理。其次，欧洲货币市场在一定程度上削弱了各国货币政策效力。欧洲货币市场的存在使各国制定货币政策难度加大，因为被调整的微观经济主体可以逃避货币政策，到欧洲货币市场上办理业务。最后，加剧了各国的汇率波动。欧洲货币市场的存在会使各国的汇率波动在境外货币和境内货币之间传导，整体影响货币币值的稳定。

### 课堂教学建议：

该节内容适合线下教学，在学生预习的基础上，教师解答学生疑问，同时帮助学生梳理该节的全部内容，重点帮助学生了解欧洲货币市场发展的原因，以及欧洲货币市场的特色业务，可以针对学生疑惑较多的特色业务举例讲解。

### 课后练习：

#### 一 单项选择

1. 以下关于欧洲货币市场的含义说法正确的是（　　）。
   A. 欧洲货币市场是欧洲各国货币市场的总称
   B. 欧洲货币市场是亚洲货币市场的组成部分
   C. 欧洲货币市场中的欧洲不代表地理范围上的欧洲
   D. 欧洲货币市场是一个以经营欧元为主的市场

2. 以下关于欧洲货币市场产生发展的原因说法正确的是（　　）。
   A. 欧洲货币市场产生于亚洲货币市场
   B. 美国的 Q 条例的实施促进了欧洲货币市场的发展
   C. 美国国内政治的不稳定促使了美元大量的流失
   D. 美元贬值是促成欧洲货币市场产生的主要原因

3. 以下哪些不属于欧洲货币市场的资金供给者（　　）。
   A. 政府机构
   B. 商业银行
   C. 中央银行
   D. 跨国公司

4. 以下关于欧洲货币市场的业务说法正确的是（　　）。

A. 欧洲货币市场主要是长期资金市场

B. 20 世纪 60—70 年代初，欧洲货币市场主要为进出口提供短期信贷服务

C. 20 世纪 70 年代后，产油国纷纷通过欧洲货币市场弥补国际收支赤字

D. 20 世纪 90 年代之后，欧洲货币市场逐渐萎缩

5. 以下不属于推动欧洲货币市场快速发展的动因是（　　）。

A. 政府贷款较多

B. 存贷利差小

C. 无法定存款准备金

D. 贷款者信誉度高

6. 以下关于票据发行便利说法正确的是（　　）。

A. 票据发行便利使借款人用长期票据融的长期资金

B. 票据发行便利中，发行票据的公司只支付发行费

C. 票据发行便利是信用创造型的金融创新

D. 票据的利息是由承包银行负责支付的

7. 以下关于欧洲货币市场对世界经济的影响说法正确的是（　　）。

A. 欧洲货币市场对世界经济的发展只有积极作用

B. 欧洲货币市场抑制了发展中国家的经济增长

C. 欧洲货币市场促进了外汇投资，加剧了汇率波动

D. 欧洲货币市场的存在，提升了各国货币政策的效力

二　多项选择

1. 欧洲货币市场境内、外业务一体型的代表是（　　）。

A. 纽约

B. 伦敦

C. 新加坡

D. 英属维尔京群岛

E. 中国香港

2. 导致金融创新的原因有（　　）。

A. 经济和金融自由化的推动

B. 科技进步的推动

C. 生产和资本国际化的需要

D. 规避金融管制

E. 国际政治格局的变化

### 三　判断题

1. 欧洲货币就是各国货币的通称。（　　）
2. 欧洲货币市场就是欧洲各国的货币市场总和。（　　）
3. 欧洲货币市场主要指中长期的资本市场。（　　）
4. 亚洲货币市场是与欧洲货币市场相平行的国际金融市场。（　　）
5. 欧洲货币市场的资金来源最初是石油美元。（　　）
6. 欧洲货币市场的存贷款利差一般大于各国国内市场的存贷款利差。（　　）
7. 在欧洲货币市场上，国际贷款利率的制定基础是 LIBOR。（　　）
8. 日本公司发行的以美元为标价的债券就是所谓的欧洲债券。（　　）
9. 欧洲债券是外国债券的一种。（　　）
10. 远期利率协议主要以美元标值。（　　）
11. 欧洲货币市场不会形成信用扩张。（　　）

### 四　填空题

1. 欧洲货币市场发端于（　　）。
2. 欧洲货币市场的主要业务是通过（　　）业务来体现的。
3. 票据发行便利业务中，依约承购借款人卖不出去的全部票据的银行叫作（　　）。
4. 欧洲货币市场发展兴旺的根源是（　　）。

## 第三节　国际货币市场

**预习提示：**

观看相关课程视频，了解国际货币市场的含义及构成，能够解释国际货币市场的每种交易工具，重点区分传统的国际货币市场和新型国际货币市场。在预习中总结要点，并找出自学中遇到的难题。

## 一 国际货币市场的含义

国际金融市场按期限划分,可将1年或1年以下的资金融通业务划入货币市场,1年以上的业务划入资本市场。国际货币市场可以分为传统的国际货币市场和新型的国际货币市场。传统的国际货币市场是在国内货币市场的基础上发展起来的。新型国际货币市场是指欧洲货币短期资金融通市场。其中,欧洲货币短期资金融通市场是国际货币市场的主体部分。

## 二 传统国际货币市场的交易工具

### (一) 短期信贷市场

短期信贷市场是银行对外国工商企业、政府、金融机构等提供1年以内贷款的市场。其中,银行同业拆放在短期信贷业务中占主导地位。银行同业拆借主要在银行等金融机构之间调剂资金余缺。一般地,银行同业拆借的期限短则1天,多则1周或几个月。银行同业拆借的交易手续简便,通常不需要签订协议,也不需要提供担保品,有时仅以电话、电报就可以完成资金的拆借。最典型的是伦敦银行同业拆借市场,在这个市场形成的伦敦银行同业拆借利率(LIBOR)是国际金融市场上最常见的基准利率。该市场的交易采用批发形式,少则几十万美元,多则几百万美元、几千万美元。

### (二) 短期证券市场

短期证券市场包括国库券市场、商业票据市场、银行定期可转让存单市场、银行承兑票据市场。国库券是各国政府为筹集季节性资金需要,或是为了进行短期经济和金融调控而发行的短期债券,期限一般为3个月或半年。国库券采用不记名形式,不载明利息,采用折价发行,其信誉度高,且风险小,可以在二级市场流通转让。国库券的利率一般低于银行存款或其他债券利率,但可获得免交利息所得税的好处。目前,在各类短期金融工具中,国库券的数量是相当大的,比如最受全球欢迎的美国国库券,约占美国各类短期债务的80%。美国国库券不仅是美国居民,而且是外国政府和银行、非居民的重要投资对象。

商业票据是国际金融市场上大企业和银行控股公司凭信誉而签发的

融资工具，可以贴现，采用折价发行，可用于补充商业银行短期贷款的不足。商业票据的基础是商业信用，通常为商业本票，期限一般为1—6个月，可贴现、背书。

银行承兑汇票是指以银行为付款人并经银行承兑的远期汇票。银行承兑汇票的发行是以银行信用为基础的，银行通过承兑过程为一些信誉稍差的中小企业发行的票据进行增信。银行承兑汇票的期限一般在30—180天，最长可达270天，票据持有人可以通过贴现或二级市场转让提前取得资金。

大额可转让定期存单是银行发行的标明金额、期限和利率的存款凭证。该种产品最早由美国花旗银行发行，其最大的特点就是可转让。大额可转让定期存单上标有金额、存款利率和存款期限，持有人也可持有它等待到期还本付息，也可以转让。在美国，大额可转让定期存单通常以100万美元为单位，期限多为1—3个月，利率介于活期存款和定期存款之间，但高于同期国库券的利率水平。

在我国，根据《中国人民银行关于大额可转让定期存单管理办法》的规定，大额可转让定期存单的发行单位限于各类银行。非银行金融机构不得发行大额可转让定期存单。大额可转让定期存单的发行对象为城乡个人和企业、事业单位。购买大额可转让定期存单的资金应为个人资金和企业、事业单位的自有资金。我国第一张大额可转让存单面世于1986年，最初由交通银行和中央银行发行，1989年经中央银行审批，其他的专业银行也陆续开办了此项业务。存单的投资者主要是个人，企业为数不多。银行以大额可转让定期存单吸收的存款需向中央银行缴存准备金。基于各专业银行在发行大额可转让定期存单时出现的由利率过高引发的存款"大搬家"，增加银行资金成本的问题，中央银行一度限制大额可转让定期存单的利率，加之我国还未形成完整的二级流通市场，20世纪80年代大量发行的大额可转让定期存单到1996年以后几近消失。近几年随着我国市场机制的进一步完善发展，为了拓宽筹资渠道，努力集聚社会闲散资金支持国家经济建设，经中国人民银行批准，一度停止发行的大额可转让定期存单又开始在各专业银行发行。

（三）贴现市场

贴现市场是经营贴现业务的短期资金市场，具体包括银行票据和商业票据的贴现、商业银行对贴现公司的拆放，中央银行可以对贴现的商业银行或从事贴现业务的其他金融机构办理再贴现。

### 三　新型国际货币市场

欧洲货币短期资金融通市场是欧洲货币市场的一部分，可以分为欧洲银行同业拆借市场、欧洲货币存款市场和欧洲票据市场。

#### （一）欧洲银行同业拆借市场

欧洲货币银行间的资金拆借是重要的欧洲货币市场短期信贷业务，因为它为各国以商业银行为主的金融机构的资金融通提供了一条最重要的渠道。欧洲银行同业拆借市场是由 50 多个国家的 1000 多家银行通过其银行总部或在其他国家注册的分支机构之间的借贷安排而组成的。

首先，该市场的主要参与者包括商业银行、中央银行和其他非银行金融机构。出于风险管理的考虑，欧洲银行同业拆借交易通常限制在信用级别较高的，同时是相互熟悉的银行间进行。具体操作流程与传统的银行同业拆借市场类似。其次，该市场交易的币种主要是欧洲货币，交易起点一般为 100 万美元，金额为 500 万—1000 万美元，有时还可以达到 5000 万美元，期限多为 1 天、7 天、30 天或 90 天，基本上不超过 3 个月。最后，使用的利率多为伦敦银行同业拆借利率。

#### （二）欧洲货币存款市场

欧洲货币存款是欧洲银行业的主要资金来源之一，有通知存款、欧洲定期存单和欧洲可转让定期存单三种形式。

通知存款即隔日至 7 天的存款，客户可随时发出通知提取。

欧洲定期存单是欧洲银行吸收定期存款的凭证。存单到期前，存款人不得提取该款项。欧洲定期存单采用记名形式，不能转让，期限多为 1 个月、3 个月、6 个月、1 年等，面额没有统一要求。

欧洲可转让定期存单是指商业银行为吸收资金而发行的具有可转让性质的定期存款凭证。存单上注明存款货币金额、期限和利率，但不记名，即票面上不反映持票人的任何信息。与传统国际货币市场上流通的大额可转让定期存单不同，欧洲可转让定期存单使用的主要币种有欧洲美元、欧洲英镑、欧洲日元和欧元等。欧洲可转让定期存单的利率既可以是固定的，也可以浮动的。

### (三) 欧洲票据市场

欧洲票据是借款人发行的短期无担保本票,发行欧洲票据进行融资的市场就是欧洲票据市场。欧洲票据市场经常使用票据发行便利来帮助发行人融资。票据发行便利的承诺期限通常为5—7年,在此基础上发行的欧洲票据,期限为7天到6个月不等,3—6个月居多。美元是欧洲票据最常用的标价币种,面值一般为10万—50万美元。

### 四 国际货币市场的常用利率

在国际货币市场上,常用的基准利率有联邦基金利率和伦敦银行同业拆借利率。联邦基金利率是美国联邦储备系统各会员银行为调整准备金头寸和日常票据交换轧差而相互拆放联邦基金的利率。

伦敦银行同业拆借利率简称LIBOR,是伦敦的顶级国际银行间相互借款的利率,是国际货币市场上最主要的、使用最频繁的基准利率。英国银行家协会每日会从它认定的顶级国际银行间收集报价,计算和发布LIBOR,它反映的是从市场上筹集资金进行转贷的融资成本。由于欧洲货币市场在国际金融市场中的核心位置,LIBOR已经被用作国际金融市场中大多数浮动利率贷款的基础利率,并被企业用于筹资成本的核算。浮动贷款协议中所规定的利率大多是在同期LIBOR利率的基础上加上一定百分比得到的。

世界其他金融中心也会公布类似的基准利率,如纽约同业拆放利率(NIBOR)、新加坡同业拆放利率(SIBOR)、香港同业拆放利率(HIBOR)等。2007年1月1日,位于上海的全国银行间同业拆借中心开始计算和发布"上海银行间同业拆借利率"(SHIBOR),作为中国本土基准利率体系的雏形。未来随着人民币国际化程度的加深,SHIBOR将在国际市场中发挥一定的作用。

### 五 国际货币市场的作用

国际货币市场是国际短期金融资产进行交换的场所。在这个市场上,资金暂时盈余的单位可以与资金暂时赤字的单位相互满足需求:一方面,该市场为短期资金的需求单位提供了从隔夜到一年的各种短期资金;另一方面,一些希望利用暂时闲置的资金获取收益的资金持有人获得了投资的渠道。由于该市场跨越国界，因此可在世界范围内进行短期资金的配置，提高了货币资金的效率。但是，由于该市场上的资金数额巨大且流动性强，因而容易对国际秩序造成猛烈的冲击，引发货币、金融危机并对一国经济的外部平衡造成影响。

### 课堂教学建议：

该节内容可以设定为线上自学内容。课堂提问时，重点关注传统国际货币市场与新兴国际货币市场的区别。在讲解和答疑时，重点帮助学生区分这两类市场上交易工具的差异。

### 课后练习：

#### 一 单选题

1. 面值为 1000 元的美元债券，其市场价值为 1200 元，这表明市场利率相对于债券的票利率（　　）。

    A. 较高

    B. 较低

    C. 相等

    D. 无法比较

2. 以下关于国际货币市场的交易工具说法正确的是（　　）。

    A. 商业票据是中小企业凭信誉签发的融资工具

    B. 联邦基金利率是国际货币市场的最重要的利率

    C. 国际金融市场上的商业票据采用溢价发行

    D. 国际金融市场上的国库券采用折价发行

3. 以下关于大额可转让定期存单说法正确的是（　　）。

    A. 大额可转让定期存单的最大特点是可转让

    B. 大额可转让定期存单是由英国渣打银行最先推出的业务

    C. 大额可转让定期存单是活期存单的特殊形式

    D. 大额可转让定期存单上不载明利率

4. 国际货币市场的主要作用是（　　）。

    A. 稳定国内金融市场

    B. 帮助本国企业更好地参与国际金融市场

C. 为个人、工商企业、金融机构、政府调剂资金余缺

D. 稳定一国的政局

二 多选题

1. 一般来说，国际货币市场的中介机构包括（　　）。

    A. 投资银行

    B. 商业银行

    C. 证券交易商

    D. 承兑行

    E. 贴现行

2. 指出下列短期证券市场的金融工具（　　）。

    A. 国库券

    B. 公债券

    C. $CD_S$

    D. 承兑汇票

    E. 企业本票

三 判断题

1. LIBOR 是国际金融市场的中长期利率。（　　）

四 填空题

1. 资金借贷期限在一年以下的交易市场成为（　　）。

2. （　　）是国际货币市场上最主要的、使用最频繁的基准利率。

3. 联邦基金利率是国际货币市场的（　　）利率之一。

## 第四节　国际资本市场

**预习提示：**

观看相关课程视频，了解国际资本市场的含义及构成，能够解释国际资本市场的每种交易工具。观看《一带一路》纪录片第 5 集 18 分钟之后的部分，深入理解外国债券。在预习中总结要点，并找出自学中遇到的难题。

## 一 国际资本市场的含义

国际资本市场是指 1 年以上的中长期信贷市场,参与者有银行、公司、证券商及政府机构。国际资本市场由国际银行中长期信贷市场、国际债券市场、国际股票市场构成,其中国际债券市场和国际股票市场被称为国际证券市场。

## 二 国际资本市场的交易工具

### (一) 国际银行中长期信贷

在国际金融市场上有两种类型的中长期信贷,一种是政府贷款,另一种是私人贷款。政府贷款的基本特征是期限长、利率低、贷款金额有限,并附有一定的条件。政府贷款的期限最长可达 30 年,利息最低为 0,贷款金额受限于放贷国的国民收入总额,附加条件一般为限制贷款的使用范围,例如规定贷款只能用于购买放贷国的商品,或规定借款国必须在经济政策或外交政策方面作出某些承诺或调整。因此,政府贷款属于一种约束性贷款。

银行贷款,也称为私人贷款,是一种无资金用途约束的贷款,贷款利率视市场行情和借款人的信誉而定。银行的中长期信贷风险较大,大多采用浮动利率,必须签订严格的贷款协议,有时还需要借款国政府机构提供担保。对于数额比较巨大的贷款,银行一般采用联合贷款或辛迪加贷款的方式以分散风险。中长期信贷具有数额高、期限长、风险大的特点,贷款人不仅收取利息,而且收取管理费、代理费、杂费和承担费等。

### (二) 国际债券

国际债券是一国居民在国外发行的以外币为面值的债券。国际债券按面值货币与发行地是否一致,可分为外国债券和欧洲债券。外国债券是国际债券的一种,指外国人在债券票面货币发行国发行的以该国货币为面值的债券。比如,以美元计面值的外国债券常被称为"扬基债券",以日元计面值的外国债券常被称为"武士债券",以英镑计面值的外国债券常被称为"猛犬债券",以人民币计面值的外国债券常被称为"熊猫债券"。

欧洲债券是国外发行者在东道国市场发行的以第三国货币为面值的债券，如我国在瑞士发行的美元债券即是欧洲债券。欧洲债券实际上是一种无国籍债券，其发行一般不需要有关国家政府批准，不受各国金融法令的约束，通常为不记名债券。欧洲债券标值的币种中，美元使用最多。由于欧洲债券可以同时在两个以上的境外市场发行，而且发行货币可以自由选择，发行成本较低，又可不受发行市场所在国的管制，所以深受各国筹资者的欢迎。

（三）国际股票市场

国际股票市场是指由国际辛迪加承销，在发行公司所在国境外进行股票销售和交易的市场。所谓国际股票，是指外国公司在东道国发行的、以东道国货币或境外货币为面值、由东道国投资者所持有的股权凭证。实际上，它是一国原有股票市场发生的跨国交易的部分。

按归属地划分，国际股票市场有广义和狭义之分。狭义国际股票市场是有关市场所在地非居民公司股票发行和买卖所形成的市场。广义国际股票市场还包括国际化的各国股票市场，即大量非居民投资者参与买卖的股票市场。我国的B股市场就属于广义的国际股票市场。

### 三　国际资本市场的作用

国际资本市场是国际上进行长期融资的场所。本国企业可以在国际资本市场上以长期贷款、发行债券或出让股权的形式获得长期经营所需的资金。由于长期资金主要是生产领域所需要，在世界范围内，长期资金通过国际资本市场得到了配置，流向了生产效率较高的国家和经济实体，因此国际资本市场有利于全球产出水平的提高。

**课堂教学建议：**

该节内容可以设定为线上教学内容，由学生课前自学，完成预习，教师线上答疑即可。

**课后练习：**

一　单项选择

1. 以下关于国际资本市场的主要功能说法正确的是（　　）。

A. 为已发行的证券提供充分流动性的二级市场，以保证发行市场的活力

B. 为政府提供了最有效的政策传导场所

C. 为政府的财政收入提供了主要的来源渠道

D. 为国内金融市场有效配置资源

2. 以下关于国际资本市场的分类说法正确的是（　　）。

A. 国际证券市场就是国际股票市场

B. 国际资本市场分为国际中长期信贷市场和国际证券市场

C. 国际资本市场就是国际证券市场

D. 国际中长期信贷市场一般不被包括在国际资本市场中

3. 以下关于政府债券说法正确的是（　　）。

A. 政府债券包括国库券和部分金融债券

B. 政府债券的发行是根据金融机构的投标价格的高低来配售的

C. 政府中长期债券只能采用溢价发行

D. 政府债券是国际货币市场的重要交易工具

4. 以下关于公司债券说法正确的是（　　）。

A. 公司债券是任何企业都可以发行的债券

B. 公司债券只能采用私募发行

C. 公司债券只能采用公募发行

D. 公司债券既可采用公募发行也可采用私募发行

5. 以下哪些不属于外国债券（　　）。

A. 扬基债券

B. 猛犬债券

C. 公司债券

D. 武士债券

二　多项选择

1. 国际资本市场包括（　　）。

A. 中长期信贷市场

B. 债券市场

C. 股票市场

D. 外汇市场

E. 黄金市场

### 三　判断题

1. 国际证券市场分为国际债券市场和国际股票市场。（　　）
2. 在国际金融市场上，公司债券只能私募发行。（　　）
3. 公司债券是国际大型工商企业在资本市场上的融资工具之一。（　　）

### 四　填空题

1. 国际证券市场分为国际债券市场和（　　）。
2. 资金借贷期限在一年以上的交易市场被称为（　　）。
3. 在外国债券中，以日元表示的债券通常被称为（　　）。

## 第五节　国际金融机构

**预习提示：**

观看相关课程视频，了解几个重要的国际金融机构，能够解释每个国际金融机构的组织架构、职能等。观看《一带一路》纪录片第5集36分钟之后的部分，详细了解"一带一路"中的国际金融机构。观看《亚投行之路》纪录片上下两集，详细了解亚投行从成立到运行的全过程。在预习中总结要点，并找出自学中遇到的难题。

在国际金融市场发展的过程中，国际金融机构发挥着重要的作用，这些金融机构从不同的层面改善着国际经济发展的环境，优化着国际金融市场的各种资源配置，提升着全球金融治理水平。自我国实施"一带一路"倡议以来，由我国倡导组建的国际金融机构也逐渐在国际金融市场中扮演着越来越重要的角色。

### 一　国际金融机构概述

国际金融机构是指从事或协调国际金融业务活动的组织或机构。国际金融机构按照成员数量和业务领域可以分为：全球性金融机构、半区域性金融机构、区域性金融机构三类。其中全球性金融机构的成员分布在全球各地区，包括国际货币基金组织、世界银行集团、国际清算银行。

半区域性国际金融机构的成员分布在固定的区域内,但也会吸纳区域外的成员参与,包括亚洲开发银行、非洲开发银行、欧洲复兴开发银行等。自我国提出"一带一路"倡议以来,为"一带一路"提供金融支持的国际金融机构也陆续组建,比如丝路基金、亚洲基础设施投资银行。亚洲基础设施投资银行和我国参与组建的金砖国家新开发银行都属于半区域性国际金融机构。区域型国际金融机构只吸纳区域内的成员参与,包括欧洲投资银行、阿拉伯货币基金等。这三类国际金融机构中,与中国的经济发展有密切联系的主要是国际货币基金组织、世界银行集团、国际清算银行、丝路基金、亚洲基础设施投资银行、金砖国家新开发银行。

## 二 国际货币基金组织

国际货币基金组织成立于 1945 年,简称 IMF,是一个致力于推动全球货币合作、维护金融稳定、便利国际贸易、促进高度就业与可持续经济增长和减少贫困的国际组织。IMF 的总部设在美国华盛顿,是布雷顿森林体系的产物,成立之初拥有 29 个成员国,中国也是初创成员国之一。随着 IMF 的发展,目前 IMF 已经拥有 187 个成员国。

### (一) 国际货币基金组织的宗旨

根据《国际货币基金组织协定》第 1 条,IMF 的宗旨是:第一,通过设置常设机构就国际货币问题进行磋商与协作,从而促进国际货币领域的合作;第二,促进国际贸易的扩大和平衡发展,从而有助于提高和保持高水平的就业和实际收入,并增强各成员国生产性资源的开发能力,并以此为经济政策的首要目标;第三,促进汇率的稳定,保持成员国之间有秩序的汇率安排,避免竞争性通货贬值;第四,协助在成员国之间建立经常性交易的多边支付体系,取消阻碍国际贸易发展的外汇限制;第五,在具有充分保障的前提下,向成员国提供暂时性普通资金以增强其信心,使其能有机会在无须采取有损本国和国际经济繁荣的措施的情况下,纠正国际收支失衡;第六,缩短成员国国际收支失衡的时间,降低失衡的程度。

可见,IMF 为成员国在汇率政策、国际货币合作、政策协调等方面提供了对话与协商的平台,同时又对各成员国在国际收支、汇率管制、货币兑换等方面进行一定程度的监督和指导,以此来维护国际货币体系的正常运转，国际贸易的有序发展。

（二）国际货币基金组织的组织架构

IMF 的组织机构由理事会、执行董事会、总裁和发展委员会组成。理事会是 IMF 的最高权力机构，由各成员国选派理事和副理事各一人组成，任期五年。理事一般由各国中央银行行长或财政部部长担任，副理事大多由各国外汇管理机构的负责人担任。理事会的主要职能是接纳新成员、决定或调整成员国的份额、分配特别提款权以及处理国际货币制度的重大问题。理事会每年秋季举行一次定期会议（即 IMF 年会），必要时可举行特别会议，当出席会议的理事投票权合计数占总投票权的 2/3 以上时，即达到法定人数。1974 年 10 月，IMF 设立了由 22 个部长级成员组成的临时委员会，1999 年 9 月后临时委员会更名为"国际货币与金融委员会"。

执行董事会是理事会下面的常设机构，它负责处理 IMF 的日常事务。执行董事会最初由 12 名执行董事组成，目前名额增加到 24 名，由持有基金份额最大国家各派一人担任常任执行董事，其他执行董事由其他成员国按国家集团或按地区分组推举产生。1980 年 4 月 17 日，IMF 恢复了我国在基金组织的合法席位，并获得了单独选区的地位，从而有权选举自己的执行董事。

IMF 设总裁一人，副总裁三人。总裁由执行董事会选举产生，总裁兼任执行董事会主席，总管 IMF 的业务工作，是 IMF 的最高行政领导人。总裁平时无投票权，只有在执行董事会投票表决出现双方票数相等时，才可投决定性的一票。总裁任期五年，该职位通常由西欧人士担任。

发展委员会是"世界银行和国际货币基金组织理事会关于实际资源向发展中国家转移的联合部长级委员会"的简称。发展委员会致力于发展政策及发展中国家关注的其他问题的磋商讨论。发展委员会是部长级委员会，每年开会 2—4 次。

（三）国际货币基金组织的资金来源

IMF 的资金来源有三个方面：各成员国缴纳的份额、借款与信托基金。其中份额是 IMF 最主要的资金来源。

要想成为 IMF 的成员国，必须先认缴一定的份额，使其份额成为 IMF 的资产。在布雷顿森林体系下，各国 25% 的份额是黄金，75% 是本币，以美元计算，布雷顿森林体系末期，改用特别提款权计算。布雷顿森林体系崩溃后，各国的份额构成变为25%可用可兑换货币或特别提款权缴纳，75%以本国货币缴纳，或以成员国凭券支付的、无息的国家短期有价证券代替。

作为IMF初创国家之一的中国，最初缴纳的份额在IMF中排名第三，仅次于美国和英国。1980年我国的合法席位恢复后，份额的排名是第八位。后来，由于沙特阿拉伯特别增资和独联体国家的加入，中国的份额排名变为第11位。2001年，中国通过特别增资，其份额数量增长，与加拿大并列第八位。2010年11月12日，G20在首尔峰会通过了《首尔峰会宣言》，在这次会议上，提出了有关份额的改革方案，包括中国在内的"金砖四国"的份额全部进入前十位，中国的份额也因此跃居全球第三，仅次于美国和日本。

份额对每个国家来说，意味着在IMF的活动中的投票权，以及从IMF得到的资金数额以及它在特别提款权分配中所占比例。IMF的一切重大决策都需要获得80%以上的票数才能通过，有些特别重大的问题要有85%的多数票同意才能通过。IMF实行的是加权投票制度，因此拥有份额越大的国家，拥有的投票权就越大，票数就越多，越容易对IMF的重大决策产生影响。

借款和信托基金是IMF的另外两个资金来源。其中借款主要是用于IMF应对国际货币体系的重大风险时的资金来源，一般可以向成员国借入资金，也可以向私人机构借款。中国在1994年和1999年曾两次分别向IMF提供了1亿单位、1313万单位特别提款权贷款（特别提款权的价值是多种货币按照一定的权重，以当日汇率为基础计算得到的，最早1单位特别提款权=1美元），以帮助重债国的债务调整。1997年亚洲金融危机爆发后，我国应IMF的请求，参与了IMF发起的援助计划，向泰国政府提供了10亿美元的贷款。信托基金的来源是布雷顿森林体系崩溃后，IMF出售黄金所得利润。IMF将该利润作为信托基金向最贫困的发展中国家提供优惠贷款。

（四）IMF的业务

IMF的业务主要有检查和监督各国、全球经济与金融发展，并向成员国提出经济政策建议；向成员国融通资金，以支持旨在纠正国际收支问题和促进可持续增长的调整和改革政策；在其专长领域内，向政府和中央银行官员提供广泛的技术援助和培训。

1. 资金融通

IMF 最主要的业务活动是向成员国提供资金融通，以协助成员国改善国际收支状况。IMF 提供的贷款有普通贷款、补偿与应急贷款、缓冲库存贷款、扩展贷款或中期贷款、补充贷款、信托基金贷款、临时性信用贷款。

普通贷款又称基本信用贷款，它是 IMF 最基本的贷款形式，主要用于弥补成员国国际收支逆差的短期资金需要，期限为 3—5 年，贷款额度最高为成员国缴纳份额的 125%。普通贷款分为储备部分贷款和信用部分贷款。储备部分贷款是指申请贷款额在成员国本国份额的 25% 以内，无条件申请的贷款，又称黄金份额贷款。成员国在需要时，事先通知 IMF 后可自动提用，无须付息。信用部分贷款是指申请贷款额超过成员国份额的 25%，一直到份额的 125% 最高限的普通贷款，其中每 25 个百分点为一档，共分四档，在使用时需经 IMF 审核批准，贷款条件逐档严格，利率逐档升高，多采用备用安排的形式提供。

补偿与应急贷款最初是 IMF 对初级产品出口国因出口收入下降或谷物进口成本增大而发生国际收支困难时提供的一项专用贷款。其贷款条件是：出口收入下降或谷物进口支出增大是暂时性的，且是成员国本身不能控制的原因造成的；借款国必须同意与 IMF 合作执行国际收支的调整计划。1989 年 IMF 正式将该贷款命名为"补偿与应急贷款"，贷款最高限额为成员国份额的 122%，其中应急贷款和补偿贷款各为 40%，谷物进口成本补偿贷款为 17%，剩余 25% 由成员国任意选择用作以上二者的补充。

缓冲库存贷款是 IMF 应发展中国家的要求在 1969 年 5 月设立的一种专项贷款。该贷款用于支持初级产品出口国稳定国际市场初级产品价格，建立国际缓冲库存的资金需要。缓冲库存是一些初级产品生产国按照国际商品协定而建立的一定数量存货，当国际市场上某项商品价格波动时向市场抛售或购买该项商品以稳定价格，从而达到稳定本国出口收入的目的。这项贷款的最高额度为成员国份额的 50%，期限为 3—5 年。

扩展贷款或中期贷款是 IMF 设立的一种专项贷款，用于解决成员国较长时期的结构性国际收支逆差。这项贷款最高额度可达成员国份额的140%，期限为 4—10 年，备用安排期为 3 年。IMF 规定，中期贷款普通贷款之和不能超过借款国份额的 165%。

补充贷款是用于补充普通贷款的不足，贷款资金由产油国及发达国家提供。这项贷款的备用安排期限为 1—3 年，贷款期限为 7 年。该项贷款已于 1981 年 4 月全部提供完毕。1981 年 5 月，IMF 又实行扩大贷款政策，作为对补充贷款的一种延续，贷款限额视情况而逐一确定。

信托基金贷款创立于 1976 年，以优惠条件向低收入的发展中国家提供援助。临时性信用贷款是在 20 世纪 70 年代发生能源危机，石油价格上涨迅猛，IMF 设立了以石油贷款为代表的贷款类型。通过临时性石油贷款，IMF 帮助石油出口国的外币盈余进行再循环。它从石油出口国及其他对外状况强劲的国家借入专项资金，再贷给石油进口国，帮助它们为与石油有关的逆差提供融资，并且专款专用。该项贷款已于 1976 年 5 月停止。结构调整贷款旨在帮助低收入发展中国家通过宏观经济调整，解决国际收支长期失衡问题，贷款资金来源于信托基金贷款偿还的本金和利息，期限最长可达 10 年，且有 5 年的宽限期。

2. 政策建议和全球监督

IMF 对各国的政策建议和监督主要在汇率政策、汇率制度安排这些领域。IMF 以三种方式实施监督：国别监督、区域性监督、全球监督。国别监督主要是参照《国际货币基金组织协定》第四条的要求，IMF 与单个成员国就其经济政策，每年进行一次全面磋商，必要时还可进行中期讨论。区域性监督是 IMF 对区域安排下所执行的政策进行检查，比如执行董事会对欧洲联盟、欧元区的发展情况的检查。全球监督是 IMF 执行董事会对全球经济走势和发展情况进行检查，每年两次。

3. 技术援助和培训

IMF 的技术援助和培训主要包括货币政策与汇率政策的实施、税收管理、中央银行的运作等方面。培训的形式既有专业知识的传授，也有成员国的经验分享。中国也参与过 IMF 的技术援助和培训，主要采用代表团访问、研讨班、专家访问的形式。对中国的技术援助侧重于宏观经济领域，包括财政政策和税收改革、商业银行和中央银行立法、货币工具和同业市场的建立、对外经常项目可兑换和统一的外汇市场，以及经济和金融统计等。此外，IMF 还就金融分析与规划、国际收支，公共财政、政府财政、货币与银行、对外资本项目可兑换以及金融统计的编制方法等对中国官员进行了培训。

**三 世界银行集团**

世界银行集团由国际复兴开发银行、国际开发协会、国际金融公司、国际投资终端处理中心和多边投资担保机构 5 个机构组成。这五个机构的产生时间和发挥的作用各不相同。

（一）国际复兴开发银行

国际复兴开发银行简称世界银行，英文简写为 IBRD，IBRD 是与 IMF 同时建立的国际金融机构，1945 年 12 月 27 日正式成立，总部设在美国首都华盛顿。一般来说，若要加入 IBRD 必须先成为 IMF 的成员国，但 IMF 成员国也不全是 IBRD 的成员。中国是 IBRD 创始成员国之一，曾因历史原因，席位被取代，1980 年 5 月 15 日恢复在 IBRD 的合法席位。

1. IBRD 的宗旨

IBRD 则主要负责成员国的经济复兴与开发，帮助成员国消除贫困，并向成员国提供发展经济的中长期贷款。IBRD 是营利性组织，但不以利润最大化为主要经营目标。根据 1944 年布雷顿森林会议通过的《国际复兴开发银行协议》第 1 条，IBRD 的宗旨是：对用于生产性目的的投资提供便利，以协助成员国的复兴与开发；以担保或参加私人贷款和私人投资的方式，促进私人的对外投资；用鼓励国际投资以开发成员国生产资源的方式，促进国际贸易的长期均衡发展，并维持国际收支平衡；与其他方面的国际贷款配合提供贷款担保。

2. IBRD 的组织架构

IBRD 的组织机构与 IMF 类似，由理事会、执行董事会和行长、副行长等组成。理事会是 IBRD 的最高权力机构，由各成员国选派一名理事和一名副理事组成。在人员选派方面与 IMF 十分类似。理事会的主要职责是：批准接纳新成员、决定普遍地增加或者调整成员国应缴股本、决定银行净收入的分配及其他重要问题。

执行董事会是 IBRD 负责日常事务的机构，行使由理事会授予的职权。IBRD 执行董事任期 2 年，由持有股份最大的美、英、德、法、日五国及中国、沙特阿拉伯各自选派 1 人担任常任执行董事,其余 15 人由其他成员国按地区分组推选。中国在世界银行的股份占该行法定股本总额的 3% 左右,在该行的投票权位居第六。中国自 1980 年恢复在世界银行的合法席位后,单独组成一个选区,并自行委任一名执行董事。

行长是最高行政长官,由执行董事会选举产生,负责领导 IBRD 的日常工作及任免高级职员和工作人员,任期为 5 年。

### 3. IBRD 的资金来源

IBRD 的资金来源有四个方面:成员国缴纳的股金、向国际金融市场借款、债权转让、利润收入。成员国在加入 IBRD 时,按照各自的经济实力先认缴 20% 的股金,剩余 80% 在 IBRD 资金匮乏时再缴纳,但到目前为止,IBRD 尚未要求成员国缴付过这部分股金。IBRD 正式成立后,主要的资金来源是在国际金融市场上发行债券所获。IBRD 发行的债券期限从 2 年到 25 年不等,利率稍低于普通公司债券和政府债券。债券的发行对象多样化,既有私人机构,也有成员国政府、各国中央银行等。为了提高贷款资金的周转能力,20 世纪 80 年代以来,IBRD 将贷款债权的一部分有偿转让给私人机构,以提前收回一部分资金,进而形成了 IBRD 的一部分资金来源。IBRD 自 1947 年开办以来,除第一年略有亏损外,历年都有盈余。世界银行的净收益不分配给股东,除一部分以赠款的形式拨给国际开发协会及撒哈拉以南非洲地区特别基金以外,其余均留做准备金,充当银行的自有资金,作为世界银行发放贷款的一个资金来源。

### 4. IBRD 的贷款业务

世界银行的贷款对象主要是发展中国家的政府。贷款一般用于 IBRD 批准的特定项目,贷款资金不得变更用途,且必须接受 IBRD 的监督。一般来说,申请贷款的国家无法从其他方面取得贷款时,IBRD 才考虑发放贷款或提供担保。为保证贷款如期归还,贷款只发放给那些有偿还能力的成员国。中国作为一个发展中国家,在改革开放的历程中,多次获得 IBRD 的资金支持。1981 年 6 月,IBRD 与我国政府商定将"大学发展项目"作为我国第一个世界银行贷款项目。总投资 2.95 亿美元,IBRD 贷款 2 亿美元,国内配套资金 1.45 亿元人民币,用于我国 28 所重点院校的建设。我国与 IBRD 后续的合作中,我国陆续引入 IBRD 的资金累计达到 400 多亿美元,项目覆盖了经济领域的多个方面,诸如交通、农村发展、能源、城建环保等。

总体来说，IBRD 的贷款倾向于基础设施建设，且贷款期限长、利率低，贷款数额不受借款国股份数额的限制。除了项目贷款外，IBRD 也发放非项目贷款和一部分联合贷款。联合贷款是 IBRD 与借款国以外的其他贷款者联合起来，为 IBRD 贷款资助的某一项目共同筹资和提供贷款。

（二）国际开发协会

国际开发协会是一个专门从事对欠发达国家提供无息长期贷款的国际性金融组织，简称 IDA。IDA 成立于 1960 年 9 月，总部设在美国华盛顿。国际开发协会的宗旨是向欠发达地区的协会成员国发放比一般贷款条件更优惠的贷款，以此为世界银行贷款的补充，从而促进世界银行目标的实现。只有世界银行的成员国，才能成为 IDA 的成员国。

IDA 设有正副理事、正副执行董事、正副经理和办事机构，均由世界银行的相应人员兼任。世界银行每年向 IDA 收取一笔管理费，弥补因兼营协会业务而增加的开支。IDA 与世界银行实际上是"两块牌子、一套人马"，但 IDA 又是一个独立的实体，它有自己的股本、资产和负债业务，有自己的协定、法规和财务系统。国际开发协会不能向世界银行借款。

IDA 资金来源有四个方面：成员国认缴的股本、各国提供的补充资金、世界银行的捐赠、营业收益。其中主要资金来源是成员国认缴的股本。IDA 的成员通过投票参与决策活动，成员国的投票权与其认缴的股本成正比。

IDA 发放的贷款只限于低收入国家。由于资金来源有限，不是所有有资格的国家都能获得贷款。与世界银行发放的贷款相比，IDA 的贷款最大的特点是具有高度的优惠性。IDA 对发展中国家提供的是长期无息的优惠贷款，统称为"软贷款"，而世界银行的贷款称为"硬贷款"。从 20 世纪 70 年代开始，IDA 发放的最大信贷是用于农业和农村发展。

（三）国际金融公司

世界银行的贷款是以成员国政府为对象的，这在一定程度上限制了世界银行业务的发展。为了促进对私人企业国际贷款的发展，1956 年 7 月国际金融公司正式成立，简称 IFC。根据《国际金融公司协定》，其宗旨是对发展中国家成员国私人企业的新建、改建和扩建提供贷款资金和技术援助，促进发展中国家中私营经济的增长和国内资本市场的发展。1957 年，IFC 与联合国签订协议，成为联合国的一个专门机构。

与国际开发协会不同，IFC 除了一些机构、人员也由世界银行相应的机构和人员兼任以外，还设有自己的办事部门和工作人员。公司的总经理由世界银行行长兼任。只有世界银行的成员国才有资格成为 IFC 的成员国。IFC 的资金来源有：成员国认缴的股本、从世界银行借入资金和通过发行债券从国际金融市场筹资、公司历年累计的利润收入三个方面。

IFC 的贷款与投资主要向成员国的私人公司提供贷款或直接投资于私人企业，且不需要成员国政府提供担保。IFC 面对的私人企业以中小企业为主，贷款币种灵活多样。IFC 还可以参与联合贷款。IFC 从 1987 年开始向我国中外合资企业提供融资，现已涉及乡镇企业、私营企业及股份制的企业等，为我国企业的发展，以及西部落后省份的发展给予了支持。

（四）国际投资争端处理中心

国际投资争端处理中心是世界银行为成员国政府与外国投资者在投资、结算等方面发生的纠纷提供仲裁和调解的机构，简称 ICSID。

ICSID 作为一个国际性的常设机构，设有一个行政理事会和一个秘书处，并分别设立一个调停人小组和一个仲裁人小组。行政理事会是国际投资争端处理中心的权力机关，其职责是制定 ICSID 的行政和财务规章，制定调解和仲裁程序的规则等。秘书处由秘书长、副秘书长和工作人员组成，秘书长在法律上代表国际中心，其职责是负责 ICSID 的日常行政事务。ICSID 并不直接参加调解和仲裁，只是提供调解员和仲裁员名册，供投资者和成员国选择，依《华盛顿公约》组成特别委员成员或仲裁庭，并遵循 1966 年 10 月 14 日生效的《国际投资结算仲裁惯例》进行调解和仲裁。ICSID 于 1978 还建立了一套《附加规则》，授权秘书处仲裁一些不在《国际投资结算仲裁惯例》规定范围内的国家纠纷。

（五）多边投资担保机构

多边投资担保机构成立于 1988 年，是世界银行集团中最新成立的一个机构，简称 MIGA，其宗旨是鼓励生产性的外国直接投资向发展中国家的流动以及资本在发展中国家之间的流动，从而促进发展中国家经济增长，并以此补充世界银行、国际开发协会的业务活动。为实现其目标，该机构的主要任务之一是经东道国批准，对外国投资者在该国的非商业性风险提供担保，包括再保和分保以及开展合适的辅助性服务。MIGA 的业务包括担保业务、中介和咨询服务。

长期以来，MIGA 与我国财政部、商务部、中国进出口银行、中国出口信用保险公司、中非发展基金及其他部门都有一定的合作。尤其是协助中国企业到海外投资，特别是在非洲和亚洲地区，为中国对外投资开展共同营销和提供共同保险，并在中国举办了投资保险业务培训班、政治风险保险研讨会等，同时提供技术援助、信息服务等多种形式的支持。

### 四 国际清算银行

国际清算银行简称 BIS，最初是由英、法、德、意、比、日等国的中央银行与美国的三家大型商业银行，即摩根银行、纽约花旗银行和芝加哥花旗银行，共同组建成立的国际组织，它是世界上最早成立的国际金融机构。IBS 的总部设在瑞士的巴塞尔，组建时有 7 个成员国。1984 年 12 月，我国经国务院批准，中国人民银行与 BIS 正式建立了业务关系，在该行存放黄金和外汇，成为该行的客户。1996 年 9 月 9 日，BIS 同意接纳中国人民银行为该行的新成员国。目前，BIS 的成员国已发展至 45 个。

BIS 成立之初，主要的业务是处理第一次世界大战后德国对协约国赔偿的支付和处理与德国赔偿的"杨格计划"有关的业务。随着一战后债务问题的解决，BIS 的业务扩展为专门从事各国中央银行存放款业务，被称为中央银行的银行。BIS 的主要任务是促进世界各国中央银行的合作，为国际金融活动提供更多的便利，在国际金融清算业务方面充当受托人和委托人。国际清算银行所主持的巴塞尔委员会在 1988 年通过的引人注目的《巴塞尔协议》为国际银行业的统一监管提供了一项划时代的重要文件。与 IMF 和世界银行相比，尽管 BIS 的成员国较少，但就其影响而言，其仍是一个全球性的国际金融机构。

国际清算银行的组织机构由股东大会、董事会和管理当局三部分组成。股东大会是其最高权力机构，每年召开一次会议，由认购该行股票的各国中央银行派代表参加。董事会是国际清算银行的实际领导机构，董事会由 13 人组成，董事长兼行长由选举产生。董事会是主要的政策制定者，每月召开一次会议，审查银行的日常业务。董事会下设经理部，有总经理和副总经理及正副经理十余人，下设银行账号部、货币经济部、秘书处和法律处四个业务机构。

BIS 的资金主要来源于三个方面：成员国缴纳的股金、向成员国中央银行的借款、各国中央银行的黄金存款和商业银行的存款。国际清算银行的业务主要包括处理国际清算事务、为各国中央银行提供服务、定期举办中央银行行长会议。

1996 年 9 月，中国人民银行正式加入国际清算银行，认购了 3000 股的股本，实缴金额为 3879 万美元，并成为该行亚洲顾问委员会的成员。香港金融管理局与中国人民银行同时加入国际清算银行，香港回归之后在国际清算银行的地位保持不变，继续享有其独立的股份与投票权。中国人民银行与国际清算银行之间业务联系密切。一方面，中国人民银行定期参加该行的例会、年会；另一方面，国际清算银行定期向中国人民银行提供各种资料和研究报告，每星期发送国际金融市上黄金和各种货币的汇率、利率及其变化和预测分析，使我国货币当局能够及时掌握国际金融市场上的变化情况和动向，有助于加强宏观经济金融决策。

### 五　金砖国家新开发银行

金砖国家新开发银行又名金砖银行，简称 NDB。创始成员国是巴西、俄罗斯、印度、中国、南非，总部设在中国上海。金融危机以来，美国金融政策变动导致国际金融市场资金的波动，对新兴市场国家的币值稳定造成很大影响。虽然中国货币波动较小，但是印度、俄罗斯、巴西等金砖国都经历了货币巨幅贬值。每当危机出现，IMF 救助都不够及时和有力，对金砖国家来说，设立一个资金池来应对危机显得十分迫切。中国首先提出组建应急储备基金来应对危机，之后经共同商议，成立了 NBD。组建 NBD 的目的就是在下一轮危机发生时，使金砖国家的货币能够实现币值稳定，一旦某国出现货币不稳定，可以借助这个资金池兑换一部分外汇来应急。

2015 年 7 月 21 日，NBD 开业。2017 年 9 月 4 日，中国向金砖国家新开发银行项目准备基金捐赠仪式在厦门举行。财政部副部长史耀斌与新开发银行行长卡马特签署了中国捐赠 400 万美元的协议。

NBD 除了有应对危机的功能外，在没有爆发危机时，主要为金砖国家及其他新兴经济体和发展中国家的基础设施建设和可持续发展项目提供支持，并作为现有多边和区域金融机构的补充，促进全球增长与发展。NBD 优先考虑对金砖国家基础设施建设进行扶持。巴西、南非、俄罗斯、印度的基础设施缺口很大，在国家财政力所不及时，需要共同的资金合作。NBD 不只面向 5 个金砖国家，而且面向全部发展中国家，作为金砖成员国，可能会获得优先贷款权。NBD 的出现不仅推动了各国的基础设施建设，也是中国分享建设经验的平台之一。NBD 的成立与中国"走出去"战略相呼应，也为日后中国"一带一路"倡议的金融支持打下了基础。

**六 丝路基金**

丝路基金是中国提出"一带一路"倡议后，第一个组建的金融支持组织。2014 年 11 月 4 日，中共中央总书记、国家主席、中央军委主席、中央财经领导小组组长习近平主持召开中央财经领导小组第八次会议，研究丝绸之路经济带和 21 世纪海上丝绸之路（即"一带一路"）规划、发起建立亚洲基础设施投资银行和设立丝路基金。同年 12 月 29 日，丝路基金有限责任公司在北京注册成立，并正式开始运行。丝路基金的股东为国家外汇管理局、中国投资有限责任公司、中国进出口银行和国家开发银行，金琦出任首任公司董事长。

丝路基金依照《中华人民共和国公司法》，按照市场化、国际化、专业化原则设立的中长期开发投资基金，重点是在"一带一路"发展进程中寻找投资机会并提供相应的投融资服务。2015 年 4 月，丝路基金签下"首单"，投资中巴经济走廊优先实施项目之一卡洛特水电站。丝路基金是为利用我国资金实力直接支持"一带一路"建设而设立的，选择中巴经济走廊能源项目作为丝路基金的第一个支持项目，不仅充分体现了中国与巴基斯坦共同发展、共同繁荣的理念，也反映出"一带一路"对中巴经济走廊建设的推动作用。

**七 亚洲基础设施投资银行**

亚洲基础设施投资银行简称亚投行，英文简写 AIIB。AIIB 是一个政府间性质的亚洲区域多边开发机构。2013 年 10 月 2 日，习近平主席提出筹建倡议，2014 年 10 月 24 日，包括中国、印度、新加坡等在内 21 个首批意向创始成员国的财长和授权代表在北京签约，共同决定成立亚投行。2015年6月29日，《亚洲基础设施投资银行协定》签署仪式在北京举行。2015年12月25日，亚洲基础设施投资银行正式成立。2016年1月16日至18日，AIIB开业仪式暨理事会和董事会成立大会在北京举行。中国财政部部长楼继伟被选举为亚投行首届理事会主席，金立群当选亚投行首任行长。

AIIB的第一大股东是中国，第二大股东是印度，第三大股东是俄罗斯。AIIB的治理结构分理事会、董事会、管理层三层。理事会是最高决策机构，每个成员在亚投行有正副理事各1名；董事会有12名董事，其中域内9名，域外3名；管理层由行长和5位副行长组成。

AIIB重点支持"一带一路"沿线国家的基础设施建设，成立宗旨是为了促进亚洲区域的建设互联互通化和经济一体化的进程，并且加强中国及其他亚洲国家和地区的合作，是首个由中国倡议设立的多边金融机构，总部设在北京，法定资本1000亿美元。截至2019年4月22日，AIIB理事会已经批准科特迪瓦、几内亚、突尼斯和乌拉圭为新一批成员。至此，AIIB成员达到97个。

自AIIB成立以来，不仅支持了"一带一路"沿线国家的经济建设，还对全球经济的发展有一定贡献。2020年，新冠肺炎疫情开始席卷全球，200多个国家受到疫情的影响，全球经济受到严重打击。各国不仅要维持因持续受疫情影响而萎靡不振的经济，还需要大量的资金来抗击疫情。2020年5月，AIIB为印度提供5亿美元的抗疫应急贷款，同年7月，又为印度提供了7.5亿美元的抗疫应急贷款。2020年后半年，面对疫情的持续发展，AIIB突破常规业务，设立了130亿美元的危机恢复基金，专门用于各国的抗疫，以及疫情后的经济复苏。截至2021年8月，AIIB已经批准36个项目，总额超过89亿美元的抗疫资金，来帮助受疫情冲击严重的国家走出困境。

从亚投行在这次疫情中发挥的作用上，不难看出中国在面对国际事务的姿态和信心。以上介绍的这些国际金融机构都是与中国联系最紧密的几个机构。通过学习这些国际金融机构的组建历史及运作概况，结合中国的现实情况回答以下两个问题。

1. 未来中国在国际金融机构的发展中应该扮演什么角色？（弹幕

题)

2. 结合本次疫情，你认为中国在全球疫情过后的经济恢复中该做些什么？（弹幕题）

### 课堂教学建议：

该节内容涉及思政教学内容，适合于线下教学。国际货币基金组织、世界银行集团、国际清算银行可以采用线上答疑或线下提问来完成教学，在教学的过程中，要引导学生更多地关注这些国际金融机构与中国之间的联系。与"一带一路"倡议有关的几个国际金融机构是线下教学的重点。一方面要考查学生是否掌握了这些机构的主要业务，另一方面针对本节最后设计的两个弹幕题开展讨论。在讨论时，教师要引导学生树立民族自信心与自豪感，认可国家的大国承担精神，认可我国的抗疫成果，对战胜疫情后我国的经济发展建立信心。

### 课后练习：

一　单项选择

1. 以下关于亚投行的说法正确的是（　　）。
   A. 亚投行重点支持我国及周边国家的基础设施建设项目
   B. 亚投行的第一大股东是中国，第二大股东是俄罗斯
   C. 亚投行是首个由中国倡议设立的多边金融机构
   D. 亚投行的总部设在上海

2. 以下关于国际货币基金组织的说法错误的是（　　）。
   A. 国际货币资金组织的资金来源是各成员国缴纳的份额、借款与信托基金
   B. 国际货币基金组织是构建牙买加体系的产物
   C. 中国是国际货币基金组织的初创成员国之一
   D. 国际货币基金组织可以向成员国进行融通资金

二　多项选择

1. 世界银行集团包括哪几个机构（　　）。
   A. 多边投资担保机构
   B. 国际投资终端处理中心

C. 国际金融公司

D. 国际开发协会

E. 国际复兴开发银行

2. 以下关于国际清算银行的说法正确的是（　　）。

A. 国际清算银行总部设在瑞士的巴塞尔

B. 中国人民银行是国际清算银行的成员之一

C. 国际清算银行的组织机构由股东大会、董事会和管理当局三部分组成

D. 国际清算银行是一个全球性金融机构

E. 国际清算银行的成员国比 IMF 还多

3. 国际清算银行的资金来源有（　　）。

A. 成员国缴纳的股金

B. 向成员国中央银行的借款

C. 各国中央银行的黄金存款

D. 一些商业银行的存款

E. 特别提款权

# 第 八 章

# 国际资金流动

## 第一节 国际资金流动概述

**预习提示：**

观看相关课程视频，了解国际资金流动的含义、特点，重点理解自 20 世纪 80 年代以来国际资金流动飞速增长的原因。

### 一 国际资金流动的含义

国际资金流动分为两种：一种是和实际生产、贸易有密切关系的资金流动，可以称作国际资本流动；另一种是和实际生产、贸易无直接关系，主要以获取资产差价和金融收益为目的而在国际进行的纯"金融"性质的流动，可以称作国际资金流动，这是本章讨论的重点。

自 20 世纪 80 年代以来，国际金融市场的资金流动呈现出三个特点：第一，国际金融市场交易量巨大，不再依赖于实体经济而独立增长；第二，国际金融市场在很大程度上呈现批发市场的特征，机构投资者是国际资金流动的主要载体；第三，衍生品交易比重不断上升，交易虚拟化程度提高。

### 二 国际资金流动的形态

国际资金流动的形态按照使用期限可分为长期资金流动和短期资金流动。长期资金流动按资金转移方式，可分为直接投资、间接投资和国际信贷。国际信贷的具体方式包括政府援助贷款、国际银行贷款、国际金融机构贷款。国际短期资金流动包括政府和私人短期资金流动，内容复杂、种类繁多。

### 三　国际资金流动飞速增长的原因

国际资金流动飞速增长是由一系列因素造成的，可将这些因素分为外部因素和内部因素。外部因素主要包括：第一，国际范围内与实际生产相脱离的巨额金融资产的积累。20世纪80年代以来，各国的经济都有了很大的发展，特别是新兴市场，积累了大量的资金，为国际范围内大规模资金流动提供了基础。第二，各国对国际资金流动管制的放松。二战后很长时间内，各国对国际资金流动实行严格管制。20世纪70年代以来，各国兴起了放松金融管制的浪潮，到20世纪90年代，绝大多数发达国家放开了对国际资金流动的管制。内部因素主要包括：第一，国际收益率的差异。随着各地市场的开放，收益率的差异是带动资金流动的重要因素，资金出于逐利特性，会不断在各地流动。第二，各地区的风险差异。资金除了逐利性之外，有时出于避险的需求也会不断流动。第三，国际资金流动具有自发增加的倾向。国际市场上的资金通过信用创造使资金流动的规模越来越大。无论在国内市场还是国际市场，存款的派生创造过程基本一样，再加之欧洲货币市场上不存在准备金，存款的派生创造能力更强。除以上这些之外，全球外贸和投资活动的快速增长、金融创新以及金融市场一体化等也是带动国际资金流动飞速增长的原因。

### 四　国际资金流动的经济影响

国际资金流动对经济既有正面影响又有负面影响。正面影响有：第一，促进了全球范围内资本的优化配置。第二，促进了财富效应的传导。第三，增强了资金的流动性。第四，推动了国际金融市场的一体化。负面影响有：第一，国际资金流动加大了各国维持外部平衡的难度。第二，国际资金流动加大了微观经济主体经营的困难。第三，国际金融市场的衍生工具放大了交易风险。第四，国际资金流动会影响内部均衡的实现。第五，国际资金流动会将一国的经济波动传导到其他国家。

*课堂教学建议：*

本节内容可以设定为线上自学内容。课堂提问时，重点关注国际资金流动增长的原因中内部因素的第三个,并在帮助学习复习存款派生创造的知识点时,将其运用到国际资金流动的现象分析中。

## 课后练习:

### 一 单项选择

1. 以下关于国际资金流动的形态说法正确的是( )。
   A. 保值性资金流动属于长期资本流动
   B. 国际信贷主要是国际银行的贷款,政府之间的援助性贷款不包括在内
   C. 短期资金流动可分为直接投资、间接投资、国际信贷三种形式
   D. 利润再投资属于直接投资形式

2. 国际信贷的具体方式不包括( )。
   A. 政府援助贷款
   B. 国际银行贷款
   C. 国际金融机构的贷款
   D. 政府转移

### 二 多项选择

1. 20 世纪末国际资金流动飞速增长的原因包括哪些?( )
   A. 世界对外贸易和投资活动快速增长
   B. 金融创新的促进
   C. 金融市场一体化促进了资金在全球的配置和套利
   D. 国际资金流动管制的放松
   E. 使用浮动汇率制的国家越来越多

### 三 判断题

1. 国际资本流动与国际资金流动的经济学意义是相同的。( )
2. 一国国际资金流动的内容主要反映在国际收支平衡表的资本账户中。( )
3. 20 世纪 80 年代之后,国际资金流动不再依附于国际贸易,呈现出单独流动的格局。( )
4. 国际资金流动对经济发展既有积极影响又有消极影响。( )

#### 四 填空题

1. 国际资金流动的形态按照使用期限可分为长期资金流动和（　　）。
2. 长期资金流动按资本转移的方式不同，可分为直接投资、间接投资和（　　）。

## 第二节　中长期资金流动与债务危机

**预习提示：**

观看相关课程视频，了解中长期国际资金流动的特点，能够理解中长期国际资金流动可以引发债务危机。在充分了解20世纪80年代债务危机相关内容的基础上，再详细学习欧洲债务危机的内容。自学完这些理论后，观看纪录片《货币》第7集《三条红线》，详细了解一国政府如何获得资金、政府筹措资金的各种手段、为什么政府会陷入债务危机等问题。在预习过程中要学会总结要点，并找出自学中遇到的难题。

### 一　中长期资金流动概述

如果一个国家能够引入中长期资金，那么其在生产和消费领域均可带动本国的经济发展，促使全社会福利水平提高。在某些较早的经济思想中就曾提出，一个国家应该大量引资，并严格限制资本输出。实践证明，当一国大量引入中长期资金后，并不是绝对能带来福利的提高，也可能引发债务危机。有人将一国引入的中长期资金视为一笔借贷，并将这笔借贷和一国的消费习惯结合起来，通过研究发现，以引入消费性贷款为例，如果是推迟消费型的国家，则不容易爆发债务危机；如果是熨平消费型的国家，因收入波动频率大、波幅小，也不易爆发债务危机；如果是提前消费型的国家，便容易引发债务危机。

### 二　国际债务危机

20世纪80年代初期，爆发了一场世界性的债务危机。所谓债务危机，是指一系列非产油发展中国家无力偿还到期的外债，由此不仅导致发展中国家的债信严重下降，而且使国际银行业陷入了资金危机，严重影响了国际金融业乃至整个国际货币体系的稳定。

（一）债务危机概况

1981年，波兰首先宣布不能偿还到期的外债，接着在1982年8月，世界第二大债务国墨西哥政府也宣布，不能按期履行偿还外债的义务，随后巴西和阿根廷分别宣布不能偿还外债，要求重新安排债务。之后非洲的苏丹、摩洛哥、中非共和国、马达加斯加等十多个国家都宣布不能偿还外债，同时亚洲的印度尼西亚、菲律宾等多个国家相继宣布其无力偿还外债，世界性债务危机全面爆发。

（二）债务危机的特点

发展中国家爆发的债务危机有如下特点：第一，债务增长速度快，且规模巨大。整个发展中国家的对外债务，由20世纪70年代初的500亿美元，发展到80年代末的1000亿美元。第二，债务以浮动利率为主。由于债务期正处在全球高速通货膨胀时期，并且受浮动利率影响，债务的利息额度增长很快。第三，债务以私人借款为主，大部分未偿还债务来自国际市场上商业银行提供的借款，而政府借款的比重很低。

（三）债务危机爆发的原因

债务危机爆发的原因主要有以下几个方面：第一，债务总额中私人银行贷款比重较高、贷款期限缩短和浮动利率流行导致发展中国家借款条件恶化。第二，20世纪80年代初期工业国家经济衰退，导致世界性大萧条。另外，发达国家因经济危机频发，便不断对外转嫁危机，并加大贸易保护力度，进一步加剧了发展中国家的债务问题。第三，债务危机和国际支付危机交织在一起。贸易条件恶化，导致大部分经济严重依赖外贸的发展中国家债务问题恶化。第四，两次石油提价，增加了非产油发展中国家的进口费用。第五，一些发展中国家盲目追求经济的高速增长，在国内实行扩张性财政政策、货币政策的同时，对外大量借取外债，从而促使国内通胀严重，抑制了出口企业的发展，削弱了出口商品的竞争能力。

（四）衡量债务危机的指标

一般来说，一个国家是否会爆发债务危机，需要用一套指标来衡量。负债率是对外债承受能力的估计，反映外债余额与国民经济实力的关系，即外债余额与国内生产总值的比率，通常应低于10%。偿债率是对外偿债能力的估计，反映当年还本付息额与经济实力的关系，即外债还本付息额与年商品和劳务出口收入之比，一般不应超过 20%。债务出口比率，即外债余额与当年商品与劳务出口收入的比率，通常应低于 100%—150%。还本付息与总产值比率，即每年还本付息总额与国内生产总值之比，一般应不超过 5%。

（五）债务危机解决方案

债务危机爆发后，国际社会给予了高度关注，并积极制定解决危机的方案。首先，1982 年到 1984 年，美国政府和国际货币基金组织共同提出了最初解决方案。债权国政府、商业银行和国际金融机构共同采取了缓和债务危机的措施：第一，重新安排债务，即修改原贷款协议，延长偿债期。第二，提供新贷款。这些做法有助于债务国暂时渡过难关，但 1985 年后，发展中国家的债务危机又紧张起来。在这种背景下，出现了设立国际金融公司的设想，即为债台高筑的国家建立一项投资基金，这项基金将负责发行美元债券，向国际银行换取债权。这样，基金就成了债权的持有人，投资基金的证券可以在证券交易所开价转让，债务国则保证在需要时这些债券可以兑换成私人或公共企业的股票。这样国际银行至少可能收回大部分美元贷款，债务不会冻结，有关资本可以重新动用；借款国不再为借新款还旧款而苦恼，当地企业也会获得新的资金。因此，投资基金、国际银行和债务国建立起一种国际连带责任，投资基金必须得到国际金融公司和世界银行的赞同，以及国际货币基金组织和各国中央银行的支持。

1985 年 10 月，当时的美国财政部部长贝克在国际货币基金组织和世界银行的联合年会上提出一个解决债务危机的计划，称为"贝克计划"，其主要内容为：第一，各多边开发银行在以后三年内向重债务国提供约 90 亿美元的新贷款；第二，要求私人银行在三年内建立 200 亿美元的信贷基金，资助重债务国；第三，债权国和债务国进行对话，以防止债务国组成新的抗债集团；第四，债务国实行紧缩政策，降低通货膨胀率，鼓励和吸引外资，减少国际干预。这一建议得到了国际货币基金组织、世界银行和一些国际银行的支持，成为发达国家在债务问题上的共同立场。但这个计划缺少具体的措施，一时难以完全实现，而且 1985 年发展中国家的外债总额将近 1 万亿美元，但利息支出就达 1400 亿美元，贝克计划给出的数字无异于杯水车薪,不能使债务国真正摆脱困境。

1985年10月5日,发展中国家认为贝克计划具有积极因素,但需要进一步修改和补充。"二十四国集团"在32次部长级会议上指出,债务问题需要债务国、债权国、商业银行和国际金融机构通力合作,对国际债务进行综合治理。为此要做的努力应有:第一,债权国给债务国一段宽限期,并以援助的形式免除最不发达国家的大部分债务。第二,国际援助体制应赶快加以整顿扩充,经过协调来增加开发援助资金以加速发展中国家经济的发展,提高它们的偿债能力。第三,国际商业银行应采取协调行动,重新安排债务,并提供新的贷款。第四,债务国也要有步骤地来调整自己的经济,改善自身的经济状况。第五,工业国应取消保护主义措施,改善发展中国家的贸易条件,增加他们的出口,加速世界贸易的发展,为他们偿还债务和支付利息创造条件。

美国财政部部长布雷迪于1989年3月提出了又一个方案,实际上是贝克计划的延伸,主要包括四点:第一,债务国应继续实施以增长为导向的调整方案,并采取措施来鼓励外逃资本的调回。第二,基金组织与世界银行应为债务国提供资金,通过债务购回方式,按一定的折扣永久债券交换附有担保品的新债券,以旧债券交换面值不变但利率降低的新债券。第三,商业银行要与债务国合作,既要提供新贷款,也要在自愿基础上减免债务的本金和利息。第四,债权国政府将继续通过巴黎俱乐部对他们自己的贷款加以重新安排或调整,并继续为具备健全调整方案的国家提供出口信贷保险。经过数年的周折,西方国家已比较能接受这一计划,着重于缓解及减免某些债务负担过重的国家的部分贷款。

### 三 欧洲债务危机

(一) 欧洲债务危机概况

2009年10月20日,新一届希腊政府宣布当年财政赤字占国内生产总值的比例将超过12%,远高于欧盟《稳定与增长公约》设定的3%的上限。全球三大评级机构惠誉、标准普尔、穆迪陆续下调了希腊政府的主权信用评级。2010年4月,标准普尔进一步下调了希腊政府的主权信用等级到无法融资的级别,由此希腊爆发债务危机。2010年5月,惠誉又下调了西班牙的主权信用等级。欧盟27国财长设立了救助机制,开始帮助可能陷入债务危机的成员国，但危机没有停止，之后爱尔兰、意大利、葡萄牙也开始陷入危机，欧洲债务危机全面爆发。

（二）欧洲债务危机爆发的原因

欧洲债务危机爆发的原因主要是：第一，欧盟成员国经济增长乏力，成员国政府财政收入有限。第二，欧元机制存在缺陷，统一的货币政策和独立的财政政策之间存在不协调。第三，欧盟成员国产业结构不合理，本国产业空心化使其难以应对危机的冲击。第四，欧盟成员国之间经济发展程度差异较大，政策协调存在困难。第五，金融危机使各国政府增加杠杆使债务加重。第六，高福利陷阱和老龄化加剧了危机。第七，评级机构不再受西方国家的约束，正确调整评级。

（三）欧洲债务危机解决方案

欧洲债务危机的解决方案：第一，德国、欧洲央行和国际货币基金组织三方共同出资解决。这涉及三方面的努力：首先，危机国必须进行有力改革，尤其要改善国内劳动力成本过高的情况；其次，德国等北欧国家需要采取新的经济扩张方式，例如它们应该增加进口意大利和希腊的商品和劳务，减少购买危机国家的债券；最后，欧洲央行需要再次降低再融资利率，并增加购买危机国的国债，使它们的债券收益率下降到可接受水平。第二，债务重组。欧盟应大规模缩减部分国家的债务，同时德国应对其他国家中央政府的债务予以担保，确保在西班牙、意大利等中央政府债务周围建立起一道坚实可信的防火墙。作为回报，德国应在欧盟内得到更大份额的财政权力。欧洲央行应推行扩张货币政策，在保持汇率稳定的前提下推行适度通胀，并辅以配套结构性改革，包括对养老金和医疗保障基金等进行改革。第三，实施积极的财政政策。政府的支出，特别是在教育、科技和基础设施上的投资能降低长期赤字。为了避免经济大萧条，加大政府开支确有必要。

一个国家爆发债务的原因很多，既有外部环境的原因，也有其自身发展缺陷方面的原因。通过学习历史上数次债务危机的事件，是否能对我们面对现实问题有所启发？请阅读以下资料，并回答资料后的问题。

## 资料一：

### 疫情背景下对欧债危机的思考

在欧洲央行的多重救援措施下，各债务国的经济状况和债务规模有所缓解。到 2018 年，欧洲的债务国基本走出了债务危机的阴影。2020 年新冠肺炎疫情开始席卷全球，欧洲各国政府都在极力地应对疫情，但仍然不能遏制疫情对经济的打击，金融市场弥漫着恐慌情绪。

1. 在疫情的影响下，欧债危机会不会卷土重来？请学习者自行查找资料，回答这个问题。（现场讨论题）

## 资料二：

### 从国家债务危机思考个人债务危机的形成

小王毕业后在深圳一家小型基金管理公司工作，由于当时金融政策宽松、经济形势大好，再加上小王比其他新员工工作更努力，五年的时间小王就成为该公司的副总。在小王升职的过程中，小王逐渐了解到公司的一些投机机密，其中涉及一些违规和诈骗行为，但由于这些行为在当时的金融行业很普遍，因此小王没有在意，也参与其中并获得了丰厚的报酬。有一天晚上，小王在和朋友吃饭时炫耀道："你们信不信，我一个晚上在这里和你们聊天、喝酒，第二天我就能赚 80 万元。"在场的人都表示怀疑。第二天早上，小王抛出手中的金融产品，的确赚了 80 万元。

后来，小王发现公司的总裁是董事长的好友，她用公司吸纳的资金为自己和董事长购买了几栋高档别墅和豪车，没有用于约定的投资，而且为了利益争夺，她采取各种措施排挤走了包括小王在内的所有副总。两年后小王被迫辞职回到兰州。就在小王回到兰州的那一年，董事长和其他高管全部因非法集资入狱。

小王回到兰州后身无分文，他曾经赚了大约 300 万元，后来投资失误损失了 100 多万元，剩下的钱全部被小王在日常生活中用于谈恋爱、买衣服和鞋子、出入高档场所等花光了。由于一时找不到合适的工作，小王就找朋友借钱生活，小王的父母是退休工人，每月有一定的收入，但小王从不向父母张口借钱。时间一长，小王欠了别人不少钱却无力偿还。有人问小王，为什么不套信用卡或网贷解决燃眉之急，小王说他太了解金融行业，他宁可借朋友的钱也不愿掉入这种陷阱。

1. 你认为小王的窘况是什么原因导致的？（弹幕题）

2. 工作后是否必须给父母钱来表达孝心，分父母有收入与无收入两种情况。（投票题+弹幕题）

3. 工作后钱不够花时是否应该向父母借钱、要钱？（弹幕题）

### 课堂教学建议：

本节内容可以采用线上线下混合式教学。首先，中长期国际资金流动和国际债务危机比较简单，可以设定为线上自学内容。课堂提问时，重点关注衡量债务的指标部分，既可以考查学生对指标的理解，又可以在学生回答完问题后，举例讲解指标的运用。欧债危机部分可以采用线下教学，结合教材所述，针对欧洲债务危机的解决方案进一步详细讲解。针对当前形势，与学生展开"疫情下，欧债危机是否会卷土重来"这个问题的讨论。讨论时重点从三个方面进行引导：第一，疫情期间欧洲的经济概况；第二，欧洲各国在疫情期间制定了哪些政策挽救经济；第三，疫情期间，欧洲各国的债务状况。

### 课后练习：

**一　单项选择**

1. 以下关于国际货币基金组织对外债的定义说法错误的是（　　）。
   A. 必须是居民与非居民之间的债务
   B. 必须是某一时间段内发生的债务
   C. 必须是具有契约性偿还义务的债务
   D. "全部债务"既包括外币表示的债务，又包括本币表示的债务，还可以是实物形态的债务

2. 20世纪末，用于解决债务危机的方案不包括（　　）。
   A. 贝克计划
   B. 布雷迪创议
   C. 怀特计划

D. "二十四国集团"的建议

3. 衡量一国外债承受能力的指标是（　　）。

   A. 偿债率

   B. 长期债务比率

   C. 负债率

   D. 短期债务比率

4. 衡量一国对外偿债能力的指标是（　　）。

   A. 债务率

   B. 负债率

   C. 短期债务比率

   D. 偿债率

5. 在各种信贷方式中，具有一定援助性质的贷款是（　　）。

   A. 国际信贷

   B. 国际金融机构贷款

   C. 政府贷款

   D. 国际债券

6. 偿债率的一般参照系数为（　　）。

   A. 10%

   B. 50%

   C. 20%

   D. 100%

## 二　多项选择

1. 20 世纪 80 年代初期，债务危机形成的原因是（　　）。

   A. 石油大幅涨价

   B. 借贷期内利率上涨幅度较大

   C. 借入资金的使用与管理不当

   D. 大量资金被借入后用于基础设施建设

   E. 金融危机的影响

2. 以下关于国际债务危机的状况说法正确的是（　　）。

   A. 债务危机是指国际银行的贷款大量无法收回而产生的经营困难

   B. 80 年代初的债务危机的严重性表现在债务的高度集中

C. 20 世纪 90 年代后，发展中国家的债务形势有所缓和

D. 到 1983 年年底，共有 32 个发展中国家无力按期偿付外债本息

E. 国际债务危机的缓解主要依靠发展中国家的经济复苏政策的带动

3. 国际银行的贷款的特点包括（　　）。

　　A. 贷款具有营利性

　　B. 贷款利率较高

　　C. 贷款的期限长

　　D. 贷款用途不作规定

　　E. 贷款金额较大

### 三　判断题

1. 从中长期资本流动的机制来看，一国大量引资可以提高国家的福利水平，但不绝对。（　　）

2. 国际债务危机中占债务总额绝大部分的贷款是政府贷款。（　　）

3. 贝克计划的实施并不能从根本上扭转债务危机。（　　）

4. 20 世纪 80 年代，最先爆发债务危机的国家是墨西哥。（　　）

## 第三节　国际短期资金流动

**预习提示：**

观看相关课程视频，了解短期国际资金流动的特点，能够理解短期国际资金流动可以引发货币危机。在充分了解货币危机相关内容的基础上，再详细学习次贷危机的内容。自学完这些理论后，观看纪录片《华尔街》第 9 集《拯救危机》，详细了解美国次贷危机的发生过程，以及危机发生的原因和应对危机的措施。

### 一　国际短期资金流动

国际短期资金流动是指期限在一年以内的资金流动，主要采取短期金融资产的形式。影响国际短期资金流动的主要因素是短期投资收益与风险。因此，国际短期资金流动具有以下特点：第一，对经济的各种变动极为敏感，资金流动的反复性较大，具有较强的投机性。第二，受心

理预期因素的影响非常突出。

根据资金流动的性质来划分，国际短期资金流动可分为套利性资金流动、避险性资金流动、投机性资金流动。套利性资金流动可分为套汇和套利两种。避险性资金流动又称资本外逃，是金融资产的持有者为了自己的资金安全而进行资金调拨所形成的短期资金流动。投机性资金流动是指投资者利用国际市场上金融资产或商品的价格波动，从中牟取利润而引起的短期资金流动。

提到投机性资金流动，经常会使人想到国际游资。国际游资也称国际投机资金，主要包括现金、银行活期存款等流动性很强的资产，它是由无数个集团和个人所拥有的巨额闲散资金组成的超级资本集团。短期国际资金流动不当会引发货币危机。

## 二 货币危机

### （一）货币危机的概念

广义的货币危机是指一国的汇率变动在短期内超过一定幅度（20%左右），就称为货币危机。狭义的货币危机是指在固定汇率制度下，市场参与者对其固定汇率失去信心，在市场上进行抛售导致该国固定汇率制度崩溃的带有危机的操作。危机发生的原因主要有两种情况：一种是基本经济条件恶化，建立在经济基础之上预期不佳导致的危机。另一种是由心理预期带来的投机冲击所导致的危机。

### （二）金融危机与货币危机的关系

有时人们会将货币危机和金融危机等同起来，事实上两者是有区别的。货币危机主要发生在外汇市场上，体现为汇率的波动。金融危机指除了货币危机中的外汇市场动荡外，还包括股市和银行体系等国内金融市场上的价格波动，以及金融机构的经营困难与破产等。金融危机的内涵比货币危机更广，除了货币危机外，还包括银行危机、股市危机等。现代国际金融危机成因复杂，往往由多种危机交错在一起。

### （三）货币危机理论

经济学家对货币危机的研究已经有百年的历史。最早在 1755 年，埃铁翁在其著作《论一般商业性质》中阐述了一些关于货币危机的思想。进入 20 世纪 70 年代前，国际金融市场发展平稳，一直没有出现严重的货币危机,有关货币危机的研究没有得到重视。20世纪70年代初期,布雷顿森林体系崩溃,国际货币危机出现,有关货币危机的研究才开始陆续出现比较丰富的成果。

1979年,美国经济学家克鲁格曼提出了第一代货币危机模型——克鲁格曼模型。该模型认为国家经济的基本面,特别是财政赤字的货币化,是决定货币危机是否爆发的主要因素。如果一国采用的是固定汇率制,而政府的宏观政策与维持固定汇率相冲突时,一旦出现投机攻击、储备不足,就会爆发危机。若想躲避危机,紧缩性的经济政策至关重要。

进入20世纪90年代后,欧洲部分国家在经济形势良好的情况下发生了货币危机,引发了人们对第一代货币危机模型的思考,并产生了第二代货币危机模型——预期自致型模型。该模型认为,货币危机的出现是由贬值预期的自我实现导致的,即使经济运行良好,但如果市场投机者有贬值预期的情绪,在"羊群效应"的推动下,仍然会爆发货币危机。若想回避危机,政府可以提高利率来抵消市场的贬值预期,获得储备来维持平价,但如果提高利率给政府带来的成本过高时,政府只能选择放弃,进而危机爆发。现实中,市场上的贬值预期通过名义利率机制发挥作用,最终迫使政府放弃平价,使这一预期变为现实。政府想要成功地挽救市场,必须要提高政府政策的可信性,以此来降低政府退出固定汇率制的成本。

1997年,东南亚金融危机爆发,促使人们对货币危机的研究更加深入,第三代货币危机模型应运而生。该模型的主要思想是,一个国家货币的实际贬值或经常账户的逆差和国际资本流动的逆转将引发货币危机。该模型根据银行、企业、外国债权人等不同的微观经济主体的行为展开分析,形成了道德风险模型、流动性不足模型、企业资产净值基础上的多重均衡模型。

2000年,克鲁格曼在第三代货币危机模型的基础上进一步提出了新的观点,即第四代货币危机模型,主要思想是,亚洲国家存在严重的信息不对称和信用风险偏大,银行要求企业提供足额担保才能放贷,因此一国的总投资水平就取决于国内企业的财富水平,当国外债权人对国内企业态度悲观时,就会减少投资,引发经济下滑,进而产生危机。目前,该模型还在进一步的完善和深化当中。

### 三 东南亚货币危机

**(一) 危机概况**

1997年东南亚金融危机是由货币危机引发的,并表现出货币危机的巨大危害。1997年5月,国际投机基金从现货和期货两个市场开始对亚洲国家和地区货币进行攻击。具体分为三个阶段。

第一阶段:泰国实行浮动汇率制,引发危机。1997年7月2日,泰国央行无法承受国际游资对泰铢的攻击,终止泰铢钉住以美元为主的"一篮子"货币的固定汇率制度,实行浮动汇率制度,同时将贴现率提高2个百分点。此举引发了泰铢危机,当天泰铢汇率重创20%。之后,菲律宾、印尼、马来西亚相继将本币与美元脱钩,实行浮动汇率制。在汇率制度的剧烈变动和对冲基金的猛烈攻击下,东南亚各国货币大幅贬值,股市暴跌。受此影响,香港股市外资外逃,金融管理局为了捍卫港元,动用外汇储备基金、提高基本放款利率并采取资本管制,恒生指数受到恐慌性卖压,达到10年最低。港股崩盘引发了各主要新兴市场的连锁反应。全球股市下跌又进一步加重了东南亚国家的股灾。

第二阶段:韩元跌水引发第二轮风暴。1997年11月,韩元经历了两个月的持续贬值后,引发韩元危机。日本山一证券被爆出巨额外汇亏损,被迫倒闭,引发东京股市大跌,随即带动纽约、伦敦股市下跌。12月8日,东京外汇市场上日元兑美元汇价跌破130日元兑1美元,创下1992年以来新低。这两个事件使东南亚货币再次全面贬值,股市大幅跳水,亚洲货币危机升级。

第三阶段:印尼危机成为亚洲货币危机第三波导火线。在这一阶段,政治因素开始成为危机的根源。1997年7月,印尼经济处于崩溃的边缘,总统苏哈托虽然对经济恢复提出了一些承诺,但印尼大选在即,这些承诺受到国际和国内的多重质疑,其直接后果是印尼境内发生大规模骚乱。印尼政治经济形式的不明朗再次导致东南亚货币的激烈波动,并转化为影响国民经济和国际金融秩序的金融危机。

**(二) 危机爆发的过程分析**

如果一国爆发货币危机时,该国并不存在国内经济或政治因素的恶化,那么危机大多是由投机性资金流动带来的投机冲击引起的。这里需要说明一点，即投机冲击就其性质来看分为两种，一种是在基本经济条件恶化时发生的，由建立在经济基础之上的预期导致；另一种则与经济基础无关，纯粹是由心理预期的变化带来的。

下面举例说明货币投机导致货币危机的机制。如果有 A 和 B 两种货币，1 单位 A 货币 = 25 单位 B 货币。首先，B 货币汇率高估，市场上有 B 货币贬值的强烈预期。此时可以首先在外汇市场上用更高的汇率水平分阶段抛空远期 B 来改变汇率，由于汇率的波动，这种行为导致一定的"羊群效应"。当汇率的改变达到投机者的预期时，投机者将手中的 A 货币换成 B，并按原来较低的价格买进 A、卖出 B，由此可以获得一定的收益。这种操作方式不限于即期和远期的操作，还可以用在同业拆借市场和外汇市场上，东南亚金融危机就是典型案例。

（三）危机爆发的原因

这次危机产生的原因有以下几点。第一，经济发展模式及经济结构不合理。东南亚各国及地区经济处于由加速阶段向转型阶段的过渡期，经济增长是以大量资金投入拉动的，而不是靠技术创新推动的，技术创新对经济增长的贡献率低。第二，巨额的经常项目赤字，外债高筑和外债结构不合理。东南亚国家国内储蓄不足，资金的供给主要来源于国外储蓄，经济发展对外依存度较高，为了发展经济采取高利率、高汇率的"双高"政策。东南亚各国和地区由于自身经济规模及实力较弱，基本上采取盯住美元的固定汇率制度。第三，"泡沫经济"。东南亚地区经济处于中后工业化社会，经济货币化程度不高，应当以着力发展实业经济为导向。但事实上，东南亚地区的工业化进程周期被人为缩短，人为地提高了经济货币化程度。

（四）危机对世界经济的影响

亚洲金融危机对世界经济的影响主要表现在以下几个方面。第一，金融危机已明显对亚洲经济、社会及政治等方面产生了严重的影响。首先，东南亚国家和地区出现了严重的经济衰退。其次，亚洲国家和地区的贫困现象加剧。第二，世界多数国家经济受到金融危机的影响，全球经济增长速度放慢。亚洲地区经济增长停滞或衰退，对外需求疲软，必然导致其他国家，特别是与该区贸易关系较密切的美国的出口减少，在该地区投资的公司利润下降，这些都直接影响到其他国家的经济增长。

亚洲金融危机旷日持久,使本已出现泡沫的西方股市更加脆弱。第三,中国经济在受到了较大冲击的情况下仍保持高速增长。

**四　美国次贷危机**

次贷危机,又称为次级住房按揭贷款危机,它是指 2007 年发生在美国然后又蔓延到全世界并引起全球金融动荡和经济滑坡的一场危机。

（一）次贷危机概况

次级住房按揭贷款,是指住房抵押贷款机构向还款能力较差的购房者提供的一种贷款。由于借款人还款能力较差,因此需要支付的利息率也较高,这就可以为贷款发放机构带来更多的利润。显然,这种贷款发放前提是经济看好、房价看涨、市场利率水平总体不高,从而贷款人万一收入不足时,可以用房产的增值部分来申请新的贷款以用于继续还款而又无须承担太高的利息成本。次级贷款机构为了扩大贷款规模,将提供的贷款打包成一笔笔长期抵押贷款债券在市场上发行以获取更多资金,再用于发放新的次级贷款,从而使次级贷款的规模最终远远超过其自身的自有资本,形成数倍甚至数十倍的放大效应。为了避免今后可能出现的风险,次级贷款机构为自己发行的抵押贷款债券做了一个担保,向担保提供商支付一笔费用,由担保提供商承担债券偿还的违约风险。在房价看涨并且贷款又有房产作抵押的情况下,违约风险很小,担保提供商乐做此事。由于次级抵押贷款利率较高,次级抵押贷款债券利率也较高,经担保后其吸引力更是有了提高,于是购买者众多,次级贷款的发放规模和次级抵押贷款债券的发行规模得以被不断放大,担保提供商的担保笔数和担保费收入也不断增加。由于担保费采用按年支付办法,担保提供商为了实现利润,遂将担保提前折价出售。例如,一张保单的担保期为 10 年,每年担保费收入为 1 亿美元,10 年共计可得 10 亿美元的担保费收入。在未发生违约的情况下,这 10 亿美元就是担保提供商的净收入。现在该担保提供商在第一年结束时就以 8 亿美元的价格提前出售给下一家担保提供商乙,乙以 8 亿美元的价格购入该担保,在没有违约的情况下,乙可得 9 亿美元保费收入。依次类推,这张保单在市场上被反复交易,甚至切割成更小的部分出售给众多的担保机构,参与交易的机构均发财,于是,担保单便在市场上扩散,部分担保单甚至流向了国外。

当经济形势发生逆转，房价不再上涨而利率上升时，借款人就会遇到还本付息的困难，违约就会发生。当违约人数达到一定规模后，担保提供商的理赔金额就会超过其所能承受的极限。此时，担保公司就会发生连锁破产，所有提供次级贷款的机构就必须自己承担违约风险，这又会导致它们也发生亏损或倒闭。次级贷款机构的亏损和倒闭，又会进一步造成购买次级抵押贷款债券的投资人的损失，其中也包括不少外国投资者。

2006 年，美国的房价在次级贷款的支撑下上升到难以为继的水平。那年，美国为了控制经济过热而上调利率，这成了压垮充满泡沫的美国房价的最后一根稻草。利率上升，房价下降，借款人的还贷成本上升却又难以通过抛盘或借入新的银行贷款来维持自己的信誉。随着房价的进一步下跌，银行发现即使把抵押物全部出售，有时甚至也不能偿还贷款的本息。2007 年，越来越多的银行陷入亏损或倒闭，次贷危机正式爆发。

（二）次贷危机爆发的原因

次贷危机爆发的原因：第一，银行的过度放贷。2000—2006 年，美国的房地产市场一片繁荣，房价节节攀升，形势一片大好，这激发了人们旺盛的贷款购房需求。银行面对这种旺盛的借款需求，不是采取谨慎态度，而是不顾自身资本金的约束超额放贷，超额放贷又进一步推高房价，房价上升又进一步刺激了贷款需求，陷入了恶性循环。银行贷款规模放大的同时潜在风险也被放大了。

第二，金融监管的缺失。在银行超额放贷的过程中，金融创新的滥用和金融监管的缺失起到了推波助澜的作用。银行超额放贷没有受到应有的监管和约束，而贷款的债券化、债券担保、担保单可以切割流通等做法都属于金融创新。美国监管当局在自由主义思潮支配下过分相信市场的力量，对银行多度放贷和金融创新的滥用听之任之，使风险不断积累。

## 五 对危机的思考

东南亚金融危机的爆发使东南亚各国多年的经济发展成果被洗劫一空，几年之后才缓慢走出危机的阴影。东南亚金融危机不仅使东南亚国家的经济陷入了困局，还给全球经济带来了一定的负面影响。这次危机过后，当人们还在总结应对危机的经验时，又一场更严重的金融危机爆发了，美国次贷危机使得全球的经济发展雪上加霜。两次危机的间隔仅十年的时间，金融危机的爆发为何如此频繁？历次金融危机能够带给我们什么启发？

近几年，我国对金融危机的防范十分重视，在很多重要场合，习近平总书记多次提出防范金融风险对国家意义重大。为什么会产生无法预知的金融风险？请阅读下面的几个资料，并讨论资料后的问题。

## 资料一：

### 没有银行怎么办

在现代银行未进入中国之前，有些地方老百姓用钱不是靠银行，而是靠搭会，也叫招会，比如福建、浙江等地，这种搭会很流行。邻居、亲友需要用钱时，都愿意互相帮忙借款，既有利息，也有风险防范措施，这就是民间发明的小额信贷制度。这种制度很有效，但其基础是信用，若是信用不可靠了，风险就来了。

1. 结合本节所讲，你认为金融危机爆发的根本原因是什么？（弹幕题）

## 资料二：

### 次贷危机中的一个案例

埃里娜是一名美国黑人妇女，在次贷危机爆发的前一年，她遇到了某银行的信贷经理乔治。乔治了解到埃里娜已经离婚，独立抚养一个孩子，目前尚无房产。乔治对埃里娜展开了住房抵押贷款的营销。埃里娜对银行信贷并不了解，仅仅知道贷款需要支付利息。乔治担心像埃里娜这样的客户被其他信贷经理抢走，急于向埃里娜营销产品，没有向埃里娜详细讲解信贷可能面临的风险，只是劝埃里娜："如果你想得到房子，就立刻在合同上签字，现在的情况就是要么立马签字，否则你就得不到房子。"埃里娜很想自己和孩子有个良好的住所，就立刻签字了。埃里娜签字后认为自己每月只需要偿还625美元的贷款，以自己的经济能力完全可以负担。埃里娜很快和孩子搬进了新家，并及时偿还了每个月的贷款。三个月后，埃里娜收到的还款通知上，还款金额发生了很大变化，由原来的 625 美元上涨到 1098 美元，她立刻联系了乔治，乔治告诉她，她的按揭贷款是浮动利率，每 3—6 个月会调整一次。埃里娜表示自己无法偿还当月的贷款，恳请乔治帮她想办法。乔治来到埃里娜家中进行信贷调查，埃里娜以为乔治会帮助她修改合同条款，可是乔治告诉埃里娜，如果无法按期偿还贷款，只能放弃住房。埃里娜的希望全部破灭了，只能和孩子离开新家。

1. 这个案例是次贷危机的一个缩影，请分析客户经理和客户有哪些不合理的做法会导致金融危机的产生。（现场讨论题）

2. 通过这个案例，对你未来从事金融职业有什么启发和警醒？（现场讨论题）

### 课堂教学建议：

本节内容可以采用线上线下混合式教学，以线下为主。首先，短期国际资金流动和货币危机比较简单，可以设定为线上自学内容，教师进行课堂提问考查即可。其次，东南亚货币危机部分，教师应重点关注东南亚货币危机的形成过程与形成原理，可以根据学生的预习情况，先讲解其中的难点，再进行课堂提问。最后，美国次贷危机部分，教师应重点关注学习是否掌握次贷危机的发展过程与形成机制，可以先总结学生在这部分预习中的疑问，集中解答后再进行课堂提问。

对危机的思考部分属于思政教学范畴，应与学生开展线下讨论。讨论应以小组为单位，小组在预习时应对每个问题，在组内形成明确的观点，并在课堂上用弹幕表述或是直接回答。针对现场讨论题，教师应引导学生认知到无论何种类型的金融危机，都会损害到经济体中的每个人。作为独立的个人，作为一名未来的金融从业人员，应如何负担起防范危机和应对危机的责任。

### 课后练习：

一 单项选择

1. （　　）是为了利用各国金融市场上利率与汇率的差异而赚取差价。

   A. 投机性资金流动

B. 避险性资金流动

C. 投资性资金流动

D. 套利性资金流动

2. 以下关于国际短期资金流动说法正确的是（　　）。

　　A. 国际短期资金流动是指期限在一年以上的资金流动

　　B. 国际短期资金流动又称为国际游资

　　C. 国际短期资金流动主要采取短期金融资产的形式

　　D. 国际短期资金流动只受经济基本面的影响

3. 1997 年下半年由（　　）贬值开始引起亚洲金融危机，最终演变为冲击全球的金融动荡。

　　A. 英镑

　　B. 日元

　　C. 韩元

　　D. 泰铢

4. 以下关于货币危机说法正确的是（　　）。

　　A. 货币危机比金融危机的范畴更广

　　B. 货币危机等同于金融危机

　　C. 金融危机比货币危机的范畴更广

　　D. 货币危机不可能引发金融危机

5. 以下关于货币危机的扩散模式说法错误的是（　　）。

　　A. 通过他国汇率变动对本国宏观经济的影响是货币危机的扩散模式之一

　　B. 通过投机者的投机活动取得巨额利润而产生的示范效应是货币危机的扩散模式之一

　　C. 通过国际金融市场的替代套利或替代撤资产生冲击是货币危机的扩散模式之一

　　D. 只要一国货币币值高估就会使该国货币成为被攻击的对象

二　判断题

1. 避险性资金流动又称资本外逃。（　　）

2. 货币危机比较容易传播到与危机发生国有密切贸易关系的国家。（　　）

3. 一国的短期资金流动规模过大时，可能会爆发货币危机。（    ）

4. 货币危机比较容易传播到与危机发生国有相似的经济结构和发展模式的国家。（    ）

5. 一国可以考虑实施紧缩性的政策防范货币危机的产生。（    ）

三　填空题

1. 套利性资金流动可分为（    ）和套利两种操作手段。

2. 投资者利用国际市场上金融资产或商品的价格波动，从中牟取利润而引起的短期资金流动，被称为（    ）。

3. 金融资产的持有者为了自己安全而进行资金调拨所形成的短期资金流动，被称为（    ）资金流动。

4. 1997 年东南亚金融危机是由（    ）贬值引发的。

# 第九章

# 国际货币体系

## 第一节 国际货币体系概述

**预习提示：**

理解国际货币体系的概念，能够梳理出国际货币制度的演变过程，能够结合国际货币体系的演变过程来解释国际货币体系的概念。

### 一 国际货币体系的概念

国际货币体系，又称国际货币制度，是指在国际范围内各国之间处理国际货币金融关系的一系列规则和机制的总称。它是由国际货币制度、国际金融机构以及由习惯和历史沿革而形成的国际货币秩序或全球金融治理规则。

全球金融治理规则又称为国际金融治理，是指通过规则、制度和机制的建立，对全球货币事务和金融活动进行有效管理的统称。其所涉及的规则、制度等既包括政府机制，也包括非正式的、非政府的机制。在规则的建立上，其既要在国际层次上建立和执行规则，同时也承认国家在国际系统中的作用。全球金融治理通过维护全球货币和金融的稳定和公平，进而推动全球经济、贸易和投资等各个领域的健康发展。

国际货币制度发展至今，主要包括世界及各国的汇率制度安排、全球货币兑换规则、国际收支调节机制、各国国际储备的安排等方面。

### 二 国际货币制度的演变

从国际货币制度的概念来看，人类历史上真正出现国际货币制度应该是进入国际金本位时期。因此，国际货币制度大致经历了金本位制、布雷顿森林体系、牙买加体系、区域货币一体化尝试几个阶段。

国际金本位制的建立是国际货币体系出现的标志，它是伴随着英镑国际化的进程逐步建立起来的。19世纪上半叶，英国经济实力日渐增强，金融体系逐渐完备，英镑与黄金的比价十分稳定。随着英国海外贸易的不断扩张，各国与英国在经济上的合作越发紧密。在货币制度上，英镑凭借自身的优势成为国际硬通货，并引导其他国家在货币制度的构建上向英国靠拢，最终形成了国际金本位制度。

随着世界经济危机的爆发，以及受两次世界大战的影响，金本位制度不断变化，从最初比较严格的金币本位制演变为越来越松散的金块本位制和金汇兑本位制。直到1944年，第二次世界大战彻底结束，为了建立与战后发展相适应的货币制度，布雷顿森林会议召开。在会议上，建立了新的国际货币体系，即布雷顿森林体系。该体系的核心是美元与黄金挂钩，各国货币与美元挂钩。虽然美元的币值可以靠美国政府持有黄金来维持，但该体系自身的缺陷，使美元的币值经历了多次下跌。1971年和1973年的两次大贬值，使得美元与黄金的关系名存实亡。因此，美元最终不得不与黄金脱钩，布雷顿森林体系彻底崩溃，国际社会又选择了新的国际货币体系，即牙买加体系。牙买加体系是现行的国际货币体系，在汇率制度安排、国际储备的构成等方面都采用了灵活的安排，又被称为不成体系的体系。

### 课堂教学建议：

本节内容可以设定为线上自学内容。课堂提问时，重点关注国际货币体系的概念和全球金融治理规则的概念，通过举例的方式帮助学生深入理解两个概念。

### 课后练习：

一　判断题

1. 国际货币制度的主要目的是协调各个独立国家的经济活动，促进国际贸易和国际制度活动的顺利进行。（　　）

## 二　名词解释

1. 国际货币制度
2. 国际金融治理

# 第二节　国际金本位制

**预习提示：**

观看相关教学视频及纪录片《货币》的第一集和第二集，理解国际金本位制的内容，能够清晰地梳理出金本位制度的发展演变过程。

## 一　国际金本位制度的基本内容

国际金本位制度是以黄金为基本货币的制度，各国货币之间的汇率由各自的含金量之比决定。1816 年，英国首先实行金本位制，进入 19 世纪 70 年代后，各国纷纷仿效英国实行金本位制度，国际金本位制度形成。

国际金本位制的主要内容是：第一，黄金作为支付手段和储备货币，黄金可以自由铸造、自由输出入、与银行券自由兑换。第二，各国的汇率由法定平价决定，各国实行严格的固定汇率制度。

## 二　国际金本位制度的发展历程

国际金本位制度先以国际金币本位制的形式出现，之后受经济形势和战争的影响，又以金块和金汇兑本位制的形式运行。

### （一）国际金币本位制

1880—1914 年是国际金币本位制度的平稳运行时期。一般认为，国际金币本位制开始于 1880 年，那时欧美一些主要国家都实行了金币本位制。1914 年第一次世界大战爆发，参战国实行黄金禁运，并且停止货币兑换黄金，致使国际金币本位制遭到严重破坏。由于原来具有含金量的银行券被限制兑换，各国陆续出现了严重的通货膨胀。在汇率制度方面，各国不得不实行浮动汇率制度，汇率波动剧烈，国际金币本位制度彻底崩溃。

## （二）金块本位制度和金汇兑本位制度

一战结束后，各国开始恢复生产，1924—1928年，主要西方国家的经济水平基本恢复到战前状态。黄金作为货币流通的基础已经遭到破坏，无法再实行金币本位制，只能采用金块本位制度和金汇兑本位制度。这两种制度下虽然都以黄金为本位货币，但只规定货币单位的含金量，而不铸造金币，主要使用银行券的流通。

金块本位制又称为金条本位制，指国家将金块作为储备，流通中主要使用具有含金量的银行券。黄金不能实现自由兑换，银行券与黄金的兑换必须按规定的限制数量，向本国中央银行兑换金块。金汇兑本位制是一种准许本国货币无限制地兑换成金块本位制或金币本位制国家货币的制度。在该制度下，国内只流通银行券，银行券不能兑换黄金，只能兑换实行金块本位制或金币本位制国家的货币。国际储备除黄金外，还有一定比重的外汇，外汇在国外可兑换黄金，黄金是最后的支付手段。比如一战结束后，美国实行金币本位制度，英国和法国实行金块本位制度，其他国家实行金汇兑本位制度。

### 三　国际金本位制的崩溃

1929—1931年，西方国家爆发了严重的经济危机，英国、美国等主要国家相继停止银行券与黄金的兑换，许多国家被迫放弃金本位制度，国际金本位制度宣告结束。

国际金本位制度的崩溃，既与资本主义内在矛盾有关，又有战争的影响。资本主义内在矛盾的发展必然要求政府干预经济，而金本位制度的基础是自由竞争的市场，再加上黄金的储量与分配上的不均导致国际金本位制度难以维持。

国际金本位制度崩溃后，英镑集团、美元集团、法郎集团相继出现，各货币集团之间存在严格的外汇管制，货币不能自由兑换。在国际收支方面，各国竞相实行货币贬值刺激出口，贸易保护主义盛行，国际货币体系混乱不堪。

**课堂教学建议：**

本节内容可以设定为线上自学内容。课堂提问时，重点关注国际金币本位制的运行机理，了解国际金块本位制与金汇兑本位制的运行机理，理解国际金本位制度崩溃的原因。

### 课后练习：

#### 一 单项选择

1. 历史上第一个国际货币体系是（     ）。
   A. 国际金汇兑本位制
   B. 国际金本位制
   C. 布雷顿森林体系
   D. 牙买加体系

2. 以下哪些不属于国际金本位制的作用（     ）。
   A. 保持汇率稳定
   B. 协调各国经济政策
   C. 自动调节国际收支
   D. 黄金充当国际货币

#### 二 多项选择

1. 国际金本位制度的特点包括（     ）。
   A. 黄金充当了国际货币
   B. 各国货币的汇率由各纸币的含金量比例所决定
   C. 国际收支的自动调节
   D. 实行可调整的钉住汇率制
   E. 都规定货币平价

#### 三 判断题

1. 依据货币与黄金的联系标准，金本位制可分为金币本位制和金块本位制。（     ）

## 第三节　布雷顿森林体系

### 预习提示：

观看相关视频，对布雷顿森林体系的产生、发展、崩溃过程做详细的了解，能够罗列出布雷顿森林体系实行期间全球的重要历史事件。

## 一 布雷顿森林体系的建立

第二次世界大战期间,国际货币体系陷入混乱,美国和英国都在此时筹划着一个对各自比较有利的国际货币体系。1943年,美国和英国分别提出了"怀特计划"和"凯恩斯计划"。怀特计划的主要内容是:建立国际货币基金组织,采取各国认缴份额的形式;借助国际货币基金组织稳定汇率,并向成员国提供短期融资服务来解决国际收支的失衡。怀特计划的内容体现着美国想要控制国际基金组织,从而获得国际金融领域统治权的目的。

凯恩斯计划的主要内容是设立国际清算机构,制定国际清算单位并与黄金挂钩。各国在国际清算机构中所承担的份额,以二战前三年进出口贸易的平均额计算,会员国可以借助该机构完成国际收支的清算。凯恩斯计划强调透支原则和双方共同负责调节国际收支失衡的责任,这对当时的英国十分有利。

1943—1944年,英美两国针对两个方案多次展开辩论,最终受经济实力的制约,英国接受了美国的方案。1944年7月,美国布雷顿森林召开了44国参加的国际会议,该会议通过了以"怀特计划"为基础的《国际货币基金协定》和《国际复兴开发银行协定》,建立了布雷顿森林体系。

## 二 布雷顿森林体系的内容

该体系建立后,主要内容包括六个方面:第一,成立永久性国际金融机构——国际货币基金组织。该组织在协调国际货币领域的事务、对国际收支进行融资、监督成员国货币行为等方面发挥作用。第二,建立美元——黄金本位制,即美元与黄金挂钩,1美元可兑换0.888671克黄金,其他货币与美元挂钩,通过各自货币的含金量确定与美元的比价。第三,实行可调整的固定汇率制度,即各国货币兑美元的汇率只能在1%的范围内波动。汇率平价只有经过国际货币基金组织的批准后才能改动。第四,国际货币基金组织提供国际收支失衡的调节帮助。根据国际货币基金组织的规定,成员国缴纳份额的25%以黄金或可兑换黄金的货币缴纳,其余75%以本币缴纳。当成员国发生国际收支逆差时,可用本国货币作为基础向国际货币基金组织购买一定数额的外汇，并在规定时间内购回本国货币来偿还借款。第五，取消外汇管制。国际货币基金组织规定，如果不发生特殊情况，成员国不得限制经常项目的支付，不得采取歧视性的货币政策，要在兑换性的基础上实行多边支付。第六，确定国际储备资产。在布雷顿森林体系内，美元与黄金的地位等同，成为各国储备的主要货币。

### 三 布雷顿森林体系的特点

布雷顿森林体系建立后，表现出四个特点：第一，美元成为国际货币体系的中心；第二，各国实行钉住美元的可调整的固定汇率制；第三，国际收支的失衡可用两种方法调节，一种是向国际货币基金组织融资，另一种是向国际货币基金组织申请调整汇率平价；第四，国际金融机构发挥着重要作用。

### 四 布雷顿森林体系的缺陷

布雷顿森林体系的建立符合当时世界经济形势的需要。二战后，世界急需一个多边支付体系和多边贸易体系，当时只有美元有能力提供这样一个多边支付手段和清算手段。美元等同于黄金，在一定程度上弥补了当时普遍存在的清偿能力和支付手段不足的问题。但布雷顿森林体系是非常虚弱的国际货币制度。美国耶鲁大学教授特里芬认为布雷顿森林体系存在自身无法克服的内在矛盾，即"美元灾与美元荒"，使美元难以维持与黄金的固定比价。学术界将这一矛盾称为"特里芬难题"或"特里芬两难"。

由于存在无法克服的缺陷，美元危机多次爆发。美元危机的程度，同流出美国的美元数额有关。流出的美元超过美国黄金储备的余额，被称为"悬突额"。悬突额是预测美元危机的一个很好的指标。通过悬突额可以追踪布雷顿森林体系的瓦解过程。

整个布雷顿森林体系就是在美元危机的爆发、拯救、再爆发、再拯救中走向崩溃的。第一次美元危机爆发于1960年。危机爆发前，西方各国出现美元过剩，有些国家开始向美国政府兑换黄金。人们开始大量抛售美元而持有黄金和一些坚挺的货币，比如马克。为了拯救危机，美国分别与若干国家签订了"互惠信贷协议"，在基金组织的框架内建立了"借款总安排"和"黄金总库"。

第二次美元危机爆发于 1968 年。由于越南战争爆发，美国财政吃紧，国内通胀加剧，美元与黄金的比价再次受到冲击。美国原来所采取的措施已经很难维持黄金比价，不得不在 1968 年 3 月实行"黄金双价制"，即用于官方间市场的黄金官价和用于私人市场的价格。黄金双价制的实行标志着布雷顿森林体系开始崩溃。除此之外，特别提款权也是拯救第二次美元危机的另一大措施。特别提款权又被称为"纸黄金"，既是对黄金的一种节约，又是对美元的一种补充。在基金组织的范围内，成员国可用特别提款权来履行原先必须要用黄金才能履行的义务，又可以用特别提款权充当国际储备资产，还可以用于取代美元来清算国际收支差额。规定 35 个特别提款权等于 1 盎司黄金。

第三次美元危机爆发于 1971 年，是美元危机的顶点。外汇市场上一度出现了抛售美元和抢购硬通货和黄金的风潮。美国政府为了应对危机，于同年 8 月 15 日出台了"新经济政策"，停止美元与黄金的兑换，限制美国进口，压迫德国和日本等国货币升值等措施。在国际金融市场极度混乱的情况下，"十国集团"经过 4 个月的商讨，于 1971 年 12 月 18 日达成一项妥协方案，由于该协议是在华盛顿特区的史密森氏研究所签订的，故又称为"史密森氏协议"。该协议勉强维持了布雷顿森林体系下的固定汇率，但美元同黄金的可兑换性从此中止了。1973 年 2 月外汇市场再次爆发美元危机，布雷顿森林体系彻底崩溃。

综合来看，布雷顿森林体系有四方面的不足：第一，该体系类似于金汇兑制度，而金汇兑制度本身存在缺陷。当美元短缺时，美元平价容易维持，而美元贬值时，美元会面临信任危机，且又无法正常兑换黄金，美元与黄金的比价就难以维持。第二，储备制度不稳定。该制度没有提供一种数量充足、币值稳定、各国愿意接受的货币作为储备货币。第三，国际收支调节机制存在缺陷。尽管该体系中提供了两种国际收支调节机制，但在现实中效果都不理想。第四，内外平衡难以统一。虽然该体系实行了可调节的固定汇率制度，但各国很难使用汇率杠杆调节国际收支来实现本国政策目标，内外均衡之间矛盾突出。

## 课堂教学建议：

本节内容可以采用线上线下混合式教学。首先，布雷顿森林体系的建立背景和内容可以设定为线上自学内容。课堂提问时，重点关注学生对布雷顿森林体系的运行机制是否完全理解。布雷顿森林体系的缺陷部分可以采用线下教学，结合教材所述，安排学生展开小组讨论。

## 课后练习：

### 一 单项选择

1. 布雷顿森林体系是采纳了（    ）的结果。

    A. 怀特计划

    B. 凯恩斯计划

    C. 布雷迪计划

    D. 贝克计划

2. 布雷顿森林体系的内容不包括（    ）。

    A. 建立国际性的资金融通设施

    B. 实行可调整的钉住汇率制

    C. 多种国际收支调节机制相互补充

    D. 确立黄金和美元并列的储备体系

3. 国际货币基金组织的普通贷款是指（    ）。

    A. 储备部分贷款

    B. 信用部分贷款

    C. 信托基金贷款

    D. 储备部分与信用部分贷款之和

4. 特别提款权的创立是（    ）。

    A. 第一次美元危机的结果

    B. 第二次美元危机的结果

    C. 第三次美元危机的结果

    D. 凯恩斯计划的部分

5. 标志着布雷顿森林体系崩溃开始的事件是（    ）。

    A. 互惠信贷协议

B. 黄金双价制

C. 尼克松政府的新经济政策

D. 史密森氏协议

6. 用于拯救第三次美元危机所采取的措施有（    ）。

A. 互惠信贷协议

B. 借款总安排

C. 史密森氏协议

D. 黄金双价制

二　多项选择

1. 布雷顿森林体系的特点包括（    ）。

A. 都规定了货币平价

B. 都规定了汇率的波动幅度

C. 国际储备资产相似

D. 黄金充当了国际货币

E. 各国货币的汇率由各国纸币的含金量比例所决定

2. 用于拯救第一次美元危机所采取的措施有（    ）。

A. 互惠信贷协议

B. 借款总安排

C. 黄金总库

D. 黄金双价制

E. 特别提款权

3. 用于拯救第二次美元危机所采取的措施有（    ）。

A. 互惠信贷协议

B. 借款总安排

C. 黄金总库

D. 黄金双价制

E. 特别提款权

三　判断题

1. 布雷顿森林体系是一种典型的通过国际合作建立的国际货币制度。
（    ）

2. 布雷顿森林体系是非常虚弱的国际货币制度。（    ）

**四 填空题**

1. 第二次世界大战快结束时，美英两国对如何建立新的国际货币体系，各自拟定了方案，其中美国拟定的方案被简称为（　　）。

## 第四节　牙买加体系

**预习提示：**

观看相关视频，对牙买加体系的产生、发展过程做详细的了解，能够理解全球牙买加体系的运行机制及特点。

布雷顿森林体系崩溃后，国际社会需要新的国际货币体系来维持全球的稳定与发展，经过一段时间的探索，牙买加体系成为取代旧体系的新制度安排。牙买加体系包括了汇率制度、储备体系、国际收支调节等多方面的内容，可是每一部分都体现着一种松散性，可以说牙买加体系是一个不成体系的体系，一种具有过渡性质的体系。

### 一　牙买加体系的形成

自1971年美元大贬值后，很多国家开始实行浮动汇率制。1973年，布雷顿森林体系彻底瓦解，国际货币体系恢复到二战期间的混乱状态，关于国际货币体系建设的提议也出现了不少，有恢复金本位制的观点、使用美元本位的观点，也有设立最适货币区的设想等。1972年7月，国际货币基金组织成立了一个专门组织以开展国际货币体系的重建工作。1974年，该组织提出《国际货币体系改革纲要》，对汇率安排、储备资产、国际收支调节等方面给出了一个基本框架。1976年1月，国际货币基金组织理事会"国际货币体系临时委员会"在牙买加首都金斯敦举行会议，形成了《牙买加协议》，并于同年4月通过了《国际货币基金协定第二次修正案》，牙买加体系正式确立。

### 二　牙买加体系的内容

（一）固定汇率制度与浮动汇率制度共存

在牙买加体系中，各国可以根据自身的经济条件和货币环境，在接受国际货币基金组织指导和监督的前提下,自由选择汇率制度,相应地各国的汇率政策也变得灵活多样。

(二)黄金非货币化

自黄金官价取消后,黄金与货币完全脱钩,黄金的货币身份在牙买加体系中被彻底消除。各国在进行债权债务清偿时,没有必须使用黄金的义务,国际货币基金组织也设法处理持有的黄金。

(三)特别提款权的作用加强

在牙买加体系中,特别提款权可以在国与国之间进行自由交易,特别提款权的范围比过去有所扩大,成员国在国际货币基金组织的一般账户中所持有的资产全部用特别提款权表示,特别提款权逐步成为取代黄金的重要储备资产。

(四)扩大对发展中国家的融资

牙买加协议规定,用出售黄金所得收益设立"信托基金",以优惠条件向最贫穷的发展中国家提供贷款或援助。同时,基金组织扩大信用贷款部分的总额,由占会员国份额的100%增加到145%,并放宽"出口波动补偿贷款"的额度,由占份额的50%提高到75%。

### 三 牙买加体系的特点

(一)黄金退出货币领域

黄金与货币脱钩以后,黄金的货币作用下降,在储备中的地位也在下降,这对多元化储备的建立、多样化汇率制度的安排有促进作用。

(二)汇率制度灵活多样

牙买加体系中允许浮动汇率合法化,不少国家选择了浮动汇率制度,但对于部分国家来说,固定汇率制依然是最优选择。在汇率制度多样化的安排下,每个国家可以根据自身的情况,选择和设计一些具有中间性质的汇率制度。

(三)国际储备多元化

在牙买加体系中,每个国家可以选择多种货币作为国际储备,美元不再是储备的唯一货币。受国际贸易和国际经济形势的影响,美元在各国的国际储备中占有绝对优势,但从总体发展趋势来看,美元的地位一直在下降,在各国储备中的比重也在不断降低。

### （四）国际收支调节机制多样化

一方面，在牙买加体系中，国际货币基金组织对各国国际收支调节的政策支持更多，提供的融资服务更多。另一方面，由于汇率制度安排的多样化，各国可以充分利用本国的汇率政策，配合货币和财政等其他政策，综合性地调节国际收支。

### 四　对牙买加体系的评价与展望

首先，牙买加体系克服了布雷顿森林体系的不足，对国际货币体系的规范化、正常化运转发挥了一定作用。在牙买加体系中，"特里芬难题"彻底消除，多样化的调解机制和制度安排使国际货币体系平稳运行，不再产生混乱。

其次，牙买加体系灵活多样，促进了世界经济的发展。尽管牙买加体系是一个不成体系的体系，但对消除贸易壁垒、促进国际资金流动等方面发挥了很大作用，特别是对国际金融市场的快速发展有很大的推动作用。

牙买加体系是一个比较松散的国际货币体系，因此其一直被视为一个具有过渡性质的国际货币体系，其未来的发展还有待进一步完善。目前来看，该体系还具有很多弊端。首先，美元在该体系中依然处于绝对优势地位，尽管欧元、日元、英镑，还有近几年实现国际化的人民币等货币对美元的地位有所冲击，但该体系的制度安排中，美元依然是国际经济交易的中心货币，全球的外汇储备中，美元依然占有明显的优势。由此导致美国与其他非储备货币国在全球经济调整中的权利和义务不对等，该体系内在具有一种不稳定、不平衡性。其次，现行体系没有完全消除"特里芬难题"。美元作为主要储备资产和主要交易币种，仍然会出现美元灾和美元荒。随着世界对美元储备要求的不断增加，比如要求美国的国际收支保持持续的逆差，全球经济失衡不可避免。最后，现行国际收支调节机制不健全，再加上全球经济发展的失衡，金融危机必然会频繁爆发。

长期以来，对国际货币体系改革的探索从未停止，牙买加体系的显著缺陷使得未来国际货币体系的改革方向日渐明确。首先，消除国际货币的霸权，由单极走向多极化是必然趋势。从牙买加体系实行至今，欧元、人民币、日元等多种货币对美元的竞争压力越来越突出，美元在各国国际储备中的占比日益减少，美元的霸主地位在衰落。其次，建立合理的汇率机制，稳定储备货币的币值。随着储备多元化的发展，如何维持储备货币的币值稳定成为各国关注的焦点。牙买加体系在汇率和储备制度的安排上过于灵活，没有真正形成统一有序的规则，因此各国的汇率波动的幅度都有加大的趋势，再加上全球金融管制的放松，货币危机、金融危机的冲击时常产生。未来，如何建立一套国际秩序来稳定汇率，遏制金融危机是亟须解决的问题。最后，加强国际政策协调，解决全球经济发展失衡问题。从国际货币体系的发展历程来看，国际收支调节规则越弱，收支调节效果就越差，这是全球经济失衡只能依靠金融危机来解决的一个原因。牙买加体系中，国际收支调节规则弱化，美国的国际收支状况更加恶化。未来要想解决这个问题，必须改变主权货币充当国际货币的局面，建立行之有效的国际经济协调机制，加强政策沟通。

### 课堂教学建议：

本节内容可以采用线上线下混合式教学。首先，从布雷顿森林体系到牙买加体系的过渡过程可以设定为线上自学内容。课堂提问时，重点关注学生对牙买加体系内容、特点，以及在哪些方面解决了布雷顿森林体系存在的问题等是否完全理解。牙买加体系的评价和展望部分可以采用线下教学，结合人民币国际化进展，安排学生讨论在牙买加体系中，人民币在未来的全球经贸中能够发挥哪些积极作用。

### 课后练习：

一　单项选择

1. 牙买加体系的主要内容不包括（　　）。

    A. 浮动汇率合法化

    B. 黄金非货币化

    C. 降低了特别提款权在储备中的地位

    D. 扩大对发展中国家的资金融通

2. 以下对牙买加体系说法正确的是（　　）。

    A. 牙买加体系既有积极作用又有消极作用

  B. 牙买加体系没有摆脱布雷顿森林体系时期的"特里芬难题"
  C. 牙买加体系中的国际收支调节机制十分健全
  D. 牙买加体系没能促进世界经济的发展

## 二　判断题

1. 在牙买加体系中，国际货币基金组织与会员国之间的交易以特别提款权代替黄金，国际货币基金组织一般账户中所持有的资产一律以特别提款权表示。（　　）
2. 牙买加体系在一定程度上解决了"特里芬难题"。（　　）

## 三　填空题

1. 在牙买加体系中，特别提款权和欧洲货币单位的储备作用在不断加强，（　　）与德国马克的国际储备货币地位不断提高。

# 第五节　欧洲货币体系

**预习提示：**

  观看相关课程视频，了解欧洲货币一体化的产生和发展历程，能够理解欧洲货币体系的运作原理。

  欧洲货币一体化被认为是自布雷顿森林体系崩溃以来，最有成效的国际货币制度安排，是迄今为止最成功的国际货币体系实践结果。欧洲货币一体化的过程促进了欧洲地区的经济繁荣，成员国的金融稳定。欧洲货币一体化虽然也存在一些弊端，但其对国际货币体系发展的意义依然十分重大。

## 一　欧洲货币一体化的背景

  在金本位制度末期，英镑集团、法郎集团、黄金集团在欧洲出现，一般认为这个阶段的货币制度是欧洲货币一体化进程的开端。布雷顿森林体系崩溃后，欧洲经济共同体为了实现欧洲经济一体化的整体目标，于1969年提出建立欧洲货币联盟。1970年10月，以卢森堡首相魏尔纳为首的委员会，向欧共体理事会提交了魏尔纳计划。该计划建议从1971年到1980年，分三个阶段实现欧洲货币一体化。受国际局势的动荡和经济形势的影响,该计划的大部分内容没有付诸行动,但唯一的贡献是创设了欧洲货币记账单位 EUA,并以其为确定联合浮动汇率的换算砝码。

进入 20 世纪 80 年代后,欧洲货币体系的发展进入快速发展阶段。1978 年 4 月,在哥本哈根召开的欧共体首脑会议提出建立欧洲货币体系。同年 12 月,欧共体各国在布鲁塞尔达成协定,1979 年初,欧洲货币体系协定正式实施。

1989 年 6 月,欧共体制订了一套与魏尔纳计划类似的计划,规定从 1990 年起,用 20 年的时间,分三个阶段实现欧洲货币一体化,完成欧洲经济货币同盟的组建。1991 年 12 月,欧共体在荷兰马斯特里赫特峰会上签署《关于欧洲经济货币联盟的马斯特里赫特条约》(以下简称《马约》)。《马约》的目标是最迟在 1999 年 1 月 1 日前,建立"经济货币同盟(EMU),届时在同盟内实现统一的货币、统一的中央银行,以及统一的货币汇率政策"。《马约》还提出了一个实现货币一体化的三阶段计划,并给出了加入 EMU 的具体标准。1993 年 10 月,欧共体成员国议会通过了《马约》,并于 11 月将欧共体更名为欧盟。同年的《马德里决议》将单一货币的名称正式定为欧元,欧洲货币一体化开始进入平稳发展的时期。

1994 年,各成员国开始调整财政预算政策,为建立欧洲中央银行体系进行制度和结构方面的准备,同年欧洲货币局成立。1998 年 7 月 1 日,欧洲央行正式建立。1999 年 1 月 1 日,欧元正式启动,实施统一的货币政策。到 2002 年 7 月 1 日,各成员国原国家货币全部退出流通领域,欧元正式成为唯一的法定货币。

## 二 欧洲货币体系的内容

(一)继续实行过去的汇率联合浮动体制

根据欧洲货币体系的规定,本阶段的对内浮动制的汇率可容许的波动幅度仍然沿用旧制度,为 2.25% 上下,对第三国货币,如美元的汇价则联合自由波动。当市场汇率波动超过规定范围时,有关的两国货币当局即应进行市场干预。弱币国如感到干预力量不足时,可向欧洲货币合作基金借入强币。

## （二）建立欧洲货币基金

欧共体理事会曾决定以两年为期建成欧洲货币基金，首先要集中各个参加国的黄金储备的 20%，以及美元和其他外币储备的 20% 作为共同基金，再加上与此等值的本国货币，总计约 500 亿欧洲货币单位。这些集中起来的黄金外汇将换算成欧洲货币单位的存款额并计息。

## （三）建立欧洲货币单位

成员国缴纳各自黄金外汇储备的 20% 作为共同基金的资金来源，并以此为发行欧洲货币单位的准备。欧洲货币联盟建设过渡期的一个任务就是要逐步扩大作为将来的共同货币的前身的欧洲综合货币指标的使用范围。随着"货币合作基金"工作的逐步开展，欧洲货币单位的作用也逐渐扩大，它已不仅是欧共体内部财政核算的一种尺度，而且成为欧共体各成员国货币当局之间划拨计算的一种工具，并构成欧共体各国的一种外汇储备资产。具体地说，一是在共同农业政策范围内的应用问题上，欧洲货币单位应用广泛；二是在公私经济中欧洲货币单位具有被广泛利用的趋势。

### 三 对欧洲货币体系的评价

欧洲货币体系的建立，促进了欧洲共同体经济与货币联盟的建设，推动了欧洲国家政治联合的发展，稳定了欧洲国家之间的汇率，极大地促进了欧盟经济和贸易的发展，同时在一定程度上削弱了美元在国际贸易结算及储备货币的霸主地位，并推动了全球性国际货币制度改革的进程。为此，欧洲货币体系的建立，不仅对欧洲经济发展意义重大，而且对世界经济及目前的国际货币体系产生了较大影响。

但是欧洲货币体系各主要成员国经济发展不平衡，各国的经济状况及经济政策不同，导致货币汇率难以稳定，由此可能带来货币危机。另外，汇率机制的有效运作受制于各成员国经济货币政策的协调与合作，而且汇率机制调整的频率难以准确反映不断变化的各国经济实力。再者，由于各国汇率波动幅度有限制，当一些国际经济状况发生较大变化时，若继续维持一定范围内的汇率波动幅度，则需要以牺牲国内经济为代价来实现外部均衡。但是，一些国家可能不太愿意采取这样的措施，使维持相对固定汇率缺乏现实基础，容易受到国际资本的冲击，从而产生货币危机。

### 课堂教学建议：

本节内容可以设定为线上线下混合式教学。课堂提问时，重点关注欧洲货币体系的内容。对欧洲货币体系的评价部分可以采用线下讨论。

### 课后练习：

一　单项选择

1. 以下关于欧洲货币体系的说法正确的是（　　）。
    A. 欧洲货币一体化进程的开端在布雷顿森林体系初期
    B. 欧共体理事会建立了欧洲货币基金
    C. 欧盟成员国缴纳各自黄金外汇储备的30%作为共同基金的资金来源
    D. 《马斯特里赫特条约》将欧洲单一货币的名称正式定为欧元
2. 以下对欧洲货币体系评价错误的是（　　）。
    A. 欧洲货币体系的建立促进了欧洲共同体经济与货币联盟的建设
    B. 欧洲货币体系推动了欧洲国家的政治联合
    C. 欧洲货币体系稳定了欧洲国家之间的汇率
    D. 欧洲货币体系不容易产生货币危机

二　判断题

1. 欧洲货币体系中的各国采用固定汇率制度。（　　）
2. 欧洲货币体系的建立极大地促进了欧盟经济和贸易的发展。（　　）

# 参考文献

**国内著作：**

陈彪如：《国际金融概论》，华东师范大学出版社 1988 年版。

陈岱孙、厉以宁：《国际金融学说史》，中国金融出版社 1991 年版。

陈雨露：《国际金融》，中国人民大学出版社 2018 年版。

崔孟修：《现代西方汇率决定理论研究》，中国金融出版社 2002 年版。

何泽荣：《国际金融原理》，西南财经大学出版社 2016 年版。

姜波克：《国际金融新编》，复旦大学出版社 2018 年版。

姜波克、朱云高：《国际金融新编习题指南》，复旦大学出版社 2002 年版。

刘舒年、温晓芳：《国际金融》，对外经济贸易大学出版社 2010 年版。

刘思跃、肖卫国：《国际金融》，武汉大学出版社 2002 年版。

刘园：《国际金融》，北京大学出版社 2017 年版。

吕江林：《国际金融》，科学出版社 2015 年版。

吕随启、王曙光、宋芳秀：《国际金融教程》，北京大学出版社 2016 年版。

沈国兵：《国际金融》，北京大学出版社 2008 年版。

史燕平：《国际金融市场》，中国人民大学出版社 2010 年版。

宿玉海、卫娴：《国际金融学》，经济科学出版社 2017 年版。

田宝良：《国际资本流动：分析、比较与借鉴》，中国金融出版社 2004 年版。

王爱俭：《20 世纪国际金融理论研究：进展与评述》，中国金融出版社

2005年版。

王爱俭、王景武：《中国外汇储备投资多样化研究》，中国金融出版社2009年版。

邬瑜骏：《直通 CFA（二级考试适用）》，中国法制出版社2014年版。

吴腾华：《国际金融》，清华大学出版社2020年版。

吴晓灵：《中国外汇管理》，中国金融出版社2001年版。

杨长江、姜波克：《国际金融》，高等教育出版社2008年版。

杨胜刚、姚小义：《国际金融》，高等教育出版社2016年版。

中共中央文献研究室：《习近平关于社会主义经济建设论述摘编》，中央文献出版社2017年版。

**电子文献：**

《2021年上半年中国估计收支报告》，中国国家外汇管理局门户网站，http：//www. safe. gov. cn/safe/2021/0930/19973. html。

《53国"去美元化"，29国抛售近万亿美债，美元"霸权"不保？》，新浪财经，https：//finance. sina. com. cn/money/forex/forexroll/2021 – 07 – 05/doc – ikqciyzk3506009. shtml。

《丁剑平：疫情常态化下上海抢占国际金融中心新高地的思考》，搜狐新闻，https：//m. sohu. com/a/412292887_ 674079。

《富滇银行简介》，富滇银行官网，http：//www. fudian – bank. com/gyfd/zjfd/fdjj. html。

《数字人民币，一把撼动美元霸权的钥匙！》，搜狐新闻，https：//finance. sina. com. cn/money/forex/forexroll/2021 – 07 – 05/doc – ikqciyzk3506009. shtml。

《外汇局：截至2020年末我国外汇储备规模为32165亿美元》，新浪财经，https：//finance. sina. com. cn/china/2021 – 01 – 22/doc – ikftssan9485186. shtml？cref = cj。

《现行有效外汇管理主要法规目录》，中国国家外汇管理局门户网站，http：//www. safe. gov. cn/safe/2022/0129/20564. html。